作者介绍

赵学儒,汉语言文学、中国文学专业毕业,中国人民大学新闻学院高级进修班结业,当过农民、工人、技术员、机关干部,现为中国水利报社编辑、记者,系中国作家协会会员、中国报告文学学会会员、华北水利水电大学客座教授、浙江水利水电学院兼职教授。

主要成果:出版《下雪了》、《非常女人》、《大禹治水》(中英文版)、《向人民报告》(中英文版)、《圆梦南水北调》、《血脉》、《顺水》、《若水》等短、中、长篇著作多部,获得多项国家级奖励。

写作实讲

XIEZUO SHIJIANG

赵学儒 著

河南大学出版社
HENAN UNIVERSITY PRESS

·郑州·

图书在版编目（CIP）数据

写作实讲/赵学儒著． —郑州：河南大学出版社，2016.8
ISBN 978-7-5649-2549-9

Ⅰ．①写… Ⅱ．①赵… Ⅲ．①汉语－写作 Ⅳ．①H15

中国版本图书馆CIP数据核字（2016）第208565号

策划编辑　阮林要
责任编辑　巩永波　韩　璐
责任校对　王耿灏
装帧设计　高枫叶

出版发行　河南大学出版社
　　　　　地址：郑州市郑东新区商务外环中华大厦2401号
　　　　　邮编：450046
　　　　　电话：0371-86059750（高等教育与职业教育出版分社）
　　　　　　　　0371-86059701（营销部）
　　　　　网址：www.hupress.com

排　版	郑州市郑东新区大艺图文设计商行			
印　刷	河南省瑞光印务股份有限公司			
版　次	2016年10月第1版	印　次	2016年10月第1次印刷	
开　本	710mm×1000mm 1/16	印　张	18.75	
字　数	259 千字	定　价	42.00 元	

（本书如有印装质量问题，请与河南大学出版社营销部联系调换）

序　言

子在川上曰，逝者如斯夫。

这是一个信息膨胀、信息爆炸、信息超载、信息闪飞的时代。信息，像漫天的雪花纷纷，有时还没有落到地上，就销声匿迹了。

互联网，让每个人都成为"公民记者"，但即时传播的新闻未必有人看得见或看得完；迅捷的传播技术给新闻从业人员带来了便利，也给传统媒体带来尴尬和危机；这更让作家难以虚构，因为许多虚构确实没有现实生活丰富多彩、魅力诱人。

这时，以深度报道著称的非虚构写作，迎来不凡的魅力和生命力。

2015年，诺贝尔文学奖授予白俄罗斯S.A.阿列克谢耶维奇这位非虚构作家。它意味着以历史、时代、社会和人性的深度发掘为己任的非虚构写作，在社会意义和文学价值两个方面都得到了空前的认可。

非虚构写作也称叙事新闻、新新闻、文学新闻、创意非虚构写作、专题写作、非虚构小说、记录叙事等。非虚构写作一定是以历史、时代、社会和人性的深度发掘为己任的。

它发源于20世纪前期，上世纪60年代在美国《时尚先生》《纽约客》等杂志迎来繁盛期，之后传入我国。近年，随着《人民文学》等刊物积极倡导非虚构写作，随着大批新闻从业人员、作家及公民记者投身于非虚构写作，这种形式为时代、民族和人民注入了新的文学血液。

我国是"非虚构"的发源国和大国。早在公元前91年，司马迁就完成了50多万字的《史记》，成为一流的"非虚构"经典作品。我可以骄傲地说，世界上至今仍然没有超过《史记》这样的非虚构经典。后来受"洋玩意"的影响,我们把传统的"纪实文学"改叫为"报告文学"。期间的100余年,出了一大批优秀作品,比如夏衍的《包身工》、魏巍的《谁是最可爱的人》和徐迟的《哥德巴赫猜想》等。

这本书的作者赵学儒是两栖动物。他原来写小说,出版了短篇小说集《下雪了》《非常女人》、中篇小说集《战神》及长篇小说《大禹治水》(中英文版),后来转向非虚构写作。他是我国非虚构写作的践行者之一,近年出版《向人民报告》《圆梦南水北调》《血脉》《顺水》等长篇作品。一些作品被翻译到国外,具有一定的影响。

作为记者,他牢记新闻"真实"的使命;作为作家,他努力使作品有品有味、雅俗共赏。他的采访是脚踏实地的,无论是在国家重大事件中,还是在普通的人民之间,无论是城市,还是乡村,都留下了他的足迹;他的写作是真诚的,字里行间流淌着他的汗水和心血,每部作品都是他真情的结晶。

本书在作者多年写作实践的基础上,结合文学、新闻的前沿理论,从主题、采访、结构、人物、情节、细节、对话、场景、语言、情感等方面做了详细解释。其例文,也是在《人民日报》《中国作家》《中国报告文学》《中国水利报》等报刊发表的作品,既有借鉴意义,也有欣赏价值。

古今中外,作家、记者两栖动物很多,近年专家学者也出版了一些非虚构理论著作,但是这样以身说法、理论与实践紧密结合的读本实在难得。希望能给记者、作家、院校学生及爱好写作者带来实实在在的收获。

是为序。

(中国人民大学新闻学院副院长、教授)

目 录

第一讲　带着意义去采写 / 1

精彩阅读 / 3
　　　　别了，故乡 / 3
　　　　从此共饮一江水 / 38
精辟释义 / 52

第二讲　采访八招 / 57

精彩阅读 / 59
　　　　背着国家行走 / 59
　　　　迁徙心灵 / 66
　　　　忠孝两全，能 / 71
精辟释义 / 83

第三讲　结构三诀 / 95

精彩阅读 / 97
　　　　守望龙州河 / 97
　　　　大使夫人的革命爱情 / 111
精辟释义 / 117

第四讲　文学是人学 / 123

精彩阅读 / 125

　　　　爱情汩汩流淌 / 125

　　　　那泓生命之水 / 133

　　　　成功者秘诀 / 151

精辟释义 / 159

第五讲　文似看山喜不平 / 161

精彩阅读 / 163

　　　　放下屠刀 / 163

　　　　水往高处流 / 172

精辟释义 / 185

第六讲　用好"珍珠" / 187

精彩阅读 / 189

　　　　下雪了 / 189

　　　　杀猪菜 / 196

　　　　三只羊 / 207

精辟释义 / 214

第七讲　对话不可少 / 217

精彩阅读 / 219
  永远的香椿树 / 219
  张宗淮的一点私念 / 221
精辟释义 / 230

第八讲　构建一个"新世界" / 237

精彩阅读 / 239
  三峡印象 / 239
  爱在远方 / 245
精辟释义 / 249

第九讲　语言的魅力 / 255

精彩阅读 / 257
  一个陌生女孩的深夜来电 / 257
  我拨通了死者的电话 / 259
  一只怀孕的猫死了 / 262
  那只鹰带着留恋飞走了 / 264
精辟释义 / 267

第十讲　倾注真情 / 273

精彩阅读 / 275

　　望着儿子 / 275

　　想念老人 / 277

　　感恩二叔 / 282

　　父老乡亲 / 284

　　绿色紫荆关 / 287

精辟释义 / 290

后　　记 / 293

第一讲
带着意义去采写

Dai zhe yi yi qu cai xie

精彩阅读

别了，故乡

中国国家主席习近平发表二〇一五年新年贺词：12月12日，南水北调中线一期工程正式通水，沿线40多万人移民搬迁，为这个工程做出了无私奉献，我们要向他们表示敬意，希望他们在新的家园生活幸福。

这边是国家最高领导人，那边是普普通通的群众，而且是经过了艰难搬迁的群众。我虽然坐在电视机前，但是我的心已经到了移民群众中间。我是在2009年、2010年、2011年、2012年，移民大规模搬迁的时候去采访的，一场撕碎亲情友情故土之情的人类活动，历历在目。

2002年，举世瞩目的南水北调工程开工，沿线40多万人移民搬迁，为国家工程让路。仅南水北调中线丹江口大坝加高工程，就需要移民安置34.5万人，其中湖北省有18.1万人、河南省有16.4万人。

那一个个激动人心的场面，一张张可钦可佩的笑脸，一段段刻骨铭心的故事，一阵阵震彻心扉的声音，一串串感动的热泪，铸就了惊天动地的诗篇，写出了感人肺腑的民族故事。

如今，移民已经搬迁，南水北调东中线一期工程通水了。亲爱的读者，请允许我将当时的采访记录公之于众，让我们共同记住在实现中华民族伟大复兴的中国梦途中，发生的这一历史事件吧。

2009年8月8日河南省邓州市孟楼镇

小花猫

　　张书强家是从淅川县香花镇张义岗搬迁到邓州市孟楼镇的。搬迁到邓州市几天后，张书强发现自家的小花猫不见了。他立即房前屋后找，村里村外找，就是没有找到它。

　　看来也是常理，刚刚搬迁过来，不仅各家的小猫、小狗找不到自己的家门，就连上了年纪的人，出门回来，一时也有找不到自己家的。于是，那几天找人的，呼狗唤猫的，寻鸡找鸭的，成了全村平常事。

　　张书强家的小猫，可勤快了。在老家时，有它在家，屋里连一个老鼠都没有。小花猫除了尽职尽责地捉老鼠外，还不时到山坡上去捉野兔，自己舍不得吃，把野兔噙回来，放到主人面前，"喵喵"叫两声，好像在说："东家，你们吃吧。"

　　搬迁前，张书强特意准备了一个大纸箱，四周凿上许多透气孔。搬迁那天，他把小花猫放进纸箱里，固定在车上拉到了新家。谁知，到了新家，小花猫却不见了。于是，全家老少四处寻找，直到夜里12点，还不见踪影，第二天、第三天，还是没有找到。

　　"猫狗记路，是不是回老屋了？"村里人的话，提醒张书强回老家找找。

　　第四天，张书强回到老家，老屋已经被扒掉了。

　　残垣断壁，瓦砾遍地，一派荒凉。

　　小花猫果然卧在老屋坍塌的墙头上。

　　张书强一看，惊呆了。

　　这50多里的路程，就是人走第一趟也要问几次路呀！

　　张书强看见它，它也看见张书强。它不跑，却"喵喵"地叫，声音有些嘶哑，眼里泪汪汪，眼神可怜巴巴。

张书强上前抱起小花猫，低头用胡子抹拉它的脑袋。

"跟我回家吧！"张书强说。

小花猫默默望着他。

张书强带上小花猫，要回邓州新家。

临行，小花猫回头盯着坍塌的老屋，一副恋恋不舍的样子。

张书强把小花猫抱得紧紧的。

小花猫猛然蹿出张书强怀抱，重重地摔到地上。

张书强把小花猫抱回家，发现它已经死了。

2011年6月9日河南省淅川县仓房镇胡坡村徐坡组

小黑狗

马涛一闭上眼睛，脑海里就闪现出移民村那只被丢弃的小黑狗的模样——小而且矮，长长的黑毛，瘦瘦的身子，走路总是小跑。它那双透着无助、哀求又忧伤的眼神，曾经让马涛痛苦、困惑，甚至无奈。

搬迁的前一天，人们把家具装到车上，都集中到了村中心的临时停车场，等待第二天客车到来，载着大家到600公里外的新乡新家。

徐坡村这次搬迁20多户，房屋静静地依偎在丹江边的山沟里。村里已经没有人烟，移民的东西散落一地，横七竖八，或站或卧，一片狼藉。马涛那天去徐坡村，见到一个房屋的门大开着，里边更是乱七八糟。

突然，一只小黑狗从里屋跳出来，吓得马涛倒退了几步。

小黑狗汪汪地冲马涛叫，尾巴使劲儿地摇，身子在马涛的腿边蹭来蹭去。

两天不见人了，小黑狗欣喜得不知如何是好，生怕马涛一走又见不到他了。

马涛知道小黑狗一定很饿，就从包里拿出几块小面包，递给它吃。

就在这个时候，马涛发现小黑狗竟然尿失禁了，黄黄的尿水顺着长毛滴滴答答。

递给小黑狗的面包，它竟然一口没有吃，那样专注地盯着马涛。眼神充满了无助、忧伤和疑问，仿佛在问："村里人都上哪去了？主人怎么还不回来？"

马涛鼻子一酸，再也不忍心看小黑狗的那双眼睛，匆匆离开了。

小黑狗却不放他走，跟着他来到村外，蹲在一块石头上，眼巴巴地看着马涛走远。

走出很远了，马涛忍不住回头，小黑狗依旧在那里……

马涛知道，像狗这些动物，因怕路上咬伤了人，统统不让带上搬迁的车。有些乡亲用纸盒子装上车，但是天热路远，捂死的不少，所以还不如把它们留在老家。

第二天，乡亲们走了，狗儿、猫儿也没了家，最后都成了游荡的野狗、野猫了。

但是，小黑狗的那双眼神，却印在了马涛的心里。

2010年的11月26日，湖北省丹江口市六里坪镇孙家湾

老　街

"白菜白菜，1块钱4斤；萝卜萝卜1毛钱1斤；大葱、韭菜、土豆……"

这是孙家湾人最熟悉不过的场景。每天，村民们就在这条老街上，将地里的菜卖给上门收购的小贩。这里成了他们希望的寄托、收入的来源，也是使他们快乐的地方。

一条老街，没人能说上它的年龄，它历尽沧桑的脸上满是皱纹，颜色也变得苍老。就是这条老街，让孙家湾人足不出户便卖掉了从自家菜地收获的蔬菜——这是孙家湾独有的便利。但是过不了多久，随着移民搬迁的开始，这样的场景将不会再出现，这条老街将失去往日的灵气，只剩下了往昔的回忆。

往年的这个时候，孙家湾人已经迎来了冬天的第一场雪。雪花由小而大，渐渐染白了老街，一派纯净的景象。但是今年，冬天却姗姗来迟，千呼万唤才到来。一上冻，九组村民邓清广开始忙着整修蔬菜大棚。即将开始移民搬迁了，他还关心这一大棚的芹菜。这大棚菜，只有冬天才能卖上好价钱。

邓清广那年57岁，已经种植了14年的大棚蔬菜。他的儿女们都在外地，家里就剩下老两口，考虑到生活无人照料，他选择了后靠，离水库远一些，远到水淹不到的地方。后靠迁移要到明年才开始，今年的菜还是要细心管理，再卖上一茬。

他的这个大棚1.1亩，一年能收入1万多元。

孙家湾是六里坪镇最大的一个村，光菜地就有1000多亩，也是丹江口市最大的蔬菜种植村。冬天，大棚一个连一个，甩出去几十里，很是壮观。春夏秋天，各式各样的菜花盛开，各种形状的瓜果满藤，景象喜人。村里的年轻人大多外出务工了，在家种菜的就剩下老人和妇女，都是像邓清广这样的。

孙家湾地形特殊，从远处看是一个半圆形，跟一个河水冲击形成的平原似的。1967年，丹江口大坝下闸蓄水后，库区很多的土地成了一片汪洋，仅剩孙家湾等为数不多的土地，平坦肥沃、成片可耕、土质疏松、透气性好，最适宜种植蔬菜。土地少了，种植的蔬菜自然也就少了，明显的物以稀为贵，而且孙家湾这块地里长出来的大葱、韭菜、萝卜，总是格外得鲜嫩，很有卖相，价格也比别的地方高出很多。

孙家湾的蔬菜在这一带有一定的名声。

孙家湾交通便利，往下是武当山市，往上是六里坪镇、十堰市，菜贩们经常来到老街上收购，大车小车的，成队成排。这为孙家湾人省去了出门卖菜的麻烦，减少了成本。因此，留守在孙家湾的老人妇女很精心却似乎不怎么用力，就能把菜种得活色生香，一年下来同样收入不少，有的甚至比在外打工的挣得还多。

天时地利，成就了孙家湾村丹江口市最富有的村子的大名。

搬迁的日子越来越近了，要搬走的村民这几天忙着把菜地往外租。看到邓清广正好在地里，一位村民便找了过来。

"你租种我的大棚吗？"来人说。

租种这样的地，邓清广心里没底。

水退了，倒是能种；一旦水淹了，什么也种不成了，还得把租金赔出去。

"不想租。"邓清广回答。

来人默默无语。他的心里却更为纠结。孙家湾有得天独厚的地理条件，交通便利，村民勤劳致富，生活一天比一天好。马上就要搬迁到的新家园，还会有这样优越的条件吗？

来人叹了一口气。

邓清广说："那边的日子兴许更好过。"

"呸，好你不去！"来人有些懊恼。

两个人正僵持，蔡大军过来了。

"恐怕以后种菜这既轻省又挣钱的好事难找了。"他说。

九组村民蔡大军已经62岁了，他在村里的砖厂干活，一个月能挣一两千块钱。老伴种菜，老两口一年收入两三万块钱。

他担心的是，搬迁以后老伴还能不能像在孙家湾一样继续种菜？

在孙家湾，不仅种菜方便，而且能就近打工。镇上就有很多企业，再远一点到十堰市或者武当山市。村里的许多人都在附近的工厂上班。在孙家湾只要肯出力就能挣到钱，钱都在大街上扔着，看你伸不伸懒腰去捡。像蔡大军这样年纪的人，也能在砖厂里找到一份收入不错的工作。

蔡大军担心，像他这个年纪，在安置地能找到这样的工作吗？

镇上的人说了，考虑到孙家湾的自然条件，上头对孙家湾的移民搬迁格外重视，搬迁的安置地选择在武汉的东西湖区和荆门的江陵县，这是两个条件较好的安置地。

虽然有太多的不舍，但搬迁的日子还是一天天地临近了。

砖厂停电停工，蔡大军要陪老伴到老街上卖菜。

"你好好待着，我自己去就行了。"老伴说。

"我给你背着，你只管数钱。嘿嘿！"

"那也不行，这么点小事，不劳驾你。"

"嘿嘿。我只想看看老街！"

老伴答应了。

搬迁那天，车队从老街上过，人们纷纷把头探出窗外，再看一眼已经回不到从前的这条老街。

一首名叫《让我再看一眼，最后的老街》的诗这样写道：

走在最后的老街上，

尽管破败不堪，

我还想多看一眼，

再看一眼。

曾经的房屋长满荒草，

残垣，在风中招摇，

石碾，在后院哭泣，

水缸，在瓦砾里叹息。

水还没有上涨，封火墙、天井院、石板路，

将在挖掘机的轰鸣里，

碾成平地。

再也找不到曾经的家园了，

再也听不到那叫买叫卖的声音了，

我的天空没有下雨，

眼睛却模糊一片。

樱桃花和泪花都在开，

春光里涅槃会诞生，

阳光会照进记忆，

老街的一切将变得更美丽……

2010年11月28日湖北省丹江口市六里坪镇孙家湾

天井院

随着饶中全等最后一批移民搬迁至湖北省的江陵县，这里最后的一座天井院也永远地消失了。

天井院的那段历史，却永远挥之不去。

2000多年前，我国古代居民常建这种宅院，就是将四周的房屋分东南西北联结在一起，中间围成一个四四方方天井，就叫天井院。四面用房子围住，进出只有一个大门，这样相对比较安全。下雨时，水都流到天井里，再通过下水道排出去。

随着时代的进步，没有人再盖这种天井院，而原来的天井院也都渐渐消失。孙家湾原来有天井院十几家，年轻人大多都到外面打工去了，时间长了也就把房屋买在了城里，只有老年人守候着这古老、古朴、沧桑的宅院。

天井院是古老历史的见证。

孙家湾村是丹江口库区村，由于南水北调生态工程的实施，全村要外迁573户2355人。2010年10月26日，首批移民搬迁后，搬走的移民将原来居住的天井院都拆除了，只有饶中全一家最后的一座天井院，还执著地站立着，似回忆，似展望。

饶中全已经59岁了，三个姑娘都已出嫁，一个儿子在外打工，还没有成家，因为要搬迁，已提前回来了。老伴种菜，一个星期一次运到武当山特区去卖，他本人在马家岗村砖厂做活，晚上回天井院来住。

饶中全家的天井院，由前三间、后三间正房和东西各一间厢房合围而成，俗称为"正八间"，这是新中国成立前有钱人家才能盖得起的。正房一层的中央开间为堂屋，是整个住宅的中心，房间很大，前面没有门窗和墙，与天井直接相连，便于采光、通风和与各配间联系。堂屋的后板壁俗称"板壁"，放有桌案，正中原来供奉祖先牌位，有香炉，有烛台等，两侧置花瓶和镜子，意思是全家"平平静静"。

堂屋原来供奉祖先牌位的地方，现在挂的是毛泽东微笑的画像。

"板壁"边上有过道通向后面。天井的面积不大，宽度相当于正房中央开间，长只有厢房开间大小，加上四面房屋挑出的屋檐，天井漏天部分更显得狭小，不过这种高窄天井的设计，具有近似烟囱一样的作用，能够排除屋宅内的烟雾。

下雨的时候，雨水全部集中汇流入天井，叫作"四水归堂"，也有肥水不外流之意。天井院与其他邻居房屋盖有封火山墙。

饶中全姊妹七个，都是从这天井院里走出去的。饶中全的父亲旧社会被国民党抓了壮丁，去当兵，在冯玉祥的部队当班长，每个月有个18元20元的大洋，省吃俭用积攒起来，逃跑回家后买下了临街的三间正房。

这三间正房本来是"火星庙"，有几百年的历史。

1952年，饶中全的父亲又花钱盖了两间厢房和后院的三间瓦房。当时孙家湾有四大木匠能盖天井院，这个天井院是个叫刘泽兴的木匠盖的，当时的标准是"硬八间"，就是八间房子，二层是转脚楼，全部是厚木板铺成的。

这也说明当时饶中全的父亲财力雄厚。

1958年、1959年生活困难，饶中全的父亲就卖了前边三间转脚楼上的楼板，养活几个姊妹，供姊妹上学。

一晃几十年过去了。

直到搬迁的最后时刻，饶中全也没有闹明白，房子四周的雨水是怎么流下来集中到天井里的。

饶中全听有人说，这天井院在建筑学上是个奇迹，是我国劳动人民的智慧。他还听说，现在北京、广州、武汉等大城市，一有大雨就成灾，不知道咋搞的。自他懂事到现在，这天井院就没见雨水堆积过。

搬到武当园村，饶中全的新家是设计精美的两层楼房。饶中全总是做梦，梦见有人去了他家天井院，想研究个门道。一梦醒了，他才明明白白地知道天井院真的已经不在了。

天井院埋在了他的记忆中，成为一段永久的历史。

2011年6月11日河南省淅川县滔河乡凌岗村

老　井

搬迁前，老屋老街成了一片废墟，青砖青瓦也碎了一地，破坛子烂罐子散了一片，院子里的树木被砍一光。狗的叫声从老屋不时传来，小猫在老街游来荡去，数不清有多少夏虫此起彼伏地叫着，声音令人心烦。日光如水，散在村子里，汨汨流淌。坐在古井边的金建国，希望时光停下来或者凝结，但这是妄想。

一切都将消失,没有什么能够阻止。

别了,百年古井!

古井四周长满了蓬蒿,还有葳蕤的阔叶植物。古井的井壁和井台全是青石的,井口直径一米左右。井口有一只辘轳,固定在一个铁架子上。井绳端头有把旧锁,把水桶系在绳子上。

不断地有村民来这里打水。

绳子始终捆在辘轳上,一松手,辘轳自动滚动,水桶就下到水井里。在锁的带动下,水桶一歪,灌满水,再弯腰摇辘轳的摇臂,一桶清冽的水就提了上来。

井台周围放了不少洗衣盆,村里的婶子大娘们还趁空洗洗衣服。

金建国就住在古井的背后,他打小就吃井里的水,已经吃了57年了。"这口井的水又凉又甜,我们村四、五、六3个组的人都吃这口井的水。"他说。

提起古井的年代,金建国说,据他父亲讲,这口井是清朝末年打的,到现在都100多年了。

那时候,战乱频繁,饿殍遍地,哀鸿遍野,生灵涂炭,吃水特别困难,全村人省吃俭用,从嘴里挤出几个钱,购买了打井设备,千辛万苦打了这口井。以后富裕了一些,村民又辛辛苦苦打井,但别的地方打了30米都不出水,唯有这口井常年不断水。水甘甜可口,一直滋养着村里人。

如今,因为南水北调建设,这里的人要搬迁,只剩下这眼百年古井,独自守护着古老的村庄,迎来朝霞送走星光,春夏秋冬轮回。金建国在古井旁发呆,惆怅在他的心中流淌。他仿佛看见,丹江水一寸寸地将家园封存。

他真的想大喊一声。

他说:"恐怕这辈子都吃不到这么好的井水了。"虽然在新家,有自来水等着他们,但金建国还是有点舍不得这口古井。

他站起来，伸手摸摸辘轳，摸摸井绳，探头望望井底。

井里有他天真的童年，有他的青壮年，更有他成长的一切记忆。

他们都和他打招呼，问他好。

他仔细看，自己好什么，鬓角已染白发，皱纹一抓一把。

岁月沧桑，什么能够永存呢？

搬迁那天，他再次驻足古井旁，向古井深深地鞠了三个躬，然后走了。

记忆，永远封存在这口古井里。

诗人张思峰写道：

幽深老井默无声，

日日圆眸向九空。

风雨遗恨倾壁上，

小村故事隐胸中。

甘泉百载汲难尽，

明月一轮喜有逢。

曾是成群结队处，

如今四季绝人踪。

2011年6月6日河南省淅川县滔河乡文坑村、香花镇刘楼村

最后一个端午节

这一天，我国930万高考考生正摩拳擦掌、跃跃欲试做最后的准备。他们将去考场一显身手，完成龙门前的挺身一跃。

这一天，淅川移民不忘过好在故乡的最后一个端午节——割艾草、吃粽子、煮鸡蛋、祭河神。明天，淅川县滔河乡文坑村311户1473名移民

将入住唐河县古城乡文坑移民新村。

这是南水北调河南丹江口库区第二批移民大规模搬迁的高峰。

这是他们在家乡度过的最后一个端午节，他们要留下永远的牵挂。

这天早晨4点多钟，天已蒙蒙亮了。

刚刚65岁的移民王廷栓，昨晚一直都没有睡觉。他睁开蒙眬的睡眼，挺起已经略弯的腰板，缓慢地走出帐篷，用泡了一夜的艾叶水，洗了一把脸。

淡淡的艾叶香，丝丝的清凉意，顿时使他清醒了许多——老家一直用艾叶水来提神。

院子里的物品分散各处，人来人往，乱乱哄哄，更是让他心烦。他看到废墟上的一只野猫，爬起来跑到他的身边。他呵斥一声，"滚！"

今天装车，明天就要搬到唐河新家，连老家最后的一个端午节也不让人过得安生——老王堵得慌。

老伴文瑞华也走出帐篷，见老头子发倔，就说："碍你啥了？"

文坑村后面是郁郁青山，前面是滔滔丹江。

老王站在门口，就能看到青蓝色的丹江水。天渐渐明了，蓝光从水面上升起来，一片片涟漪在平展展的水面上开了花。

"唉！"老王叹了口气。

"叹啥气啊，赶紧煮上鸡蛋和蒜瓣，今天过节哩。"文瑞华说。

王廷栓一家16口人，3个儿子都在外地打工，前几天陆续赶回来准备搬迁。平时不好聚，因为搬迁，这次一大家子都到齐了。老王这几天心里也很高兴，看着子孙满堂，想着搬到唐河一家人都在一起住，老王心里也是美滋滋、圆圆满满的。然而，故土将离，很可能永远不再回来了，还是增加了他的几丝惆怅。

7点，鸡蛋和蒜瓣煮好了，一家人都起床了。

8点，搬迁的货车缓缓到来，全村人七手八脚地装车。

一会儿，乡里干部送来了粽子。

"忙着搬迁，顾不上包粽子，乡里送来了，我就再吃一口家乡的粽子。"老王先拿了一个粽子，深深地闻了一下，痴痴地说："真香啊！"

中午时分，南阳市政府副秘书长、市移民局局长王玉献和淅川县领导一道来到文坑村，帮着乡亲们搬东西、装家具，还不时提醒乡亲们注意安全，和王廷栓等乡亲们一起吃中午饭。

王玉献举着酒杯说："今天是端午节，这节日是为了纪念屈原大夫的爱国主义情怀。我们移民也是满怀爱国主义情怀的，祝福大家搬到新家后越过越好！"

乡亲们说说笑笑。

王廷栓高兴，65岁的蔺英杰更高兴。

蔺英杰高声喊着："今天，我家是双喜临门！"

蔺英杰所说的"双喜"，都在明天。一是儿子蔺道远明天就要高考了，二是明天就要搬到新家了。

蔺英杰家多少代人了，家里没出过秀才，自己也斗大的字识不了半升，没想到儿子争气，一直成绩很好。初中时，儿子的成绩在滔河乡名列前茅，以优异成绩考上淅川一中，被选进了"奥数班"。因此，蔺英杰想起儿子总是偷着乐，密密麻麻的皱纹就没有松开过。

他盼子成龙，当年查了几天字典后，给儿子取名"道远"，就是希望儿子出人头地。

他告诉儿子，明天搬家什么事情都不用他管，别紧张、慌乱，考出个"秀才""状元"什么的。考试结束，就直接去唐河新家。

蔺英杰身体不好，有腰间盘突出的毛病，干不了重活儿；老伴王玉芬身体更差，血压高，偏瘫快7年了。蔺英杰边搬家边说："俺们把希望都寄托在孩子上大学和搬新家上了。"

"穷家难舍也得舍，旧的不去新的不来，搬家是好事。"蔺英杰冲大家说,"儿子明天能考好的!"

"我明天要带一桶丹江水去新家。"蔺英杰说。

蔺英杰怕别人听不明白他的话,补充说:"等儿子高考完了,我们用家乡水给他煮粽子和鸡蛋吃,让他记住家乡最后的端午节。"

蔺英杰家的大锅里,煮着满满的一锅粽子。

他送给在场的人每人一袋热乎乎的粽子……

……

这一天,淅川县香花镇刘楼村以更别致的方式,度过在老家的最后一个端午节。

也是那天早晨,约莫 5 点来钟,张金城老汉就把自家的渔船打扫得一干二净,准备祭祀用品,张罗全村人的午餐。

"过了这个端午节,我们就要搬到邓州新家了。"他说。

全村渔民要开着自家的渔船,到丹江江心祭拜屈原,祭奠河神,感恩丹江养育了他们,祈祷屈原、河神护佑他们平平安安,护佑他们搬到新家一帆风顺,万事如意。

9 点钟左右,随着"水移一号"大型旅游船的缓缓启动,50 余条大小各异的渔船排列好先后顺序,犹如一条长龙向江心驶去。船上,渔民熟练地驾驶着渔船,老人、妇女、孩子们则站在船头。5 岁的小移民杨梦茹和着母亲哼唱的儿歌,欢快地跳起舞来,引来阵阵喝彩。

10 点,大小渔船汇聚到江心,一条长龙又变成白凤朝阳。每个船头插上了艾叶,摆上了粽子和几样小菜。

祭拜仪式异常庄重而又凝重。

村里德高望重的人,担任祭拜活动的"主持人"。他跪在船头,大声地说:"今儿是端午节,请屈原和河神享用贡品吧,再过一个多月,我们就要离开这里,希望您保佑我们世代平安,子孙幸福……"

所有人虔诚地跪拜……

"屈原和河神保佑我们到了新家后平平安安、幸福美满。"众人祈祷。

在渔民杨静船上,他对4个孩子说:"娃,这水上就是咱的老家,咱们干了几十年的渔民,就是走到天涯海角,都不要忘了生咱养咱的这一江水啊!"

一阵礼炮在水面上鸣响。

"保佑我们世代平安,子孙幸福!"

"保佑我们家家平安,人人幸福!"

大家一起祈福。

声浪在水上起伏,一波一波的。

混杂着声浪、水浪,全村男女老少拿起粽子,一起向江中抛去。

一个个粽子,雨点一样落进江中……

又是一片片水花升起……

2010年2月13日湖北省十堰市郧县安阳镇龙门堂村

最后一顿团年饭

大年三十,大雪飞扬,北风呼啸,天寒地冻。湖北省十堰市郧县安阳镇龙门堂村,即将搬迁的村民在家乡吃了最后一顿团年饭。

3月份,他们就要搬到湖北省团风县黄湖农场移民新村。

吴士贵是龙门堂村一组十星级文明农户,他恋恋不舍地说:"我们要把这顿团年饭做得丰盛一些,让年味更浓一些,我们要把年味一起带走,这也是我们思念家乡的根儿呀!"

"我爸把大家招呼回来,为的就是大家吃顿团年饭,不给我们留下遗憾。"吴士贵正在兰州大学读书的儿子说。吴士贵全家老少三代,大大小小17口人,一起从全国各地赶回来过大年,齐刷刷的。在吴士贵的记忆中，全家还真的没有这样齐整过。不是你有事，就是他有事，总也凑不齐。

村里过年有个习惯，二十三，家家忙，又做豆腐又扫房。从腊月二十三这天开始，家家户户把院子打扫得干干净净，煎炒烹炸准备过年的食物。

大年三十，吴士贵叫他人都休息，快快乐乐过年，自己则贴春联。他贴春联都很仔细，他认为春联就是一家一户的门面，要贴好，贴出来的春联要整洁、大方，要贴出精神，贴出新气象。贴好后，他还是不放心，害怕贴歪了，或者上下联不齐整，又站到远处仔细地端详了几遍，还让他人帮着看看。大家都说好，吴士贵才觉得好了。

贴好了，自己反复念了好几遍。

上联：舍小家，顾大家，为国家

下联：谋发展，求发展，大发展

横批：明天更好

儿子问这对联是谁写的。吴士贵挺得意地说："是村干部送来的。"

院子里喜气洋洋，孩子们一起放鞭炮。

5岁的吴星星跑来跑去找来火柴，急着要点炮，在众人面前显示一下男子汉的勇气。一万响的鞭炮，比蒜辫子长多了，红红的跟火龙似的。孩子们七手八脚，把"火龙"一圈一圈地缠绕在家门口的晾衣绳上。

往常家里再穷，吴士贵也要买几挂鞭炮，在院子里放放，叫"嘣穷"。现在这一万响的鞭炮，要响好大一阵子。现在还不能放，要等吃饭前才能点着。

家里的小狗到处打转转儿，还一个个与家人亲热。

厨房里吴士贵的老伴刘纪英也正忙活。最后一道压轴菜是汉江野生翘嘴白鱼，鱼在油锅里嗞嗞响，香味钻进了人们的胃口。"搬过去，就很难吃到这家乡的鱼了。这是地道的野生鱼呀！"刘纪英乐呵呵的表情静止片刻后又恢复了笑容。

堂屋里准备好两个席面的桌凳，擦得干干净净。圆圆的餐桌上有从外边买回来的白酒，有自己家酿制的黄酒，还有大瓶小罐的饮料，筷子、碗、酒杯、餐巾纸等一应俱全。白酒是茅台系列"大战略"牌子的，吴士贵说南水北调是大战略，移民是大战略，咱喝这种酒有气派。每桌上10余个菜，热气腾腾的，香味缭绕。

吴士贵的弟弟——43岁的吴士成在手扶拖拉机车箱前面贴上了一幅小春联：日行千里路，人车保平安。"过年后，它也要跟我们一起走，这是我的当家劳力呀。"他一边细心地擦洗手扶拖拉机，一边喜气洋洋地说。

村主任赵宪章还远在团风县移民新村的建设工地上，执行监督建房工程质量的任务。他是全村村民选出来的代表，工程不停就不能撤，哪里顾得上春节不春节呀。家里准备了丰盛的饭菜，就等他回来，却等来了他的电话："我中午不能回去呀。我回去了，咱全村人这个年都过不安生。"

12时整，吴士贵家的鞭炮响了，火星飞溅，纸屑腾飞，青烟袅袅上升，火药味四处弥漫。

紧接着，整个村庄被鞭炮声包围了，浓郁的火药味、红红的对联、家家户户的欢笑声，把个龙门堂村闹得喜气洋洋。亲人们一次次忘我地举杯敬酒，是辞别，是送行，是祝愿，是欢喜……所有的内容都在酒中。

这个春节，毕竟是他们在故乡度过的最后一个春节，吃的最后一顿团年饭。

84岁的罗成强老人与老伴在家门口合影留念，爽朗地说："移民是国家大事，移民政策好，我们带头。"

"给我们全家照一张。"

"给我们俩照一张。"

"给我照一张"……

那天，村民们团聚在一起，最多的是合影留念，和亲人合影，和朋友合影，和老屋合影，和大树合影，和小狗合影，和这里的山山水水合影。

他们，要用相机留下家乡永恒的记忆。

2009年8月19日湖北省丹江口市关家垭村

上　坟

58岁的村民丁明洪一大早就起了床。他在房前屋后转来转去，一个劲地抽烟，好像有什么心事。以往十分开朗的他，还经常开个玩笑什么的，今天却一言不发。好几次，老伴跟他说话，他好像没有听到似的。

要搬迁了，小儿子放下手中的生意，特地从武当山赶了回来，帮父母收拾东西。

"走吧，我们给祖宗上坟去。"丁明洪说。

说罢，丁明洪带着儿子、小孙子，拿上火纸、鞭炮、祭品，沿着村口的小道向西走去。

那里是老丁家的祖坟。他的父母、祖父母、曾祖父母都葬在这里，横竖几排的坟头。这条小道很少有人走，路两边的杂草长得很茂盛，早晨刚刚过去，还未散去的露水把老丁的裤腿都蹚湿了。这条寻祖的小道，从家到坟地也就是十来分钟的时间。

坟前长满了荒草，坟头隐隐约约。

大坝一蓄水，这些坟就被水位淹没。也就是说，丁明洪的祖宗就要在一片汪洋之中了。

丁明洪按照曾祖父母、祖父母、父母的顺序，从远到近，依次在坟的门堂前画圈圈，在圈圈里点燃了火纸，又把祭品放进了圈圈里。

火机不太好使，手不停颤抖，丁明洪打了几下火机都没把纸点着，最后燃着了，就用已经燃着的点燃没有燃着的。每上一座坟，他都要跪下，磕一个头。儿子也按照老爹的样子，默默地作揖、磕头。那小孙子也学着爷爷、爸爸的样子磕头。

"以前都是清明、过年、祭日的时候，儿子或我来看一下就行了。因为南水北调工程，我们马上要搬迁了，把孩子们都带来，也算是最后看望他们一下吧。不知道以后还有没有机会再来……"说到这里，这个一向十分刚强的老头眼里有了晶莹的泪珠。

烧纸祭奠之后，儿子将挂在树梢的鞭炮点燃，噼噼啪啪的鞭炮声像丹江河的波浪，在丁明洪的心里荡漾。

他扔下烟头，最后看了一眼这些老坟，迈着沉重的脚步向家的方向走去。

2009年10月10日河南省淅川县香花镇

迁　坟

河中荷花开，

妹从岸上来，

双桨荡进荷花淀，

阿哥可愿来？

妹儿家住在江边，

十七八岁正当年，

听到阿哥的哨儿响，

划着船儿跑出来……

淅川县香花镇移民刘庆民的母亲想起这首情歌，再次嘱咐儿子，等她死了，一定要和丈夫合葬一处。

搬迁的日子临近，刘庆民又急又愁。爹的坟咋弄呢？

刘庆民想，爹的坟这次也要随着搬迁过去，否则总不能到时候再把母亲葬回来吧。那时候，爹的坟也被水淹了，怎么办呢？

有人给他出主意：你把你爹的坟带过去，走的时候这边再垅个坟头不就行了。

刘庆民觉得也只能这样了。

早上，刘庆民想到爹的坟前去，和爹念叨念叨。

他甚至把词都想好了：

"爹呀，不是儿子不孝，是咱赶上了南水北调工程实施。咱这小家就得服从大家，你也就委屈一点吧，也跟我们走吧！

按说，人入土为安，你应该安心清静了。可是，咱摊上这事了，不走不行呀。你也就不要怪罪儿子了。

到了那边，我们给你盖新房，买轿车，找保姆伺候你，让你天天开心。"

走到坟边，刘庆民大吃一惊，爹的坟头被人挖过了，好像挖走了一些土，又将坟头培起来了。

刘庆民的心里毛了，这是谁动了我爹的坟？

刘庆民一边怨恨挖坟的人，一边愧疚。掘坟头可是要断子绝孙的，谁缺了八辈子德呀！但是，他还不好意思回村里挨家挨户打听，害怕别人笑话他不孝顺。

回到家，刘庆民饭也不吃了，一直闷闷不乐。

母亲问他怎么回事。

"我爹的坟被人家挖了。你说谁那么缺德，跟咱有仇，咱要搬走了，却要挖咱家的坟！"

"昨晚我弄的。"母亲沉着脸说："我跟你们说过，我死了要和你爹埋在一起。"

原来，昨天夜里，她趁孩子们都睡着了，自己拿了个口袋和一把铁锹，悄悄来到丈夫坟前，一阵祷告之后，挖了几锹土，装进袋子里，又把坟头围了起来。

刘庆民一听，顿时眼泪吧嗒吧嗒地落下来，半天才说了一句话："妈，我去给爹磕个头，要不搬走了心里不踏实！"

后来，刘庆民把那袋子土重重地背在身上，消失在搬迁的人群中。

2009年4月4日湖北省丹江口市均县镇莲花池村

<h2 style="text-align:center">遗　书</h2>

当丹江口市移民试点正在进行的时候，均县镇莲花池村村民董飞（化名）却迟迟不肯动迁，这让拆迁工作组人员伤透了脑筋。

均县镇移民工作组潘组长几次带人来做工作，都被"顶"了回去。

董飞一家不搬，这里的住户都不搬，直接影响搬迁的进度。

潘组长说："南水北调工程已经开工了，大坝加高正在进行，移民是必须的事。你要以国家的工程建设为重，你有什么想法，什么困难，今天都可以当着我们的面提出来，能解决的我们当场解决；当场不能解决的，我们再想办法解决。"

董飞说："我家祖祖辈辈生活在这里，凭啥子叫我们搬迁？"

潘组长笑了笑，说："国家规划、国家工程，需要淹没我们这些地方，我们就得搬迁。莲花池村也不是只有你一家搬，个人利益总要服从国家利益吧，这就叫'舍小家顾大家'。"

董飞好一阵没有言语。

"你一家不搬迁，大家都会笑话你。"潘组长接着说。

董飞接腔说道："搬迁可以，但是补偿标准太低，我不搬。"

潘镇长让他说得具体一点。

"迁坟补偿最不合理。迁一座坟，国家只给300元的补偿，根本买不起一处墓地。现在墓地的价格少说也上万元,最差的也要花费几千元。不够本,我们不搬。"董飞有些激动了。

潘镇长跟他分析了墓地价格虚高的原因。潘镇长说:"考虑到移民的实际承受能力,上级决定,每座坟另外再给予一些补贴。迁坟户要迁坟从简,不要讲排场、搞攀比,实实在在把坟迁走。"

董飞说:"这也不够!我董飞也是远近闻名的孝子,为父迁坟,为父尽孝,说什么也要风风光光的,让老父亲走得体面、不憋屈。以前,我要求的补偿标准是万余元,现在看着你镇长的面子,我就要几千元的迁坟费。你今天答应,我今天就搬迁!"

潘镇长说:"移民搬迁,政策统一,标准统一,一把尺子量到底,谁也不能搞特殊,你这个要求我不能答应!"

"你不答应我,我也不答应你!"

潘镇长也生气了:"你要清楚,这是国家的重点工程,是向首都送水的大工程,所有移民,必须服从大局,这个道理你还不明白!"

"当然明白,但是我更明白,国家工程不能让咱老百姓吃亏的……"董飞还要继续跟潘镇长争论,这时,屋门"吱呀"一声开了,从里面颤颤歪歪地走出了一个老太太。董飞马上上前搀扶,说:"哎呀,妈,这事我不是不让你掺和吗?"结着又冲潘镇长说:"你们看看,我妈都出来说理了。"

老人扭头瞪了儿子一眼,嗔怒地说道:"这个理,看来我也说不明白了。你爸在的时候,这主意都是他拿,现在遇到这么大的事,他甩手不管了。"说着,老太太流下了眼泪。

董飞想,这下好了,我妈的眼泪也许能提高迁坟的标准。

潘镇长也想,看来今天的工作又白做了。

突然,老人对大家说:"这搬迁是个大事儿,我儿子嫌我不识字,怕我操心,怕我添乱,一直不让我过问。可是,这事一直定不下来。以前,家里的大事都问他爹，现在他爹不在了。这样吧，咱去坟上问问他爹，让他爹给个说法。"

在场的人都愣住了。

老太太说："飞儿，还有你们各位领导，咱一起去找他爹说道说道。"

说完，她拄起拐杖，挽着董飞的胳膊，颤颤歪歪地先出了门。

其他人见状，紧随其后，一起往荒坡上的一座孤坟走去。

走到坟前，老人也不顾杂草丛生，一屁股坐到地上。她从怀里拿出几沓火纸，一张一张地点着了，一张一张地烧了起来。老人一边烧纸，一边和死者说话。

当年，董飞的父亲在工地上修大坝，大坝蓄水，淹没了他的家。董飞的母亲问他，这没田种、没家住咋办？他说，只要身体好、人勤劳，哪儿都能吃饭。后来，他到水库当了管库员，一直到临死。临死的时候，他嘱咐董飞的母亲无论如何要将他的骨灰埋葬在丹江边上，让他守着这条大河，看着这条大河……

老太太说着说着哭了，渐渐地泣不成声了，感动得在场的每个人都流下了眼泪。

潘镇长见老人越说越伤心，连忙劝说："大妈，当年修丹江口大坝，你们已经做了一次移民，牺牲了自己很多利益，为国家做出了很大贡献，政府不会忘记你们。眼下，大坝加高，让你们二次移民，再次做出牺牲，就是往你们的伤口上撒盐。作为镇长，我心里也很难过。可是，这国家的事，这千秋伟业的大工程，我们、你们都不能耽误啊！"

老太太慢慢止住了哭声，擦了擦眼泪，攀着儿子的胳膊站了起来。她冲着镇长问："你是镇长？"

潘镇长莫名其妙，但还是点点头。

潘镇长搀扶着老太太，说："我是镇长，您老有话，请说吧！"

老人看了镇长一眼，从怀里抖抖索索地摸索了半天，摸出了一个又黄又旧的牛皮纸信封。她说："这是他爹生前交给我的。他叮嘱我说，此信不要打开，等遇到大事难事的时候再打开。今天，这搬迁的事就是一辈子的大事，我也决定不了，就打开这信，看看他爹怎么说吧。"

在场的人彼此对视，都以为这是看传奇电影。

董飞按照母亲的要求，打开信，慢慢念：

"我叫董得多，在河边土生土长。1958年修建丹江大坝，我在全村第一个报了名，在工地上整整干了8年。大坝修好后蓄水，水淹没了我家的房子、耕地，还有树木和庄稼。那时候，没人给咱一分钱，我心里没有心疼，没有委屈。只要看见那满满的一库清水，看到河边的乡亲们不再遭受水灾，我就觉得荣耀，觉得自豪。这是国家和政府给我们办的大好事呀！

大坝修好后，我报名当了管库员，一干就是几十年。这期间，我光荣地加入了中国共产党。1990年，我听说由于北方缺水、北京缺水，国家要将丹江大坝加高，把汉江河水送到北京去。我兴奋了很长一段时间。就盼第二次修大坝，那是很光彩的事情呀！

后来，我偷偷听说，我得了癌症。我知道剩下的日子不多了，活着看不到大坝加高，希望死后能天天看到它。我的'新家'位置很好，能够看到大坝一天天高起来。可是，大坝加高，咱家又要搬迁了。南水北调是千秋伟业，丹江口移民非常光荣。我不在了，写下这封信。我的家人，你们谁都不准犯糊涂，不准与国家讲条件，要积极配合搬迁，不准找借口阻止搬迁。否则，我决不会原谅你们！"

董飞念到这里，早已经泪水横流，实在念不下去了。

远近都知道，董飞是个大孝子。

他停顿很久，擦了下泪水，又接着念：

"当你们打开这封信的时候，可能搬迁已经开始了，请你们将我的骨灰撒在这碧波万顷的江河中吧。我没有再修坝，但我要看着一江清水送北方！"

听完这封信，现场的人都在擦拭自己的眼泪。

突然，董飞扑通一声跪倒在父亲的坟前，放声哭喊："爹……儿子犯浑了，儿子给您这位老党员丢脸了！"

老太太说："把他的遗书也烧掉吧！"

遗书燃起的火苗火红火红，一缕洁白的云烟冉冉升起。

不知不觉，来了很多很多的人。

他们默默地望着天空。

2010 年 5 月 4 日河南省淅川县大石桥乡西岭村

最后一课

"同学们，我们开始上课！"冉泽晓校长的语气比平时低沉了很多。

"老师好！"全班的同学齐刷刷站起来，一起高喊。

喊声，比以前任何时候都响亮，都庄重，都正规。

"同学们好，请坐！"冉泽晓校长的声音依然低沉。

一早，当移民正忙于整理货物搬运装车时，在村北的大石桥乡中心小学，西岭村的孩子们正端坐在教室里，聚精会神地听他们在这里的最后一课。

"同学们，今天把你们西岭村的 68 名学生集合在一起，是因为明天你们将随父母一起迁往邓州市腰店镇移民新村。这节课，是你们在家乡学习的最后一课……"

站在讲台上的冉泽晓校长神情多了些凝重。他一边说着，一边用力在黑板上认真地写下了"最后的惜别"五个大字。

然后，冉泽晓校长低头在黑板上抄了一首诗。

我们忘不了滚滚的丹江水，

她冲去了我们所有的烦恼；

忘不了村西头的吊桥，
她带给我们无尽的欢乐；
忘不了老家门口的泥泞小路，
她留下我们成长的脚印；
忘不了校园里的大柳树，
她见证了我和故乡伙伴们那段纯真的友情……

冉泽晓校长转过脸时，眼圈红了……

片刻后，他说："同学们，我们今天学习一首新诗，我来念，大家跟着念。好吗？"

"好！"学生们一起喊。

原本是一句话，冉校长把"我们"和"忘不了滚滚的丹江水"分开来念。

"我们"……

"忘不了滚滚的丹江水"……

学生们也一样把"我们"和"忘不了滚滚的丹江水"分开来念。然后，冉校长念一句，大家跟一句。

第一遍念完，冉校长的嗓子嘶哑了。

"我们再念一遍。"冉校长说。

"我们忘不了滚滚的丹江水，
她冲去了我们所有的烦恼……"

冉校长突然哽咽了。

学生们都站起来。

冉校长哽咽着说："要记住生你养你的这片热土，要记住哺育你们长大的丹江、父母和老师，到了新的家园，要听老师的话，要好好学习，老师盼望着你们学成归来，建设家乡……"

霎时间，教室里出奇的静。

校园柳荫中几只黄莺也不叫了，大槐树下的秋千也不晃荡了，后窗外那片芬芳的野山花一下子失去了往昔的味道。

这些刚刚八九岁的"小毛孩",突然间像是长大了许多。

"老师,我们一定听你的话!"小女孩冉恒月哽咽着说。

"老师,我们一定听你的话!"所有的孩子一起说。

冉校长再也说不出话来,也哭不出声来。

所有的学生都一个动作,齐刷刷从书包里拿出已经准备好的笔记本,恭敬地双手递给冉校长。他们说:"献给我们的故乡,献给我们的老师!"

冉校长的眼模糊了。

映在冉校长眼前的是一朵朵含苞待放的花朵。

冉校长轻轻地咳了一下,说:"同学们,不,孩子们,无论你们走到哪里,都是祖国的花朵。你们一定会在阳光下盛开的,一定会的……"

所有的学生齐刷刷地向冉校长敬礼。

门外、窗外,早就聚集了很多人,把头都探进来了。他们是来接孩子的,但是谁也没有说话。

冉校长一字一顿:"孩子们,我们再念一遍吧。"

冉校长第三次开始念:

"我们忘不了滚滚的丹江水……"

2011 年 5 月 4 日淅川县大石桥乡西岭村

最后的歌声

大搬迁的前一天,村里一片繁忙,移民们在收拾最后的行装,准备踏上异乡的土地。年仅 15 岁的徐摄苏怀里抱着一把二胡,眼睛里满是惆怅和忧伤。离乡之苦,分别之痛,她比别人感受得更深刻——她要告别生她养她的家乡。

想到这些，小女孩鼻子一酸，泪涌了出来。

徐摄苏的爸爸喜欢绘画，应该说她出生在艺术家庭。2000年，徐摄苏四岁时，爸爸给她买了一把玩具电子琴。小摄苏爱不释手，白天用手指胡乱按着、笑着，晚上也要抱着睡觉。

"你家女儿有艺术细胞呀！"姑姑说。

爸爸说："摄苏可能有音乐方面的天赋，至少她是特别喜欢的。"

小摄苏六岁的时候，爸爸找到了淅川县曲剧团的李丰年老师，想让李老师"诊断"一下摄苏的音乐天赋。没想到，李老师见了聪明伶俐的徐摄苏后，当即决定教她二胡。

从此，徐摄苏每到周末和假期都要跟着李老师学二胡。

小摄苏一摸二胡，就显出聪明的特点。

"好像是天生的。"李老师说。

小摄苏很好学，她三个月就通过了二胡四级考试，随后又得了许多奖项。

2006年，她获得了中国青少年艺术节二胡银奖。

2008年11月，61岁的李老师突发疾病去世，让他们陷入了悲痛和迷茫。此时，徐摄苏的二胡已经过了九级，下一步的路该如何走？

也是这一年，南水北调中线工程移民工作启动了，西岭村的移民搬迁筹备也开始了。告别故土，让她陷入深深的思念。

2009年4月15日，爸爸毅然带着女儿奔赴北京学习。2010年，徐摄苏通过一年时间的努力，轻松通过了中央音乐学院附属中学的专业考试。但是，她没有通过文化课考试。

这时，爸爸已经囊中羞涩。

徐摄苏是就此罢休，还是继续学下去？

她再次陷入了迷茫。

"就是卖艺，也要供闺女学二胡。"爸爸终于有了一个大胆的想法：趁女儿学习之余，他就带徐摄苏到地铁口卖艺，维持生计。

二胡独奏在地铁口悠然响起，一曲《流浪者之歌》让无数人驻足。

终于，徐摄苏取得了一项项好成绩：

3月18日，考了北京戏曲艺术职业学院附属中学。

4月14日，考了中央音乐学院附属中学。

4月18日，考了中国音乐学院附属中学。

4月22日，又考了中国戏曲学院附属中学。

正当徐摄苏通过了考试和体检，等待通知书的时候，搬迁开始了。徐摄苏随692名乡亲一起，要搬到邓州市腰点乡西岭移民新村去。

这天，徐摄苏抱着二胡。

她说："我从六岁开始拉二胡，今年已经15岁了，马上就要离开这个养育我多年的地方，远赴他乡，心里泛起了伤感之情，但想到这次搬迁是为了国家，又倍感自豪，所以就拉一曲二胡送给这片土地。"

她边奏边唱那首淅川人民耳熟能详的歌曲《我的移民老乡》：

喊一声移民我的老乡，

端一碗丹江水，

送你去他乡。

抓一把祖坟的土，

装在你身上，

不管你走多远，

淅川不能忘。

这里有你走过的路，

这里有你碾过的场；

这里有你的亲姐妹，

这里有你的祖辈和亲娘！

擦干眼中的泪花花儿，

手拉手儿话衷肠。

千斤重担你一肩扛，

老乡呀老乡，

送你去远方。

喊一声移民，

我的老乡——

举一杯丹江的酒，

送你去远方。

牵过那条看门的狗，

带在你身旁。

不管你走多远，

淅川不能忘。

这里有你绿化过的山，

这里有你净化过的江；

这里有你开掘的大运河，

这里有你奉献的玉液和琼浆！

滔滔江水向北流，

碧波水下是故乡。

舍家为国你谱新章，

老乡呀老乡，

送你去远方。

喊一声移民，

我的老乡——

2011年9月8日河南省淅川县滔河乡张庄村

最后一杯酒

　　这是搬迁前的最后晚餐，一桌人都醉了。大家站起来举杯，却什么也说不出来。泪水，噼噼啪啪落在杯中，不约而同地喝下去。这样反复着……

　　这是一章让人揪心的诗篇。

　　我说不上作者的名字，因为我已经酩酊大醉；我看不到作者的模样，因为我的眼前已经泪水滂沱；我说不清作者的来历，因为我已经似我非我。我只有把这首诗抄在这里，留给我亲爱的读者。这首诗，真的会告诉您很多很多！

最后一杯酒，我把自己
灌得酩酊大醉，好让
离别的瞬间，显得没心没肺
这是楚江花月夜，人生的
那一杯，连着悬崖绝壁
徘徊的痴情，却不见大海来领
没有赶赴，所有的盛宴
倾尽灵魂的渴意，只为宣布
对胃口的挑剔，往事的沧桑
满腹剔透的火，浑浊的水
和着春雨飘洒，执意返回
溯风和雪，茫茫的严冬
我举起杯子，一意孤行
显出鸩酒般的，决绝与镇定
隔着泪水，似醉非醉

而我的伊人，却在遥远的丹江口

任地平线勃起，老迈的弓弦

把迷茫的我射向，人生的另一头……

2011年9月9日河南省淅川县滔河乡张庄村至许昌市襄城县王洛镇张庄移民新村

在路上

我们早晨4点半起床，要在7点钟从河南省淅川县县城赶到百公里外的滔河乡张庄村，参加河南省丹江口库区最后一批移民搬迁欢送仪式。没有料到，汽车在通过轮渡过丹江口水库的时候，被想不到的原因耽搁了足足半个小时，匆匆赶到仪式现场的时候，仪式行将结束。原来和省里的移民干部说好，我要乘移民专车到移民新村去，一路上可以采访更多的人，这时也被人"无情"地拒之门外。省里的移民干部和我一起好说歹说，根本无济于事，那人就是不让上车。

一辆辆移民专车排成长队，像一条龙，龙头带动龙身，开始移动。移民老乡，男的女的，老的少的，人人头顶小红帽，个个胸戴大红花，往车上拥。车下送行的老人，则是鼻涕一把泪一把，被车子牵着似的往前挪。上了车的人把头伸出窗外，挥手告别。最后一辆移民专车也要启动了，工作人员正在疏散车前的人，包括我。

看我上不去车，省里的移民干部也很着急，听他嚷："给他找个移民证！"

眼看最后一辆移民专车动了，门子就要关闭，我一步跨了上去。

那人说："满了，满了！没座！"

"我站着。嘻嘻。"我冲他会心地笑笑，便往车子后面走。

车子确实满了，一水的小红帽，一水的大红花，一水的离别之苦与乔迁之喜融合的脸庞。人们忙着安顿行囊，安顿孩子，然后坐下来，眼望前方。一个老乡把孩子抱起来，让我坐下。我说不坐，就直接和65岁的杨秀英老人拉开了"话匣子"。

杨秀英说："新村的房子咱还没看过，但是很放心，共产党对我们移民好着呢！我们全家20口都搬了，娃子都在外打工……"杨秀英老人的喜悦是从她满脸的皱纹间溢出来的，那皱纹与胸前大红花一样好看。这时，我看到她的一只胳臂端着，五指被刀横切过一样有一道伤痕，厚厚的茧下露出鲜红的嫩肉。

她说这是不小心抓了落到地上的电线，烧伤的。

2003年，为了南水北调工程，淅川县部分移民需要再度搬迁，因此国务院对丹江口库区淹没及影响区下了停建令，要求停止生产生活基础设施建设。这里的移民群众按照国家要求，8年来没有盖新房，没有发展生产项目，甚至住在漏风漏雨的危房里，不仅没有享受到发展的成果，而且深受"不发展"之苦，备受煎熬。

像杨秀英这样的移民群众，为国家、为大局付出的太多太多了。当党和国家为他们盖好了新房，他们迁入新居的时候，哪个不是苦尽甘来、喜上眉梢！

车队路过淅川县城，缓缓而行。车外热烈的炮声阵阵，列队欢送的人群相连，横幅、鲜花、彩旗辉映。

"这一次搬迁给我的最大感受，就是今生今世当一次移民非常荣耀！"今年70岁的张宝坤老人激动地说。他把这次搬迁当成了过节日，上身穿了一件红色的唐装，还戴了一副太阳镜，神态、举止、言语中把心里的欢喜表露出来。

他说，他是两迁户，就是两次搬迁的人，曾由张庄搬到新张庄，再由新张庄搬到移民新村。

第一次是上世纪70年代，那时国家穷，给钱少，国家把钱直接给移民，移民自己盖房子，2个人一间房子。那时叫"插花移民"，就是把一家一户插到别的村子。那样不仅人生地不熟，而且很受孤立，移民不愿意搬迁。这些人躲到村边或者山里搭个草棚子，赖着不搬，叫"赖迁户"。他说他就是"赖迁户"。

他说，现在国家富裕了，给移民的钱也多了，每人24平方米的房子。他已经看过两次新房，一次是奠基的时候，一次是分房的时候，房子挺好的。搬去的移民住在一起，人们称过去的张庄村叫"老张庄村"，现在的叫"新张庄村"，大家都熟悉，互相有个照应，慢慢能够和外界融合起来。政府的后期扶持政策也很好，每月都能得到50元补贴，60岁以后还有60元，保证最低生活……

其实，由于丹江口水库建设，由于南水北调工程实施，张庄村移民何止是两次，甚至是三次、四次，个别达到了五次。一些移民老乡甚至一生都在搬迁的路上，没有过上安定的日子。这不仅仅是国内少有，在全世界也难以再找到。都说移民是天下第一难，依我说河南丹江口库区移民更是难上加难。他们对告别故土，背井离乡的感受太深了！

尽管如此，张宝坤老人的一段话让记者深深感动。他说："这是民族的大事，这是国家的工程，我们做出一些牺牲是应该的。搬迁以后，我们要建设好自己的家园，发展好自己的生产，搞好自己的生活，为国家多做贡献。请党和政府放心吧！"

已经进入古稀之年的张宝坤老人对未来美好生活充满憧憬，20来岁的年轻姑娘吴俊芳则把这命运之迁当成生命中的机遇。她原来在温州一家鞋厂打工，搬迁之后就不再去了。她说要利用搬迁后移民新村距离郑州市、许昌市较近的便利，搞一个自己的"营生"，创造更美好的生活。还有咿呀学语的移民宝宝，坐在移民专车上犹如坐在摇篮里。然而，摇篮只是摇摇晃晃，这车却是一直往前走……

下午3点左右，车队到达终点站许昌市襄城县王洛镇张庄移民新村。村子已成为欢乐的海洋，祥云曼舞，彩球腾空，乐曲悠扬，人头攒动，"迎亲"的队伍远远迎接而来，搀老人，抱孩子，提包裹……

移民老乡迫不及待地走向新居，步履匆匆。

我停住脚步，内心涌出几行诗句：

为国迁徙远走他乡，

回望故土一派汪洋。

快把他乡当作故乡，

走过风雨拥抱阳光……

选自江苏文艺出版社长篇非虚构文学《向人民报告——南水北调大移民》

及《人民日报》《中国水利报》，此处有改动

从此共饮一江水

第一章　突发悬念

时间：公元2014年12月12日

地点：丹江口水库陶岔渠首

一座雄伟的大闸，矗然而立。这边，正是亚洲特大淡水湖之一——丹江口水库；那边，乃是世界最大的调水工程——南水北调大渠。三孔橘黄色闸门，自下而上被缓缓提起，那库里的水像一群白羊，争先恐后，拥挤着，涌出闸门，涌进北上的大渠，将涌上北方干渴的土地，将涌入北国的千家万户。

我们将共饮一江水！

1952年,新中国百废待兴,中华儿女自立图强。盖过奔腾咆哮的吼声,黄河岸上发出振聋发聩的巨响:南方水多,北方水少,借一点来也是可以的。一个兴建全球最大调水工程的中国梦,开始启程。半个世纪大论证,十余年的大建设,数以千亿大投入,无数人的大参与,数十万移民的大搬迁,就是为了这个目的——南水北调。

这是继美国加州北水南调、法国迪朗斯—凡尔顿调水、澳大利亚雪山调水、加拿大魁北克调水等世界著名的调水工程之后,人类又一次空前浩大的治水行动;这是中华民族跨越治水的历史长河,奏响大禹治水、京杭运河、都江堰、三峡等动听的音符之后,弹奏得最为响亮的时代强音。

时间和空间在此交汇,热点和焦点在此闪光,心血和汗水在此流淌……

2013年年底,南水北调中线一期工程全线贯通;2014年年底,南水北调中线一期工程正式通水。

然而,按照2014年汛后通水的计划,当万事俱备,只欠调水的时候,丹江口水库的蓄水却不能满足调水的需要。

中国人,甚至一些外国人,将目光聚焦过来。

丹江口水库仅有的一潭"死"水,似乎在嘲笑南水北调决策者、设计者、建设者的智慧。

是呀,你们兴建丹江口水库,从这里延伸一千余公里的水道,要把南水调到北方去,这梦想至今无人企及,这梦想的确伟大绝伦,这梦想确实举世无双。可是……

是呀,你们尽情地让水道横空出世,一座座大渡槽跨越低谷和河流;你们潇洒地使水道自由出没,一个个倒虹吸穿过平地和河流,那水被你们乖乖迁到北方。可是……

是呀,那水道连接长江、黄河、淮河和海河,重新布置了中国的水格局。北方因旱成灾,土地龟裂,庄稼枯萎,河溪断流,雾霾频现,人们口干舌燥的历史，会渐渐远去。可是……

是呀，那水道把沿线几百座城市串在一起，给那些城市源源不断输送血液。水道是藤，城市是瓜，就像长藤接瓜一样，藤儿肥，瓜儿甜，沿线的工厂、社区、学校也长出累累果实。可是……

可是，可是，丹江口水库的蓄水却偏少，不尽如人意。

就连人类自己，也曾出现疑问，真的无水可调吗？

南水北调，无水可调，尴尬的还是你们人类……

9月10日，我给丹江口水库管理员打电话，急切地询问水库蓄水情况。

他说："现在的蓄水水位是142米。"

丹江口水库水位超过145米方可向北方送水，现在的142米就意味着无水可送。

他却很自信，继续说："多年的水文资料显示，南水北调不会无水可调。汉江上游大规模的降雨，一般在九月份以后，而且降雨量较多。您耐心等着吧。"

现在就是9月份，而且已经过去10天了，降雨还是遥遥无期。

我对他的话将信将疑。

那段时间，有人每天都在收听天气预报，时刻关心丹江口水库上游的降水情况；有人亲赴丹江口水库，站在大坝之上探个究竟；也有人垂头丧气，功败垂成溢于言表……

时间，一秒秒过去；焦急、焦虑、焦灼，一分分袭来。

9月16日，我随中央媒体采访团开始"寻源"之旅。凌晨2点，我们到达陕西汉中市。刚下飞机，就有瓢泼大雨迎上前来。因为我们是水利人，每到久旱逢甘雨的地方，都有人开玩笑说："你们把雨带来了。"这里的人也这样说。此时此刻，胜过瓢泼大雨的欣喜，涌上心头。

汉江的源头在秦岭以南的嶓冢山。当地人说，前几天山顶飘起祥云，渐渐四合，一阵雷响过后，大雨瓢泼而下。

天气预报说，还要下几天呢。

一连几天，我们是在雨中采访的。

9月18日，丹江口水库上游的汉江白河段水文监测，这里的过水流量每秒8000立方米。浩荡的河水犹如满载10吨的汽车，每800辆列成一排，一排排疾驶而过。

滔滔江水，欢腾而聚，飞腾而来，奔腾而去。

丹江口水库，每天入库水量一亿多立方米，它的水位在一天天长高：142米、145米、150米、155米、157米……

水库管理员说，水位还会上升，南水北调有保障！

好雨知时节，盛世乃发生；艰辛数十载，南水向北行。

这一天，终于到了。

第二章　调水无忧

9月19日，我们到达湖北丹江口市，骤然雨过天晴。

位于大坝下游一侧的丹江口市，春夏秋冬、日日夜夜向大坝行注目礼，因为大坝给这座城市带来了安宁和繁荣。

以丹江口命名的这座水库，于1958年9月1日开工，1968年第一台机组投产发电，1974年初期工程全部完成。为了南水北调，2005年9月开始大坝加高工程，到2013年大坝从162米加高到176.6米，"长"高了近15米，相当于五层高楼。

雨后，大坝显得更雄伟、更高大，须仰视才见。

我们沿着水泥道路往坝顶走，背上渗出几分潮气；我们顾不上擦拭汗水，一口气登上坝顶。眼前的水面，碧波荡漾；远处的青山，连绵起伏；

坝下的河床上，袒露出各色各样的河卵石，潺潺的流水闪烁着波光，带着水腥味的微风送来几分惬意。

我将相机调到全景模式拍摄，恨不得把整个水库都收进去。但是，即使是世界上最先进的相机，也收不尽大坝建设者在这里的风雨岁月和艰辛历程，收不尽他们的辛勤汗水和智慧付出，收不尽他们的坚强毅力和伟大精神。

大坝下的红色标尺，标明水位是154米——到了适合调水的位置。

调水，真的无忧矣！

水库岸边停泊着一艘大船，将载我们去对面的河南淅川县。

船悠然而动，水在船下行走，大坝渐渐离去。全景拍摄的大坝，哪里是钢筋混凝土的凝结体，分明就像大海上行驶的一艘巨轮。群山敞开怀抱，让巨轮昂首航行；绿水泛起浪花，让大船尽情弄潮。蓝天下，白云随行，偶尔有灰鸽翩翩飞过；水面上，还有青鱼跃出……

此刻，人在船头，船荡水流，水伴山舞，山随人移，人如画中行，山似水上漂……

突然，水面上出现了海市蜃楼。那大坝，那高山，那蓝天，那飞鸟，活灵活现。淹没在水中的楚国古都丹阳和均州老城，带着历史深灰色的印记浮出水面，分明是一部悠久与辉煌的史册，让人惊奇。

丹江口水库由两条大江组成，南侧是汉江，构成湖北淹没区；北侧是丹江，即河南淹没区。1958年修建丹江口水库，淹没的还有数十万亩肥沃的良田，数千件珍贵的文物，数十万移民的故乡。

故乡，对丹江口移民来说，是一个永远都回不去的地方。从1961年大坝围堰壅水，到南水北调工程大坝加高，几十万移民几度在故园中大迁徙。

移民随着水库水位的不断上升而疲于奔波，不停迁徙，水库水位却在不断变动：时而120米，时而134米，时而又145米、155米、157米。

每变动一次，几万个家庭就得扶老携幼，走上艰难的迁徙之路……

我写《向人民报告——中国南水北调大移民》时，见证了移民群众扯断亲情的别离情景，感受到他们舍小家顾大家为国家的伟大情怀；我写《圆梦南水北调》时，结识了不少的建设者，懂得了他们的艰辛、执着和智慧，耳濡目染，领略了他们顽强、创新、求实、奉献的时代风采。

这一库清水呦，汇聚了多少人的汗水，汇聚了多少人的泪水，汇聚了多少人的血水。

水者，血也！

脚下的大船尽管沉重，却昂首挺胸，勇往直前。

船离开主库，进入引水渠，远远望见矗立的陶岔渠首大闸，望见挂在天边的闸门启闭机。那蓝天，那白云，那橘黄色的启闭机，那绿油油的树木和草丛，格外引人注目。

那蓝天，蓝得湛蓝；那白云，白得洁白；那橘黄色的启闭机，黄得橘黄；那绿油油的树木和草丛，绿得黛绿。雨过天晴的清水，清得被水洗过一样，又比清晰的镜子还要清晰，把蓝天、白云、橘黄色的启闭机、绿油油的树木和草丛照得一清二楚。我全景拍摄的美丽画面，比任何电脑桌面的壁纸都更美丽。

我站在大闸的头顶，俯视脚下那三孔闸门，它们就像三把结实的坚锁。

它将"南方水多，北方水少"锁在数千年高的历史柱子上。

那柱子上无形却清晰地刻着以下数字：

我国多年平均年降水量为 61775 亿立方米，折合降水为 650 毫米，而且主要集中在夏季，北方地区降水更为集中。我国多年平均年地表水资源量为 27388 亿立方米，其中南方地区占 84%，北方地区占 16%。我国多年平均年地下水资源量为 8218 亿立方米，其中南方地区占 70%，北方地区占 30%。我国是一个严重缺水的国家，缺水总量达 536 亿立方米。

我国缺水，黄淮海地区最为严重，北京严重得让人恐怖。

黄淮海地区总人口、国内生产总值均占全国的35%，人口密度大，大中城市多，在中国经济格局中占有重要地位。但水资源量只占全国总量的7.2%；黄淮海地区的人均水资源量仅为450立方米，只占全国人均水平的22%。海河流域人均水资源量仅为272立方米，不到全国人均水平的1/8。

而北京，人均水资源量不足100立方米！

……

如今，坚锁的闸门被打开，"借一点也是可以的"中国梦，美梦成真。

南水，踏上千余里征途，向着北斗星升起的地方启程。

第三章　盛世盛景

这是人类治水史上的又一里程碑；这是盛世中华大地上的又一盛景！

我拥抱江水一路北上，印下上善者的足迹。

她，行走在一个个架在空中的渡槽里。

那渡槽，即横空出世的水道，或架在两山之间，或建在一河之上，如雨后空中的彩虹，似城市高高的立交，像托起数百万吨急行列车的大桥，蔚为壮观。

整个南水北调工程中有几十个渡槽。湍河渡槽是世界上总体规模最大的U形输水渡槽，被誉为"天下第一跨"；湍河渡槽采用了造槽机施工，这是我国从来没有实施过的一种施工新工艺、新技术。

从2010年12月开始，到2013年9月28日结束，建设者用无形的品牌和有形的水泥凝固成一座亘古的丰碑。他们把钢筋和水泥结合成一道坚固的渠道、一个永久的符号。

她，行走在一个个膨胀土地段的渠道里。

专家说，膨胀土问题是工程界世界性的技术难题之一。"晴天一把刀，刀砍不动；雨天一滩泥，泥泞难进"，这是农谚对膨胀土的形象描述。老百姓与这种土打交道，遇到晴天锄头镐头砍不进去，遇到雨天连人带脚陷到里边；工程建设遇到这种土，被形容为"逢堑必滑，无堤不塌"，有人称之为"工程中的癌症"。

举世瞩目的南水北调渠道工程，就让这种膨胀土拦住了去路，大家都叫它"拦路虎"。南水北调中线工程有近 1/3 的渠道要穿越膨胀土地区。如果不能驯服这只"拦路虎"，南水北调通水就是一句空话。工程建设者经多次试验、反复探索，采取调整、控制水量等措施，破解了这一世界难题。

科学与创新，把空话变成了实实在在的果实。大自然总是在考验人类的意志与智慧，在广袤的大地上布下一个又一个复杂的"科学迷宫"。人类每走出一个"科学迷宫"，便写下一页辉煌的历史。

南水北调的设计大师采取地下穿越的模式，在图纸上画出了江河立交的传奇，即长江穿过黄河，建成穿黄工程。

自古黄河，狂放不羁，摇摆不定，河床无定所，茫茫黄河滩，参差河床底，千年沉积，泥沙胶结，混杂交错，为穿黄布下一道道坎儿。

穿黄不通，千里无功。

这次穿黄采用世界先进技术——盾构机掘进。这个庞然大物，跟《封神演义》中描写的"土行孙"一样，从这边钻进去，从那边钻出来。它这一进一出，就钻出个大洞，让长江水从黄河下流过。

从 2005 年 9 月到 2009 年 12 月，建设者通过一次次摸索和实践，以高度的智慧、无畏的决心和流不尽的汗水，用顽强的毅力和巨大的奉献精神完成了黄河的伟大穿越。

她，行走在 PCCP 输水管道里。

北京 80 余公里的水道，绝大部分采用 PCCP 管道地下输水。这种规格的PCCP管在国内是首次研制、运输、安装、使用。每一根PCCP管内径4米，外径4.8米，长5米，重80吨，运输总量为21532根，管道异型配件572件，两项合计运输量22104根。

北京PCCP管道工程从惠南庄泵站出发，沿低山、丘陵地带行走，穿越房山、丰台许许多多的建筑物，到达颐和园附近的团城湖。建设者破解了生产、运输、安装等一系列难题，实现了国内外PCCP管材生产史上又一个创举。

她日夜行走，迈着欢快、豪迈、矫健的步子，终于款款来到古都北京城，为我们中华民族的心脏注入新的"血液"，为一个容纳了2000多万人的国际大都市送来甘霖，为行驶在高速发展道路上的祖国首都加油。

第四章　柳暗花明

我们将共饮一江水。

时间，再次来到2014年9月16日至20日。

我们的"寻源"之旅，沿汉江一路由汉中、安康、商洛、十堰行走，最终到达河南淅川陶岔渠首，途经南郑、紫阳、淅川、西峡等10个县（区）。蓦然回首，发现时间和空间以及我们，拥挤在一个长长的隧道里，一起走来。

2007年10月11日，丹江口库区及其上游水土保持工程在安康市启动。仪式之后，中央媒体采访团沿着汉江顺流而下，我看到或听到一幕幕、一段段丛生的乱象，触目惊心——

山上，或卷起浓浓的烟雾，或传出轰隆隆的炮声，金矿银矿铜矿无序开采，留下一片片裸露的"牛皮癣"，之后流出的矿渣和污水，直入汉江；河边，安营扎寨凸起一家家小冶炼企业，使用一种叫"汞"的剧毒化学品"助力",之后药物渗入的土地寸草不生,却排入汉江;黄姜,这里的一个传统产业,一种提炼皂素的原料,提炼皂素需要大量的硫酸,之后的硫酸等废弃物,也都汇入汉江;化肥、农药、生活垃圾,成年累月都归入汉江……

汉江,将不只是汉江两岸人民的汉江,也将是河南、河北、北京、天津人民的汉江。南水北调工程通水,我们饮的是一江水。

为了确保一江清水去北方,国务院制定丹江口库区及其上游水污染防治和水土保持"十一五""十二五"规划,划定汉江沿线数十万平方公里区域为水源保护区,于2007年、2012年分两期,投入大额资金实施水土保持工程。

于是,有了我们这次之行的所见所闻所感所悟。

两岸青山,郁郁葱葱,曾经的"牛皮癣"不见了。自2007年以来,中线水源区各地已关停规模以上企业超过500家,同时还依法取缔小矿山、小冶炼、小造纸、小水泥等小企业千余家。

陕西省紫阳县是我们十分关注的一个地方,县城挂在陡峭的山壁,脚下却是滔滔奔流的汉江水。原来这里的污水脏水直接入江,曾被国内一家媒体曝光。我们到来时,一个崭新的污水处理厂开始运行,出水水质达到一级B类标准。

陕西省汉中市高土坝村社区,街道整洁,小楼林立,农户前院后庭整齐干净,广场喷泉随歌起舞。以前,随着社区规模越来越大,日常的垃圾、污水越来越多,随处排放;现在,这里的生活污水也要经过集中处理合格后,才能排放。

2014年,年产300吨的黄姜皂素生产项目通过陕西省环保厅验收。在陕西省山阳县金川封幸化工有限公司,科技投入、科技攻关见到实效,目前生产皂素减少了硫酸用量,实现了达标排放。科技、改革、创新,给了类似的200多家企业第二次生命。

河南省淅川县把保护水质、企业转型叫作"死生转型",即死后复生的意思。淅川县丰源氯碱公司、南阳泰龙纸业等350家化工、造纸、冶炼企业被关停并转;曾经的排污大户淅水集团斥资5亿元完成转型升级;淅铝集团关闭了高耗能、高污染的矿热炉和电解铝生产线,上马了彩铝板等一批高科技环保生产线。

丹江口库区居民靠水吃水,网箱养殖曾经是他们的主要收入来源。现在,一处院内堆积如山的网箱,足以说明此前这里养殖业的兴旺。取缔网箱后,茶叶、金银花、湖桑、玫瑰、核桃等既能保护生态,经济效益又高的作物,已经蓬勃发展起来,春花盛开,秋实累累。

我们登上起伏的山脉,望重峦叠嶂,峰回路转;听山风兮兮,如蜂呢喃。那碧波荡漾的一库清水,送走了30多万移民,他们将要踏上滋润北方的道路。那移民搬迁的情景,已渐渐远去。他们把带去的树苗,栽植在异乡的土地上,吐翠结果。他们在新的地方开始了新生活。

这里,就是他们永远的故乡;他们,将是这里远道而来的客人。

第五章 北国水韵

如果说南水北调东线工程推动了山东、江苏两省区域环保格局变化,形成了较发达地区的环保经验,那么,中线工程则是利用我国制度优势,大范围探索较落后地区经济发展与环境保护并重、并行、互相促进模式的生动实践。

绿色,将是南水北调工程带来的主色调。

南水北上,与未来的千里生态廊道并行……

无水一片荒,有水一片绿。

早在南水到来之前,北京已经尝到南水北调工程的甜头。

从 2008 年 9 月起，北京利用先期建成的京石段应急供水工程，4 次从河北应急调水，累计收水 16 亿立方米，保证密云水库蓄水在 12 亿立方米以上。

南水北调工程成为首都重要的"生命线"。应急供水，解了北京干渴之急。

北京从一个历史上河网交织、湖泊湿地星罗棋布的古都，变成了水资源极度缺乏的国际大都市。水作为生命之源、生产之要、生态之基，它对北京的作用实在太重要了。

北京城下，埋着 9000 余公里的供水管线，每天将 200 多万立方米清洁的自来水送到居民家中。应急通水高峰时期，通过南水北调工程京石段输送的河北省来水，约占北京日供水量的 1/3。北京居民每饮 3 杯水，就有一杯是应急水。

如果没有河北应急水，北京的水危机势必更危急。北京城区第三水厂、第九水厂、田村水厂和 309 水厂都曾使用河北来水。我曾走进北京市第九水厂的泵房，拧开一个水龙头，清甜的自来水便流了出来。

河北应急水通过南水北调工程中线京石段唯一的调蓄水库——大宁调蓄水库，也间接向北京园博湖内补充了水源。

2014 年春天，园博园笼罩在蒙蒙细雨中。园内茂盛的植被，被雨水洗得格外清新。鲜花娇艳，赏心悦目；草木芳香，沁人心脾。

园博湖在永定河城市段的核心位置，占地 246 公顷，水域面积 90 公顷，是园内重要的水景观赏区。园博湖是贯通门头沟区门城湖、石景山区莲石湖、丰台区晓月湖和宛平湖的永定河绿色生态走廊，即"四湖一线"的重要组成部分。

湖面时而有水鸟飞过。

2012 年北京大宁调蓄水库向"四湖一线"补水 320 多万立方米，2013 年又继续补水 400 多万立方米，为保证北京优美水环境起到重要作用。

2014年汛后，高温、少雨、干旱天气持续发展，河南省的旱情蔓延，致使平顶山市庄稼枯焦，土地龟裂，主要水源地白龟山水库成为一座"死库"。水库枯竭，河道断流。

危急时刻，国家防总安排部署，提前利用中线总干渠，从丹江口水库向平顶山市白龟山水库输水，缓解平顶山市用水困境。

2014年8月7日8时，陶岔渠首开闸放出的江水，历时10天零10小时的昼夜兼程，到达平顶山境内。8月17日18时，澎河渡槽退水闸缓缓升起，奔腾的江水一涌而出，注入干涸的澎河。

从长江流域到淮河流域的跨流域调水，为平顶山送去了大旱甘霖。

我拥抱南水北上，穿越伏牛，穿越黄河，穿越太行，奔流入冀，奔流入津，奔流入京，奔流到生命最渴望的地方……

一路上，南水不断留下生命的种子：

河南37.7亿立方米，

河北34.7亿立方米，

北京12.4亿立方米，

天津10.2亿立方米……

这是温馨的种子，它将在北方人民的心灵，洒下甘霖，孕发幸福的笑声；这是绿色的种子，它将在北方干旱的土地，生根开花，结出丰硕的果实；这是力量的种子，它将在北方城市的血管，源源脉动，催生发展的旋律。

我拥抱南水，兴高采烈到达终点北京团城湖。湖水格外清澈，映出蓝天、白云，映出高楼、大树，映出蜂拥而来、列立岸边的男男女女、老老少少。那久旱逢甘雨的脸庞，汇聚在一泓清水里，水面顿时绽放出灿烂的微笑，那么和谐，那么温馨，那么惬意……

这是来自丹江口水库的甘露，她再没有嘲笑人类的意思，而是与我们一起自豪,一起微笑……

我们终于共饮一江水!

我却忽发疑问,这种微笑能够持续多久呢?

南水如血,大渠似脉,南水北调为北方注入了生命活力。然而,如果我们不好好珍惜它,爱护它,保护它,精打细算利用它,即使是江水滚滚来,也难免"贫血"无尽期;虽说是远水一朝能够解近渴,却不能忘记人无远虑必有近忧。

选自《中国水利报》《中国报告文学》杂志

精辟释义

我们做任何事情，都有一种意义在内，写作尤其如此。小到个人的所见所闻所感、吃喝拉撒睡、悲喜哀乐愁，都可以写出来，分享给大家，互相交流；大到人类的美和丑、社会的进和退，事物的新与旧，事件的得与失，也可以记录在案，为现实证言，为历史存鉴。

有很多理论工作者，给了写作比较准确的定义：写作是以语言文字为媒介文化交流的行为，是人类各个领域不可或缺的信息记录与传播方式。作为人类凝聚思想，表达情感，加工与传递知识的基本手段。

也有人从本体论层面，从终极的本质意义上，即生命、人性、存在的方面去挖掘，认为写作不仅是人类精神生活与实践活动的重要组成组分，而且是一种生命生存的形式、途径。

还有很多作者，包括我，把写作作为第二生命，这就更有意义了。通常每个人只有一条生命，即生理生命，而写作者却有两条生命，包括写作生命，或叫艺术生命。人的生理生命只有在人活着的时候，才能自己感知到，而写作生命往往在未来偶尔会被别人提起，提起你的名字，提起你的作品。

所以，凡写作者都十分认真对待他的第二生命。西方人提出"我写故我在"的哲学理念，中国人不乏"文以载道""立言不朽"等道理，但是他们的深层本质都在于寻求生命生存的依托，寻求"家园"，寻求"故土"，寻求一种"慰藉"。

人情练达即文章。但是，每个人的立场不一、观点有别、角度不同，写出的文章深度和高度、厚度和广度、角度和维度也不一样。文章无论怎样写，我们都努力写好，因为文字对每个人都会有影响。一篇好的文章，不但是作者的成就，也是对全人类文明的贡献。

其实，决定写作的意义，并不只是写作本身那点"意义"，更有意义的意义，在于写什么、怎样写。其终极意义，应该是"我"是谁，"我"为谁写。我不反对各种各样的写作目的，但我主张记者、作家要弘扬人类的真善美，鞭挞假恶丑；主张记录时代，书写人民。

记录时代，就是记录时代前进的步伐，鼓舞人民朝气蓬勃走向未来；书写人民就是以人民中心，为人民抒写，为人民抒情，为人民抒怀，写出阳光、健康、积极的正能量。记录时代，书写人民，绝对不是空话套话。空中楼阁，虽然好看，但是稍纵即逝；参天大树，扎根土地，总会枝繁叶茂。

记者、作家，只有带着"记录时代，书写人民"的意义去采访，去写作，才能写出有筋骨、有道德、有温度的好作品。这才是记者、作家写作的真正意义。

2012年，我完成长篇非虚构作品《向人民报告——中国南水北调大移民》的写作和出版，同年该书被选入中国报告文学年度选本，之后又翻译到国外。仅看书名，它有两个关键词：南水北调、移民。南水北调是近年我国实施的重点工程，它是世界最大的调水工程；移民，就是我们的人民。

写南水北调，就是记录时代的脚步。

南水北调，官方说它的意义在于统一配置水资源，解决北方缺水问题。我在采写中体会到，它也是人类追求美好的具体行动之一。从开天辟地，水旱灾害就是人类的大敌。从西方的《诺亚方舟》、中国的《大禹治水》

到南水北调,人类始终与水纠缠不休。中国从隋朝兴建了大运河,开创了调水的世界奇迹,今天的南水北调,是实现中国梦的大手笔,是历史的里程碑。

水是生命之源,是万物之母,没有水就别谈生存,就更不要说发展。中华民族的心腹之患是什么?就是肆虐的洪水和狂妄的旱魔。水旱灾害伤害了我们的祖先,也危及我们及我们的后人。人吃人、葬身鱼腹、长城在流泪、长江流的是鲜血等并不是骇人听闻的句子,而是历史的真实记录。

新中国成立后,一系列的国家行动让水造福我们,1958年至1973年,丹江口水库库区累计有50万余人次搬迁;2011年、2012年,南水北调工程又使30万多人背井离乡,迁徙异地。他们舍小家,割舍故土;顾大家,远徙他乡;为国家,抛弃私情;建新家,发奋自强。真的是大义大勇,真的是千古绝唱。

这就是我们的人民,是深深感动了我的人民,是我们值得大写特写的人民!

移民,实在太难了,有人说是"天下第一难"。国外很多的工程都因为移民问题而搁浅,而南水北调移民又要在两年内完成,强度超过国内其他水利工程。然而,两年的时间,我国奇迹般地完成了30多万人的搬迁安置任务。

我在采写的过程中,需要思考这是为什么?

这里有移民的伟大奉献精神,也有各级干部耐心的工作。移民干部迎难而上,携手并肩,千言万语做工作,千山万水送移民,千辛万苦办实事。汗洒江河,血染丰碑。两年搬迁中,共有18人因病或劳累牺牲在岗位上。他们为什么这么拼命?他们是在坚持新时期"执政为民"、"以人为本"的理念,一切为了移民,为了移民的一切。

中国南水北调移民的成功,还有我们社会制度的优越,那就是集中力量办大事,这在其他一些国家是想不到更做不到的;还有现行政策的优惠,我们提高了对移民的补偿政策标准,这也是新中国成立以来,国家经济实力不断增强的体现;还有各级党委政府的坚强领导,等等。

带着这样的意义去采写,才是真正的意义。非虚构写作一定是以"真实"为基础的,一定是以历史、时代、社会和人性的深度发掘为己任的。

带着意义去采写之后,文章的主题就会从这种意义中流出来。世界各地文化不同,中国古今的时代差异,表现的主题也会不一样,需要借鉴外来的优秀文化,批判地继承我国的传统文化,达到传递、弘扬真善美的目的。

本讲选了《向人民报告——南水北调大移民》中《别了,故乡》一段和《从此共饮一江水》全文,这里做了一些修改,仅供参考。

第二讲
采访八招

Cai fang ba zhao

精彩阅读

背着国家行走

2014年清明节,我给何肇胜的儿媳罗红梅打电话,建议他们给老人立个碑,上边就写"移民何肇胜"五个字,诸如"儿子儿媳立"的字就不要写了。

什么意思?因为何肇胜是南水北调移民,他的搬迁经历让我撕心裂肺,他在几次搬迁过程中的精神让我钦佩。

50年前修建丹江口水库,人山人海,炮声不断,何肇胜家三间草房将被淹没。回忆起那时的情景,何肇胜淡定地说:"国家让俺们支边,中!"当时搬迁不叫搬迁,简称"支边",就是"支援边疆"。

1959年3月18日下午,何肇胜被编入"第一路军",带着妻子向青海迁徙,踏上了支援边疆、建功立业的道路。据《淅川县移民志》记载:支边人员每人配发一件大衣、一套棉衣、一套被褥,棉袜、手套等由支边青年自己配备,个别困难者由公社适当补助解决。每人带两斤干粮,一两件小件农具,比如铁锹、镢头、铡刀、锄头等等,还可以带菜籽和粮种。

支边青年分期、分批从许昌乘火车前往青海。每个车厢60~80人,每列车约乘2500人。他们经过5天5夜的昼夜兼程,于1959年4月到达甘肃省兰州市,在兰州市等了5天,等到高举"欢迎河南支边青年"牌子的人来接,之后又坐了两天的汽车,到达青海省黄南自治州循化撒拉族自治县。

"欢迎河南支边青年"的牌子，曾经使何肇胜兴奋了很长时间，他甚至在后来摇晃的列车上多次梦见自己跟在那个牌子的后面，迈着自豪的步伐走在出征的队伍中。可是，在支边青年到达循化撒拉族自治县以后，何肇胜突然发现，迎接他们的牌子变成了"欢迎淅川移民"字样。他想，不是让俺们支边嘛，为啥又成了移民呢？何肇胜感觉是上当了。可是，世界上没有卖后悔药的，即使是有的话，后悔也已经晚了，何况他还是自愿来的呢。当时，因为当地生活很难适应，一些人得了怪病，有的死去。支边青年中开始出现骚乱。

1960年3月，青海省将支边青年的家属4709户14334人迁至青海安家落户。可是人心仍未稳定下来。一些支边青年陆续返回。

"俺们也回家吧？！"何肇胜的妻子已经怀孕，腆着鼓鼓的肚子说。因为高原反应、妊娠反应和营养不良，她已经面黄肌瘦。何肇胜摇了摇头。妻子的肚子像个气球，越来越大，身子却愈发瘦小，眼看那气球就要飘走了。"咱们走吧！"妻子哭了。何肇胜木然。"为了孩子！"妻子跪倒在何肇胜面前祈求他。

何肇胜慢慢把妻子搀扶起来。

何肇胜说："俺是干部，不能回。就是回，也要最后一个回！"

两个月后，女儿何宏珍有气无力的哭声出现在青藏高原。

由于长途搬迁，气候、环境和生产、生活又不适应，再加之受到1959至1960年自然灾害的影响，很多人病死在途中。一年多的时间，淅川至青海22000多移民中，死亡5400多人，即4人中就有1人从这个世界上消失了。1961年，中南海得知淅川支边移民的情况后，当即派出一个调查组赶赴青海实地调查，并迅急传出指令：淅川支边移民撤回原籍。

1965年4月21日，武汉阳光明媚。中南局召开河南、湖北两省最高级别领导人的特别会议，河南省省长文敏生，湖北省省长张体学联手写下

"河南管迁，湖北包安"8个大字。这是解决丹江口库区移民问题的新举措。丹江口库区移民涉及河南、湖北两省。消息通过电波迅速传到北京，中央领导立即指示："要尽快据此落实。"

何肇胜随第二批移民远迁湖北荆门县。一个个困难又接踵而至：迁移之前农业生产以旱地作物为主，迁移后以种植水稻为主，因此移民不适应那里的生产生活习惯。原定一亩耕地、一亩荒地，实际两项划拨不足1.5亩，因此安置时划拨耕地和荒地较少。移民常为吃菜、烧柴与当地群众发生矛盾，甚至发生武斗，死伤多人。于是，荆门县采取复迁政策，将移民分户插队，即"插花移民"，这样使移民更加孤立，因此又引起移民恐慌，移民大批或整村出逃，许多牛、驴等牲畜无人喂养而死亡。

1969年7月，数千当地群众在夜晚冲入移民队，利用猎枪、扁担、砍刀等器械伤害移民群众，形成大规模"肉搏战"。移民蒋金荣、何骆驼被猎枪打死。肖道明见此，抢起一把铡刀砍死两名当地群众。这次武斗自晚上8点持续到次日黎明。后来，武汉军区派部队到安置区维持秩序，依法逮捕致死人命者。但是，这次武斗也使移民外逃不断。

据1982年统计，从湖北省返迁回到河南淅川的移民共计1240户7305人，其中荆门县返迁的就有1052户6324人。何肇胜说，他去的是建安公社白玉大队，全村只有9个生产队，几千号人，一下子迁去了10个生产队，比当地人数还多。地还是那点地，粮食还是那点粮食，柴还是那点柴，不打不抢才怪哩！何肇胜说，俺是"流寇"，人家是"地头蛇"，俺打不过人家，撤！

当何肇胜再回到下寺公社何庄大队时，他的老家大部分已经淹没在水中。他在山里转悠了几天，最后在水库边上搭了个草棚，以开荒和打鱼为生。这里400多户人家，村子没有村名，人员没有户口，被称为"中国最后的一个部落"。

1962年1月18日，丹江口水库大坝工程因为质量问题暂停。这时，何肇胜已经返回。《淅川县移民志》记载：自 1960 年底至 1962 年 7 月，从青海共返迁移民 15709 人。移民返迁后，因为房屋被扒或被淹，加之路途磨难，多数干瘦或水肿，脱下棉衣换不上单衣，缺吃少穿，日子艰难。为帮助回归人员解决困难，淅川县成立了 3 个接待站，帮助移民找房、借房，安排生活。

何肇胜身强力壮，又识文断字，当了生产队长。何队长带领乡亲们种地、打鱼，日子过得能够填饱肚子了。青海移民陆续返迁回到淅川，这时丹江口大坝却开始围堰。河南、湖北省要求，库区内 124 米高程以下的群众必须全部迁出。刚刚从死里逃生回来的人们，前脚尚未站稳，后脚又要走。他们有过远迁的苦难经历，能活下来已经是不幸中的万幸了。他们实在不愿意再搬迁了，宁愿搭个草棚住下来，也不愿离开故土半步。可是，他们眼睁睁看着，昨天还是一片葱绿的庄稼田，一夜间竟成了一片汪洋，水进了村子，泡倒猪圈、鸡舍，人也赤脚站立在水中。

"人逼"、"水赶"，迁吧！这次汲取了上次搬迁的教训，方式较为灵活，允许移民在本省、本县、本地范围内选择自己愿意去的地方，投亲靠友，少数社队移民亦可作统一规划安置。恰逢这时，丹江大坝的叫停，让一部分移民又携家带口回迁到昔日的土地上，有的搭个草棚住下来，有的干脆找亲友帮扶，又盖起了房子。1964 年底，丹江口大坝复工。1966 年 3 月初，水库建成以后要蓄水了。800 里丹江涛声大作，一颗颗还未平静下来的心，一下子又提到嗓子眼。

工作队又威严地来到村里。"走吧。"工作队员虎着脸说。"走？"何肇胜疑问。工作队员讲了一大套修建丹江口水库的重要意义、建设水库的作用、对移民的安置政策等等，要求何肇胜顾大局，识大体，积极响应国家号召，同意迁出库区。工作队员最后强硬地甩出一句话：不搬也得搬！"走！"何肇胜无奈地答应。何肇胜再次加入迁往湖北省荆门县的人群中……时光，在麻木中往前挪蹭了七八年。1974 年，何肇胜和全家老小一起,坐了汽车,又换火车、轮船,一路奔波之后回到已经面目全非的家乡。他住过的房子,锄过的田地,走过的石桥、街道,还有村口标志性的"下寺"字样,所有记忆都不见了,眼前只有一片漫无边际的水面。

何肇胜借来工具搭起一座简单的小草棚。后来,他又想办法找来些木板,夹着泥土做成简易的屋墙,10口人这才重新有了一个自己的"家"。

何肇胜除了开荒种地,就以打鱼为生。像何肇胜这样,从新疆、青海、湖北陆续返迁的移民,聚居在吴家帽、熊家岭、龙凤口、李家沟、赵家沟、罗沟口、郭家渠等绵延十几里的丹江岸边。他们开始在江上养鱼、捕鱼,在山上开荒种田的生活。他们没有户口,由邻村代管,聚居的百户人家近400人口,甚至没有一个村名。

1984年经水利部同意,淅川县委、县政府下发了关于承认返迁移民户口的文件。自此,从湖北省返迁的移民享受库区移民同等待遇。

有了户口,从此不再是"黑人",何肇胜喜不胜喜。他请来照相师傅,把父母和孩子们叫到一起,以水库为背景,照了一张"全家福"。

1985年,仓房乡乡政府正式命名何肇胜的村子为"沿江村",村委会的门侧,挂上了"淅川县仓房乡沿江村"的牌子。从此,"中国最后的一个部落"彻底从中国版图上消失了。

这时,改革开放的劲风也吹到了这里。

渐渐地,何肇胜有了两条船。他的主要营生是打鱼卖鱼。每天早出晚归,每年打鱼收入二三万元,日子红火起来。1990年,他积攒了一万多块钱,盖起了七间新房。

农村最大的事就是娶媳妇盖房子。有了新房,儿子也娶上了媳妇,又在新房子前留下了"全家福"。3个儿子、3个姑娘先后结了婚。这时,南水北调中线工程正式开始建设了。

1993年,何肇胜看见一群陌生人在水库边比划、测量,他知道自己又要搬家了。到了2003年,正式的消息才下来,何肇胜要搬迁到河南省辉县沿江村。2008年6月24日，搬家出发前两天，听说有省领导来视察，何肇胜早早来到沿江村村头的广场上。"我耳朵不好，离得远了怕听不清楚，提前来能占个前排的好位置。"他说。几个小时后，河南省领导来到现场。登上主席台之前，他见到了站在台下的何肇胜。"让您搬家满意不满意？"领导问。"满意！我到过青海，去过湖北，还是这次搬迁真正安置得好！"何肇胜说。"我在报纸上看到过您的名字呀！"领导深情地说。何肇胜心想，领导还是在牵挂着我们呢！

何肇胜，这个一生都在搬迁路上的汉子，无论远涉海拔3000米的青藏高原，还是迁徙到生存艰难的湖北荆门，从来都没有掉过一滴泪，他是那么坚强，那么不屈，那么执著，那么无怨无悔。但是，当他搬迁到河南省辉县沿江村时，他哭了。透过泪水，他看到了齐整整的居民住宅。房子全是按照别墅式的两层小楼建造，一水的红砖垒砌，玻璃窗子锃亮，每户单门独院，院墙露出砖石根基，上面是竹节造的花墙，大门是用铝合金材料焊接的。

所有的门都敞开着。早有辉县的移民干部微笑着迎接出来，亲亲热热地打招呼，搀扶拄着拐杖的。

愣在门口，疑问：

"这就是俺们的家吗？"

他不相信如此漂亮的房子就是他的家。

何肇胜的眼前只有"天堂"，脑子里一片空白，甚至想不起离他越来越远的那些故事。

他的故事比修建丹江口水库的时间还要久远。

按照族谱记载，何家先人从清朝雍正年间来到淅川丹江河畔，随后在这里繁衍了200余年。不过，湖北荆门那次移民之后，整个大家族的人被拆到了不同的生产队，从此各居一方。而这次移民之后，何肇胜一家也被分隔得越来越远了。3个女儿有的住在丹江口水库淹没不到的地方，有的住在淅川县城,都没有选择搬迁,只有留在家里的两个儿子和他一起搬了过来。

除了必要的物件,何肇胜特别叮嘱孩子们带来了老家的柏木,预备将来用作自己的寿木。据说柏木不易腐烂,所以希望"百年"之后的他能够保存百年。

在辉县沿江村,何肇胜的生活终于平静了下来。

儿子儿媳都在十几公里外的工厂里工作,孙子孙女也在新的学校里上学了。大部分时间,老人只是一个人坐在家里看电视,或者一拐一瘸地走到邻居中间,聊聊新村新家新日子,讲讲往事旧事老故事。

已经老了。

这个瘦弱的老人平静地坐在新家的院子里,他希望这是最后一次搬迁,希望能在这片陌生的土地上安稳地走完人生最后的路程。

"再也不想搬家了。但是,国家要用这块土地,我们一定让国家满意。"这是何肇胜送我到门口时说过的一句话。万万没有想到,这竟然成了他一生中最后一句话。

2012年,我采访何肇胜后,他儿媳罗红梅打电话向我报丧,何肇胜去了。我下意识地急忙问,老人临终说了什么,他有什么遗愿?罗红梅说老人得了脑血栓病,被拴住了,没有再说话。

老人那句话就这样定格了,永远定格了。

那年,他76岁。

我突然感到,何肇胜无论走多远,无论走到哪里,无论走得多么艰难,他都会把国家放在脊背上……

选自《中国作家》

迁徙心灵

潘洪莉是湖北省丹江口市均县镇的干部，驻村工作组组长，从2008年开始参与移民搬迁规划试点和移民搬迁工作。移民工作事无巨细：核实人口、实物调查、补偿分配、公开公示、新家安置、思想工作、车辆调度、迁入协调、医疗卫生、安全保卫，还有让人想都想不到的很多事情。

2009年的一天，均县镇移民开始搬迁。早晨5点，潘洪莉床头的闹钟响了。潘洪莉被叫醒，一跃而起。她感觉头晕目眩，眼前发黑，只好又躺下。不知过了多久，办公室工作人员把门敲开，催她快去欢送会场。

潘洪莉挣扎坐起，浑身滚烫。已经五点半了，她使劲拍拍脸，强打精神，迅速穿衣、换鞋、刷牙、洗脸，晕头晕脑往会场跑去。人头攒动，锣鼓喧天，鞭炮齐鸣，一派乔迁之喜的场景。老姐妹抱头痛哭，老哥们挥泪告别……总指挥宣布启程。舞狮队摇头摆尾进场表演，为移民送上"搬新家合家皆喜，迁新宅永世平安"的对联。一辆辆车子缓缓驶出难舍的村子，一个个窗口探出惜别的脑袋，一双双泪眼模糊了不去的记忆……潘洪莉终于松了口气。为了这次搬迁，潘洪莉吃了多少苦，受了多少累，她都扛过来了，移民不愿搬迁在情理之中，有人和她吵架，有人骂她，有人威胁她，还有人扬言要把她扒光，让她露"丑"，她也扛过来了。

"能把移民按期、安全送到安置地，让我叫爹叫娘都行！"她说。谁曾想到，有时叫爹叫娘却也于事无补。

一位年近90岁的老太太瘫痪在床，经检查身体没有别的毛病，按常规完全可以搬迁。可是，老太太的儿子、孙子就是不搬迁。潘洪莉讲了很多道理，老太太的儿子一直唉声叹气。

老太太的孙子叫贾大江（化名），属于长相很凶的那种，光头、长脸、眼睛瞪圆跟灯泡似的，声音又高又粗又严厉。他曾因打架斗殴伤人被判刑，刚刑期期满被释放回来，言语表情中带着"亡命徒"的影子。他指着潘洪莉的鼻梁说："搬可以，俺奶奶如果有个三长两短，俺贾大江让您一命抵一命！"他说话的时候，青筋暴起的拳头攥得咯咯叭叭地响。潘洪莉的心咚咚直跳。潘洪莉强作镇静，自信的目光盯着他。她说："贾大江，我记住了您的名字。如果老奶奶在搬迁的路上有个三长两短，我就用一命抵一命！"贾大江没再言语，因为潘洪莉把自己的命压在了他的手里——那是一条不到30岁的鲜活生命！

潘洪莉已让工作组的队员到村里查了一下。村里有多少60岁以上的老人？哪些人不能坐车？哪些人患有心脏病、高血压？哪些人需走旱路？哪些人走水路？等等，一一造册。潘洪莉安排卫生站的人，一个个做体检，一对一特殊护理。老太太被第一个背上船，又上了车。潘洪莉一直搀扶着她，跟对待自己的亲人一样。她说："您老人家都这么大年纪了，我们还要您搬家，我从心里不落忍。可是，国家要修建南水北调工程，要给北方送水，您老受委屈了。国家感谢您，我们这些移民干部更感谢您！"

老太太的儿子说："这些大道理俺们都懂，胳臂拧不过大腿，小家就得顾大家。俺们担心别像以前的几次搬迁，越搬越穷，越搬越苦，越搬越没了人样子！"

潘洪莉安慰说："现在国家的移民政策完善了，移民补偿也高了。新家比旧家要好几百倍，那边的房子都盖好了，都是二层楼房；那边的土地都分好了，离家很近；那里有专门的移民学校、卫生院、超市、健身广场……"可站在一旁的贾大江依然怒气冲冲："别说得比唱得好听，反正俺奶奶不如意，俺就和您算账，您就等着吧！"

潘洪莉很是伤心，如果不是搬迁，老太太将在故乡入土为安，如今却要魂系异地。她想，如果搬迁的是她的老爸老妈，她也会是一种撕心裂肺的感受！早晨起床的时候，潘洪莉就感到有些头晕，有几缕鼻涕。她与移民同车，走到半路，突然眼前一黑，差点晕倒。随行的医生立即赶过来，为她打上吊瓶。

这时，移民围了上来，眼睁睁看着潘洪莉——这个为了移民搬迁没黑没夜、跑前跑后的孩子。那一道道目光，一瞬间变得无比慈祥起来。潘洪莉慢慢闭上眼睛，眼泪在眼眶拥挤。老太太悄悄地说："别打扰她，她太累了！"一句话，让潘洪莉激动不已。潘洪莉感觉自己的心咚咚直跳。她真想大哭一场。此刻，她突然想起这个世界最关爱她的人不仅仅是她的老爸、老妈！

说到潘洪莉的老爸，中风已5年了，虽然相邻都说潘洪莉和她老公照顾得相当不错，可潘洪莉心里总是有深深的歉意。自去年开始移民，潘洪莉几乎没有休过节假日，即使回家也是匆匆地来，匆匆地去。腊月二十九的晚上潘洪莉终于回到自己的小家。大年三十清早，她匆匆去看老爸，此时老爸已变得喜怒无常，见人就骂就打，只有见到潘洪莉时才开口笑，有时像调皮的小孩子。但这次他没有笑，也没有骂，而是麻木地看着潘洪莉，面无表情。潘洪莉见老爸脸上有口水，就去给他擦脸。她看到老爸瘦了很多，两眼无神，想起老爸以前身材高大、精神矍铄的样子，忍不住跑到厕所放声大哭！潘洪莉在家待了两天后又匆匆上班。这两天，她的心情格外沉重……

移民的车到达安置点——湖北宜城，移民干部将老人背下车，安排到新家。他们小心翼翼，轻轻将老太太放到床上，还端碗喂饭。老太太哭了。贾大江却对潘洪莉说："这还不算完。出了事俺饶不了你！"……

潘洪莉一连几天在宜城安置移民。这时的移民格外敏感，有丁点小事也会闹起来。

这里实行"一对一"接待，就是刚刚搬迁过来的移民，由一户原住民负责迎接、生火做饭，安排近几天的生活。一户原住民按照上级的安排，热情地为一户刚刚搬迁过来的移民做好了面条打鸡蛋，热腾腾摆到饭桌上。面条打鸡蛋象征移民未来的好日子长久、圆满。然而，移民吃饭时，因在老家口重，感到这里的饭较淡，误认为原住民没放盐，故意刁难他们，大怒。

"这么淡，喂牲口呀！"移民汉子喊。

原住民一位妇女赶紧说："淡吗？那就再加点盐。"

"分明就是没放盐，没拿我们当人！"大汉大叫。

大汉骂："扯淡！"

骂声刚出，碗被摔碎地上，面条、鸡蛋撒了一地。

妇女一愣，然后怒斥："你是我爷，还是我爹？我们这样好心好意伺候您，你却把好心当成驴肝肺。你摔？好，老娘不伺候您了！"

妇女甩手就走。

大汉一步上前，一把抓住妇女的衣领："你们不把我们当人，还想溜，甭想！"

双方抓在一起。潘洪莉急忙赶来，身子挤到两人中间，受到拳打脚踢的夹击。她好说歹说，一场战斗才算平息。原住民又欢欢喜喜做好面条打鸡蛋，移民高高兴兴细嚼慢咽。这样的事，潘洪莉不知道处理了多少。

可是，那几天她异常烦躁，见人就想吵架，跟平时大相径庭。因为工作累，她不愁睡不着觉，只愁没时间睡觉。她感觉心口疼痛，压得喘不过气，夜不能寐。这时，潘洪莉接到电话，老爸住进了医院。其实，正在移民紧张搬迁的时候，老爸就已经住进了医院。

潘洪莉的老公怕增加她的心理负担，就跟老妈商量不让她知道这事。因老爸住院频繁，而且每次都顺利过关，老妈觉得潘洪莉忙，就不要她回家了。可恰恰没料到，能安然度过多少次险情的老爸，这次居然没能撑住，没见他小女儿最后一面，就撒手人寰了。

潘洪莉听到这个噩耗，双腿发软，心跳加速，浑身颤抖，眼泪夺眶而出。她无法接受这一现实，匆匆往回赶，希望能够见老爸最后一面，希望能扑到他身上大哭一场。

可是，让潘洪莉失望了。

因路太远，潘洪莉赶回去时老人已经入土为安。她抱着老妈哭得一塌糊涂。老妈安慰她不要难过，可是她收不住。老公让她不要光顾自己哭，要把老妈照顾好。

潘洪莉强忍泪水，跌跌撞撞走进灵堂，看着老爸的遗像，头重重地磕在冰冷的大理石地上。老公再三说，为了老妈，您要坚强起来。

老爸去世的第三天，恰好是潘洪莉的生日，家人知道最难过的就是她，最无法走出阴影的也是她。家人竭尽全力想让他开心，丢下包袱，可是她实在放不下。

"头七"刚过，潘洪莉就匆忙赶回去上班，每到要上坟的前夜总是心口疼痛，整夜不能睡。"五七"立碑之前，第一批移民已搬迁，正在筹备第二批的外迁。她回镇上开会，吃饭时心仿佛要跳出来，几乎坐立不稳，身上一直都在发抖，汗水忍不住直淌。她咬牙支撑着把会开完，想老爸肯定在埋怨她一直都没去上坟。

那天晚上，潘洪莉到家已经凌晨一点多钟，又早起去老爸坟前磕头烧纸。她原以为会大哭一场，没想到哭不出来。她心里非常难受、冰凉。

潘洪莉总是无法摆脱忏悔的心境。或许是因为当时太压抑，或许是因为当时的"逃避"，如果她能早点关心一下老爸，如果她能不顾一切回去照顾老爸，或许现在就没有那么多忏悔。

她想哭，却哭不出来。

潘洪莉不停地问自己：自己在上大学的时候就入了党，立志为党和人民的事业奋斗终生。毕业以后，跨入公务员行列，只说是为国家做更多的贡献。做移民工作，她也想给老百姓多做点事，可是风雨过后见到的不是彩虹，而是一辈子的遗憾——连老爸最后一面也没见到！

她想哭，却哭不出来。

潘洪莉不停地问自己，这值得吗？值得吗？值得吗……

您知道吗？直到她圆满完成上级交给的移民搬迁任务，调回丹江口市工作时，终于明明白白、真真切切、痛痛快快地大哭了一场。

潘洪莉终于明白了"值得"的价值。她为自己用实际行动换来了一个很朴素的道理而无怨无悔，而兴奋不已，而充满激情，而振奋精神，而继续努力：对于一名党员干部来说，你把群众当亲人，群众就把你当亲人。

原来，贾大江送来一面锦旗，上面写着"心系移民，无私帮扶"8个大字。贾大江说："俺奶奶、俺爹爹都念您的好。他们说您在帮助俺们搬迁的过程中，失去了亲人，很过意不去。让您以后就把他们当亲人，还说移民都是您的亲人！"

贾大江又说："俺就叫您嫂子吧！"

选自《中国作家》

忠孝两全，能

移民工作结束，大规模的建设展开。

采访建设者陈建国之后，我给他的定位：大禹治水三过家门而不入，建国修渠带着老爹到工地。我认为这个评价并不过分！

2011年2月16日，"南阳会议"召开，南水北调中线建管局与河南南水北调建管局要求：南水北调中线工程南阳段3月份全线开工。当安阳的其他标段都响起了建设的炮声、机器声、施工人员的号子声时，方城6标段却"一声不吭"。

方城6标段是施工难度最大的工程之一，一直没开工的原因是建设者畏惧了吗？这里的建设者是谁呢？

方城，河南南阳盆地东北边缘的一个县，在全国乃至全世界都很特殊，有"五界一口"之称。"五界"即五条分界线：北亚热带与南暖温带的分界线，长江流域与淮河流域的分界线，南阳盆地和华北平原的分界线，伏牛山脉与桐柏山脉的分界线，华北地区与秦岭地槽的分界线。

"一口"就是因为气候、水文、地貌、地形、地质分界线神奇地交汇，这里形成一段沉陷的山地，像喇叭的样子，是罕见的平原垭口，当地人称为"缺口"或"风口"。这里忽而烈日当空，忽而狂风大作，忽而暴雨倾盆。20世纪河南板桥水库大垮坝事件就是这里的特大暴雨惹的祸。

就是这样一个地形复杂、气候异常的地方，成为南水北调中线工程的必经之地，丹江水将从伏牛山和桐柏山之间穿过，向北流至黄淮平原，再穿越黄河径流华北，直达北京。这里与陶岔渠首、郑州穿黄、进京水道一起，并称中线工程四个关键工程环节。

建设者没有畏惧！

陈建国来到这里，他的职务是河南段方城6标项目经理。

两侧，黝黑的伏牛山与桐柏山隆起，默默地、疑惑地瞩目这个消瘦的年轻人；中间，大风呼啸，风吹散他的头发，掀起他的衣角，卷起他的裤腿；眼前，平展展的土地上将崛起一条宽150米、深19米的大渠，这就是南水北调大渠，把南方的水送到北方去。

陈建国既欣喜，又担忧。欣喜他从周口水校毕业后，就一直从事他热爱的水利建设事业，现在终于能干上自己渴望的"国字号"工程了；担忧自己毕竟是中专毕业生，是个"二流"经理，能干好这个工程吗？

他的耳边响起领导的话："我们的人员、技术、设备等情况确实不如国家队，但是我们尽职尽责，就不会比国家队差一点！"

一定要啃下这块硬骨头！陈建国暗下决心。

接下来，他开始组建项目班子，招聘人员，组织修建施工营地、施工道路，组织机械设备进场，与业主、设计、监理等有关方面的人员沟通情况，与当地干部协调征迁事宜，制订详细的施工计划，包括哪些项目先干，哪些项目可交叉作业等。

方城6标段终于响起施工的炮声。

春天，这里狂风大作，尘土飞扬，施工人员站立不稳，被搞得蓬头垢面。这还不说，老天爷就是有意为难陈建国，一个劲下雨。这里有一种土叫"膨胀土"，顾名思义这种土遇水膨胀，要等雨后阳光晾晒几天才能施工，这样就会延误工期。

雨点敲打着陈建国焦急的心。

方城6标段原本比其他标段开工晚180多天，按照要求却要和其他标段同时完工。打个比方，就像长跑一样，有的运动员已经跑远，而陈建国却晚起跑一段时间，怎么才能追上前边的运动员，一起到达终点呀！

时间，对陈建国极大的不公平！

陈建国一次次冒雨到工地上，绞尽脑汁想主意。

他想起小时候夏天晒粮食，暴雨来时粮食收不及，就用塑料布盖起来，等雨停了再收。这样，既保护了夏粮，又能够及时收获。膨胀土施工和夏粮收割是一样的道理。

在又一场雨到来之前，他用塑料布将要挖的渠段缮盖上，不让雨水在土里和泥，等天晴了马上施工。

于是，方城6标段出现了一道长长的玉带。

其实，比他着急的还有很多人。

2011年11月3日傍晚，国务院南水北调办主任鄂竟平沿途检查工程进展，见到方城6标段严严实实用塑料布缮盖，问其奥妙。

陈建国说："现在下雨不能施工，等雨停了还要晾晒一段时间才能施工，那样很耽误时间，恐怕完不成任务。我们用塑料布盖上，等雨一停就能马上施工，能够赶时间，赶进度。"

鄂主任满意地笑了。

鄂主任高兴地表扬陈建国：这小伙子肯动脑子，想的办法很好。其他标段都要向这里学习，保质保量按期通水，给党中央国务院交一份合格的答卷。

陈建国得到"大领导"的肯定，干好南水北调工程的决心更大了，信心更足了。

雨停了，他立即指挥施工人员、施工机械，热热闹闹干起来。因为2011年汛期方城6标段基本没有停工，所以保证了进度，保证了工期。

没有做不到，只有想不到！

可是，正当工程展开时，老家的嫂子打来电话。嫂子说："四弟呀，咱娘住医院了，您赶紧回来看看吧！"

陈建国想，工程刚刚有点进展，怎脱得了身。再说，娘老了，头疼脑热也是常有的事，住医院调理一下就好了。他在工地上直接回复嫂子："俺回不去，工程紧呢。"他放下电话，感觉对方还在听他回话。

方城6标段工程全面铺开，人头攒动，车来车往，彩旗飘扬。

因为工程开工急，施工紧，和一些受影响群众的利益关系还没有协调顺当，有的群众干脆到工地上阻止施工。陈建国一边指挥施工，一边和群众讲道理，谈条件，一个个解决问题。

嫂子又打来电话，说娘一会清醒，一会糊涂。

"我忙完这阵子，马上回去！"陈建国回答。

那段时间，他一直都忙，一直都回不去。

2011年4月25日清早，嫂子在电话中说："这次，咱娘不中了！"

工地上开渠的炮声轰鸣，嫂子的这句话把他震醒了——娘没了！

此刻，他在嘈杂的工地上，木然呆了很久。

嫂子说："四弟呀，您要是不赶紧回来，连娘的棺材都见不到了！"嫂子哽噎了。

无论如何，也要再见娘一面，见不到活人见死人，最后送娘一程。他暗暗告诉自己。

一大早，他脚步匆匆，先到工地上把工程上的事安排好，然后点火开车，准备出发，却有一件非常关键的事又把他拦住了。这天是给工人发工资的日期，这事必须由他签字才能发，这事必须当天就办好。如果因为他耽误给工人发工资，一旦工人情绪不稳定，人都走了，就全盘皆输了。于是，他又留了下来。

会计正在做账，正在从银行提钱……

到了中午时分，事情才办完。

嫂子这次只说了半句话："俺下半晌就把娘埋了……"

陈建国没有再回话，开车直接回到家。

出师未捷娘先死，使得英雄泪满襟！

他在娘的灵前长跪不起：娘，儿子不孝！儿子不孝！儿子不孝……

很多人一起搀他。

他蓦然抬头，老爹默默站在面前。老爹没有眼泪，表情没有悲伤，脸上依然是往日慈祥的容颜。

"娘走了，孤孤单单、一身多病的老爹，谁来照顾，怎样照顾呢？"陈建国想。爹说："你娘住院的时候，一连声叫着你的名字。"老爹又说："可是，你妈几次都说不让您回来，怕耽误工程。"老爹还说："咽气的时候，你妈的瞎眼睁得老大。她是想最后看你一眼呀！"一席话，让您肝肠寸断。前几年，娘已经双目失明，生活完全靠老爹料理。您常年在水利建设工地上，节假日回趟家，能够给娘端端饭，能够扶娘走走路，能够陪娘说说话，心里别提多快乐了。娘失明的眼睛里会渗出泪水，但是脸上的表情是微笑的。每当您回到家中或临出门前，娘总是用双手摩挲您的脸。娘看不见您，但是手能摸到您的脸胖了还是瘦了，能够摸到您的头发短了还是长了，能够摸到您的鼻子、嘴巴、眼睛小了还是大了，甚至能够摸到您的耳垂厚了还是薄了。

"在工地上累吧？"娘问。

"不累。"您答。

"外边吃不饱？"娘问。

"吃得饱。"您答。

娘于是再次伸手去摸您，一遍一遍地摸您。

娘说："你是党的人，就要听党的话，就要把国家的事干好。娘看着你呢！"

娘是一名老党员，是内外都当家的"铁娘子"。娘把您一步步拉扯大了，您感觉娘真的一天天在看着您。

您觉得，这个世上的事，娘什么都看得到。

大哥前不久去世，为了不让娘伤心，家里人谁都不把这噩耗告诉她。大哥出殡那天，哭声、唢呐声传到她的耳朵里，她就明白多年患病的大哥走了。

娘扶着墙根走到街边，瘫倒在地，号啕大哭。

自古最为悲伤事，白发人送黑发人！

哭声叫人撕心裂肺。

2011年5月3日，您带娘去郑州做了白内障复明手术，当娘重又看见儿子的时候，娘拉着您一直不撒手，激动得浑身颤抖。

街坊邻居在娘面前夸奖您，看您儿子多孝顺！

也正是有了这种孝顺，当娘去世您依然在工地上，不能见到娘最后一面的时候，家人和乡亲们开始埋怨您。

您惭愧地说："娘啊，我回来晚了。不是儿不孝，南水北调工期实在太紧，儿抽不出时间陪您，请您原谅……"

死者长已矣！

一家人把娘安葬后，要考虑老爹以后的生活。老爹76岁了，患有糖尿病、心脏病，生活自理艰难。大哥、老娘先后辞世，嫂子照顾自己是不易，老爹再没人照顾了。您的老家在开封市通许县陈庄村，离城里很远，而且道路难走，一旦老爹疾病发作，只能逆来顺受，听天由命。

老爹是您干工程的精神支柱，而您却不能回家照顾老爹。

想来想去，您决定把老爹带到工地上。

话一出口，老爹摇头："自古没有儿子带老子去工地的，那就是给儿子找累赘，就是拖国家工程的后腿，这种事俺不干！"

您灵机一动，说："工地上的门卫老王就一个人，年纪也大了，您去帮他一下，两人有个替换，有个照应，儿子也就放心了。"

老爹一听还能为国家工程做点事，终于答应了。

老爹被您安排在门口值班室，与老王同住，距您寝办合一的房间不远。值班室很小，两张床中间只能平行放一张桌子，桌子上有一台电视，俩人错身要互相拧一下才能过去。地方虽小，俩老人说说话，心里都亮堂。

您可以全身心放到工程上了。

工地上，困难接踵而至，又迎刃而解。

这里，有5.5公里的膨胀土。

膨胀土施工是世界范围的一道难题，因为膨胀土吸水膨胀，失水收缩干裂，处理不好大渠就会渗水甚至坍塌。南水北调膨胀土施工采取换土处理的办法，将膨胀土层部分全部挖去，用灰土、土石混合物或沙砾回填夯实。这对您来说是第一次。你们反复试验，终于达到技术要求。中央电视台拍摄纪录片《国家动脉——千里水脉》，摄取了方城6标段的一些程序和画面。

这里，有1公里长的黑淤泥地带。工程施工遇到淤泥，抽水抽不净，挖掘机进不去，进去了出不来。您头疼，整天琢磨怎么开挖。挖掘机手不肯干，怕机械陷进去有危险。您派人将大块厚钢板一块、一块焊接起来，又在上面焊上一道道钢筋防止打滑，然后把钢板铺在淤泥上的砂石上，再把挖掘机开到钢板上作业。这种方法有点笨，却是开挖淤泥最好的方法。

这里，还有近3公里的高渗水地层。这种地质结构是一处抽水，周围地下水都要向此处汇集，怎么都抽不完。这样的高渗水地层如果处理不好会造成管涌，对渠道边坡安全造成危害。您结合自己在其他工程施工中处理渗水地层的方法，采取搞截渗墙的办法施工，成功破解了又一道难题。

这里，还有一片片坚硬的岩石。因为离村庄很近，一放炮会影响附近的群众，红色岩石就像红色指示灯，企图让工程停下来。你们采取钻机蜂窝式打孔的办法，一块块将"硬骨头"啃下来……

您本来是急性子，可是这工程让您急不得，唯一的办法就是"白加黑"、"连轴转"。白天处理项目部工作，夜晚巡查工地，每天只睡3、4个小时。在工地上，随时听到您大嗓门的喊声。那阵子，您与老爹虽然近在咫尺，您却没有登过老爹的门。

2012年6月16日夜晚，您从工地回来，老爹煮了一小盆鸡蛋端来，告诉明天是您的生日。

您记得小时候每到过生日，娘都给您煮鸡蛋。娘走了，老爹又接过了那份真挚的爱，给了您。

父母的爱永远是伟大的！

2012年9月22日凌晨4点多，您76岁的老爹感觉身体不适，"哎呀"喊了一声。老王急忙开灯，见他身子弯曲、嘴流哈拉。老王给他穿衣服，胳臂腿脚已经僵硬，穿不进去了。

老王立即给您打电话，刚好您巡夜回来，立即把老爹送到方城县人民医院抢救。

医生说："这心肌梗塞如果送医院再晚一些，可就没法治了。"

您长出了一口气。

是呀，如果在通许县陈庄村，老爹真的没法治了。

老爹醒来几天后，怯怯地对您说："儿子，爹给你添累赘了！"

您说:"不是累赘,是您老支持了我!"

参加南水北调建设是我今生最大的梦想!

其实,我年轻时的理想很简单,就是在城里找个稳定的工作,找个城里白白净净的媳妇,在城里过潇洒体面的生活。

1994年中专毕业,我被拉到南阳鸭河口水库工作。远离城市,风吹日晒,和钢筋混凝土打交道,干蓄水泄洪的活,一年下来模样又黑又土,城里的姑娘根本不正眼看我,还问我们单位是弄啥的。

我觉得干那个工作憋屈,不会再有出息。1995年,我告别水利工作到开封市打工。那时,城市的工厂也不景气,我还备受冷落。无奈之下,我回老家帮奶奶看护苹果园。因为年轻气盛,不甘心这宁静慵懒的田园生活。

娘看出我的心思,鼓励我:"不吃苦中苦,换不来甜上甜。你给党和国家做的事情多,党和国家就会重用你,你就会有出息!"

娘说起为我起名的事。

娘说:"叫建国吧。"

爹说:"现在的孩子都叫建国,什么赵建国、钱建国、孙建国、李建国,是不是俗了一点?"

娘说:"不俗。建国是每个人的梦想。咱叫建国,就是希望孩子将来踏踏实实,从一砖一瓦做起,为国家多建几座高楼大厦。"

爹不再言语,总是依娘。

我常常想起这事。

娘是老党员,几十年在村里当干部,她说的话我爱听。

于是,我重回原单位,还向组织递交了入党申请书。

不久,我入了党。举右手握拳宣誓后,我告诫自己,要踏踏实实,从一砖一瓦做起,为国家多建几座高楼大厦。

期间,我搞了几处水利工程。每干完一处,我都在笔记本上留下成就记录；我就庆幸自己，又往前走了一步。我对自己说，继续努力。

随着2002年南水北调工程开工，我萌生了建设南水北调工程的想法。作为水利人，能参加南水北调工程该是多么荣幸啊！我太羡慕南水北调工程的建设者了！

2007年，我在河南沙颍河治理工程中当项目副经理，那是一个很小的工程。我身在沙颍河，心却跑到了南水北调工地上。6月的一天，我悄悄踏上北去的列车，在河北保定下火车，然后坐汽车赶往徐水县与易县交界的漕河渡槽工地。

漕河渡槽须仰视才见。它掘地而起，托起蓝天白云；它像一根扁担，担起两侧大山；它又像一道彩虹，躬身在偌大的天幕。我见过长江三峡、黄河小浪底等工程大坝趴在地上稳如泰山、岿然不动，也见到了钢筋混凝土做成的大渡槽在空中扎根，真是雄伟、壮观、美丽！

我站在渡槽下，显得更渺小。"这么大的项目，太复杂了，咱一个中专毕业生干不了。"我想。

我登上大渡槽，见到建设者跟绣花似的，在上面精雕细刻。

这样伟大的工程，我想干！

告别漕河渡槽，我沿着南水北调中线边走边看，安阳、新乡、焦作、穿黄工程等。我虽然大开眼界，但还是没了勇气："不可能，轮不到我。"

想到的事情就能做得到！

2010年8月1日，河南的领导说："建国，从今天开始，你专门做南水北调工程投标书吧。"

我一惊："这么大的标，咱投不中咋办？"

我心里虽然忐忑不安，但欣喜自己实现南水北调梦的良机到了。

当时做标书，我觉得南水北调工程就是技术难点多，工程量大，我虽然学历低，我们的设备差，但是绝不是不能做。

果然，我们中标了。

2011年2月初,我成为南水北调中线方城段6标项目经理。

我顿时感到肩上的担子沉重:南水北调不同于其他工程,它是一项政治任务,它是党和国家交给的一项历史使命。

方城6标段渠道全长7.55公里,跨渠建筑物较多,包括倒虹吸工程、公路桥和生产桥,挖填总工程量近800万方。这段工程不仅膨胀土、硬岩石、黑淤泥多,而且开工时间迟于其他标段,在全线竣工通水时间统一且不可更改的情况下,时间容不得丝毫拖延,难度可想而知。

工作千头万绪,挑战无处不在,困难接二连三,但国家把这个事交给我,我就必须保质保量按期做好这件事。我不能辜负党和国家的信任!

这里,有我的光荣,因为我终于干上了南水北调这一举世瞩目的伟大工程;这里,有我的惭愧,因为我愧对家人,忙得连想家的时间都没有,更照顾不了他们。

一切等工程结束吧!

等工程结束,我想给母亲刻个石碑,从自己建的渠道里打一桶清澈的丹江水,亲手洒在母亲的坟前。我会说:娘,儿子把南水北调大渠建好了,这是流过我那段渠的丹江水,您尝尝甜不甜。我知道,娘是懂得儿子的,她叫儿子多为党为国家做点事情。曾经双目失明,又重见光明的娘,永远都会给儿子春光般的明媚。

等工程结束,南水北调的伟大梦想就实现了。那时,北方的水充足了,人们就不再为缺水担忧,可以集中精力去做别的事情,一起为实现中国梦加油;那时,北方的天更蓝了,山更青了,空气更新鲜了;那时,我要带着76岁的老爹,随着南水北调的水,沿渠北上北京,去看看团城湖,去看看一直令我敬仰的国务院南水北调办公大楼。

我还没有去过北京呢,真的。

……

通水了,通水了,南水北调通水了!

随着南水北调工程建成，一批批人告别曾经让他们热血沸腾的工地，最后再望一眼他们亲手建起的工程，依依不舍的目光成为永久的记忆；随着南水北调工程通水，一批批人又不约而同来到渠边，注目南来之水欢快地流向北方，源远流长的足迹化作前行的车轮……

选自《中国作家》《中国水利报》

精辟释义

一、确定话题

确定话题，也就是我们要去采访什么？作为记者，我们一般都是报社编辑部集体策划，然后去采访。因为我是两栖动物，从作家的角度，有时是兴趣使然、责任使然、使命使然，单独去采写一些新闻。

无论哪种采访，我们应该这样：

在确定选题时，一定是根据当前的热点、焦点及社会关注的问题，把人类美好的愿望与中央政策结合起来。我是从事水利新闻的记者，所以要服务水利大局，报道水利新闻，是理所当然该做的事情，叫"工作"。

我们提倡"顶天立地"。"顶天"，就是寻找重大事件，报道高层动态；"立地"就是写普普通通的人和事。不管写什么，都要赋予正能量的意义，这是一名正直记者、作家的人格，这里可以用"写作伦理"这个词来表示。

我们务必做到几个"坚持"：坚持"真实就是生命"的新闻观，坚定政治立场和正义自觉，坚持党和人民是一致的观点，坚持抒写人民、记录时代。

"真实"这两个字很好写，但是写得"真实"很不易，因为各种社会制度和价值观、观察角度和思维方式、时间和空间等因素，往往限制我们的"眼睛"和"思想"。我在实践中感到，用真善美的眼光，带着社会主义核心价值观去看、去想、去写，是一种真正意义上的"真实"。

我们用真善美的眼光，带着社会主义核心价值观去看问题，也会发现很多假恶丑的东西，于是也该有批判的话题。

批判的话题必须是全面、客观、真实的。不能看到一个人脸上落上了一个苍蝇，就说他的脸是黑的，周围人的脸是黑的！

批判必须有建设性，没有建设性的批判就不要批判，切记！

我绝大部分作品是选择"歌颂"的，有人称我为"歌颂派"。因为我认识到，选择就是观点，歌颂真善美，就意味着批判假恶丑。我的观点是，真善美多了，假恶丑就少了，犹如白天和黑夜，白天长了，黑夜就短了。

无论焦点、热点话题，还是一般话题，首先要有新闻性，这是新闻从业人员的长处，是一般作家比不了的。但是，记者要强化文学性！

总之，要确定人类正能量的话题！

记者要有"铁肩担道义、妙手著文章"的气质，为发现真理、坚持真理、传播真理而努力。

二、充分准备

1. 准备好行囊。我经常备下一个双肩包，里边有一把伞、一个水杯、一架照相机、一个录音笔、一套本和笔。这些都是必需的，说走就走的。

2. 广泛搜集被采访事件或人物的资料。包括：被采访单位制作的宣传资料、会议材料、工作总结、可行性报告等；与被采访行业相关的一些知识性的资料，包括专业介绍、行业背景及其有关的专业书籍；某些相关报道的材料；目标新闻人物的背景介绍等。

3. 了解采访对象情况。包括：大致经历、主要成就、性格爱好、当时情绪、亲友关系等。

4. 拟定采访提纲。采访事件，要围绕发生过程、原因、后果设置提纲；采访人物，要根据写一生还是片段或围绕某个事件设置提纲。

一般包括：你最难忘的事情是什么？为什么最难忘这些事情？这些事情是怎样发生的？过程和后果是怎样的？你在这件事上是什么角色？等等。或者：这个人的特征是什么？动机是什么？生活方式是什么？价值体系是什么？

当然，提纲是比较笼统的，但是越细越好；采访过程中，一旦出现新的情况，要随机应变。

一般资料能找到的，就不要问了，尽量缩短时间，提高效率。

5. 讲程序，早预约，做好与对方单位和专职宣传负责人的对接。

三、"身"入现场

"耳听为虚、眼见为实""看比听真切""百闻不如一见""不入虎穴，焉得虎子"等我们熟悉的句子，都说明现场采访的重要性。

我认为，如果没有现场采访，就不应该有非虚构写作。

现场采访至少给非虚构作者带来几个方面的好处：

一是到现场观察可以获取直接感受，使新闻报道具有真情实感。无论是采访新闻人物，还是采访新闻事件，对人、对事、对物的现场直接观察，一定能够使作者触景生情、产生灵感，获得的感受一定是真切的，获得的材料一定是真实、生动的。

二是现场采访可以获取第一手材料，这样的新闻报道才有可信性。

三是现场采访能够深层次、多角度认识事物，这样的新闻报道才有深刻性。

四是我认为最重要的一条，就是能够看清事物的真相。

我的同龄人，大多记得，中国人民志愿军在朝鲜的防空洞内，吃一口炒面就一口雪的细节描写。这是著名作家魏巍的《谁是最可爱的人》中的细节，它曾经震撼了千百万读者的心灵，在读者的心中激起了强烈的共鸣。之所以形象逼真、催人泪下，源于作者亲临现场、亲眼目睹的事实，作者本身的真挚情感和对现场的直接把握。

总结著名记者穆青现场采访经验，无非三种形式：

一是亲自参加革命斗争，以我写"我"，新闻作品中所记述的人和事，是作者的亲历亲闻。作者既是新闻的主体，又是报道新闻的记者。

二是在新闻事件发生时，立即深入现场采访，写的是"他"和"他们"。

三是在新闻事件发生后，深入现场发生地采访，挖掘重大新闻，再现现场。

穆青的很多作品我们耳熟能详，《县委书记的榜样——焦裕禄》我们记忆更深刻。为写这篇文章，他四上兰考，进行了大量艰苦细致的采访。字里行间，凝聚着他的心血与汗水。

当代很多报告文学作家、记者，都是身临现场的。何建明重返现场，写出《天津大爆炸》；李春雷与炼钢工人一起劳动，写出《钢铁是这样炼成的》；我在写《向人民报告》时，在移民搬迁的过程中，离开采访车，克服种种阻力登上移民专车，与移民一路同行，在采访中，与移民一个饭桌吃饭，在移民的炕头午睡，一个人住在移民搬迁后的镇招待所度过黑暗、寒冷的夜晚。

那时，我身体有恙，带着煎药的锅子去一线采访，被誉为"背着药锅的记者"，晚上煎药，白天采访，奔波在河南、湖北、北京、山东、江苏、河北，往返于移民的故土和新家之间。

四、把"心"带上

"多年之后，准确地说是2007年的秋天，我第一次知道，我是移民的后代！"

这是我的长篇非虚构作品《向人民报告》的开篇。

"我是移民的后代，指的是1958年河北省修建大型水库——安格庄水库时，我的曾祖父带着我的爷爷、我的父亲，举家迁移到几十里外的易县西北部山区……"

也就是说，我是水利移民的后代，要写水利移民了。这本身就是我带着一颗真心，去采访移民，去写移民。

带着"心"也就是带着感情。

真正用心去感受，才能看清事物的真相。

比如，南水北调移民这事，我查阅了古今中外大量的资料，发现几个点让人自豪：

从横向比，国外大量工程因为移民问题被搁浅，我们国家却在短时间内大规模完成了搬迁任务；从纵向比，无论是人文关怀还是政策补偿，都是有史以来最好的。这样，我们的移民才搬得出、稳得住、能发展、快致富。仅这一件事，我对这个国家充满敬意，对这个民族充满敬意，对我们的人民充满敬意。

文中写道："在整理采访记录时，一个个激动人心的场面历历在目，一张张可钦可佩的笑脸犹在眼前，一段段刻骨铭心的故事还在回放，一阵阵震彻心扉的声音依然回荡，一串串感动的热泪怃然而下……我搜肠刮肚，找不到更准确的语言，描述那种气氛，那种情感，那种顿悟，那种记忆，那种精神，千言万语、万语千言，不及移民干部相互传递感情、沟通工作的短信中的那句话：移民万岁！"

2015年元旦，国家主席习近平向移民"点赞"。国家，没有忘记这些为了国家做出牺牲的人民，这样的国家难道不值得信赖吗！

这也是我的深深情感。在写作中，我多少次泪如雨下……

非虚构写作的成功之处，我觉得最关键的是要带着感情去采访。只有先感动自己，写出来的作品才能感动读者。

五、身心体验

我说的"身心体验"，也就是新闻中常说的"体验采访"。不过，我更强调,非虚构作者不仅要用身体体验,更要用心体验。这才叫"扎根生活、扎根人民"。

体验采访是指非虚构作者直接投入到所要报道的新闻事件中去体验生活,以获得新闻报道所需要的素材,以及对新闻事件的认识,更重要的是感受、感情、感知、感悟。这种采访优点很多:

1. 你能真切、真实、真正地了解事物真相;
2. 你能更方便地拿到需要的材料;
3. 你能写出更生动、现场感更强、感情味道更浓的作品;
4. 你能找到写作的感情源。

艺术大师阎肃是河北保定人,我的老乡老前辈。他总是跟我们说,你要想知道黄连是苦的,就要亲自尝尝;要想知道板凳是凉的,就要亲自坐上几天。在这方面,他的经验很值得我们借鉴。

1962年,在结婚探亲休假期间阎肃创作出了成名作歌剧《江姐》。这部歌剧在1964年公演后立即引起轰动,由阎肃作词的主题曲《红梅赞》也成为家喻户晓的经典歌曲,他因此受到过毛泽东主席的亲切接见。

为了创作歌剧《江姐》和京剧《红岩》,阎肃三下江南、两度入渝,在渣滓洞监狱里体验生活。他让工作人员给自己戴上脚镣,双手被反铐着,三餐吃的是监狱里用木桶装的菜糊糊,夜里睡的是地上发了霉的草垫子。就这样,他熬过了七天七夜。

阎肃创作出这样的好作品,与他"身心体验"是分不开的。

六、别让机会从身边溜走

陆定一的观点,新闻是新近发生的事实的报道。不管以后有多少种新的解释,新闻必须是"新"的。非虚构作者有时深挖"旧闻",但是也赋予了它新的内涵。

"新近"这两个词,代表新闻的时效性。时效性一直是衡量新闻的一个重要性标尺，同时也是新闻的生命力所在。新闻时效性强调的是"新""快"，新即新生、新鲜、新颖；快，即快速获取、快速采访、快速传播。

新闻工作者或者说非虚构作者，应该具有较强的政治敏感性，且思维敏捷、动作迅速、立意深刻，能够及时有效获取新闻，能够抢得传播的先机，从而实现新闻的最大价值。

随着时代发展及网络媒体的出现，时效性本身的内涵和外延也随之不断变化，人们对新闻时效性的要求更高。当然，在追求时效性的同时，一定是要挖掘新闻的深刻内涵，一定是不忘作品的文学性。

追求时效性，就不能让机会从身边溜走。

这里说的"机会"，主要是采写和及时传播的机会。我把机会分为"发现机会""创造机会"和"抓住机会"。

我们处在一个深刻变革的时代，生活日新月异，建设突飞猛进，每天都有新闻发生。非虚构作者，就应该像鹰一样，睁大眼睛，寻找题材、素材，寻找你能够采写的机会，创造能够采写的机会。很多非虚构作者就是新闻从业者，这样的机会很多，但是要抓住机会。

2011年，南水北调大规模搬迁进入尾声。7月的一天，我的心脏有点毛病，医生开具了住院治疗的通知。这时，河南的朋友打来电话，全省最后一次大规模搬迁在8月份进行。我稍微犹豫了一下，这位很知心的朋友说："你再不来，就不能亲眼见证移民搬迁了！"

这对我来说，是非常好的机会。因为自2002年南水北调工程开工以来，我一直在跟踪报道其中的人和事。我不能错过这个机会。于是，我背着药锅，去了搬迁现场。采访后，写出中篇非虚构作品《南水北调大移民——河南卷》，《中国水利报》以4个版的篇幅发了这篇文章。这样大规模发非虚构作品，在该报建报史上是首次。

此后，新的机会又来了。国务院部门的领导看到这篇作品，主动让我写一部全面反映南水北调移民的图书。在这之前，曾有几位全国的著名作家申请写南水北调移民，但是领导都没有答应，却把这个机会给了我。继《向人民报告——中国南水北调大移民》之后，我又出版了《圆梦南水北调》和《血脉》两部长篇非虚构作品。

我为什么能有这么好的机遇，因为机遇的大门是为有准备的人敞开的。接下来，就是无论如何，你也要走进这个大门。

七、追踪

追踪才有深度。追踪采访、追踪报道，最终要达到深度报道的目的。

深度报道，就是广泛跟踪社会问题，深入剖析事物发展的复杂性，能够既全面又深刻地把握事物的本质，充分阐述媒体或作者从中得出的观点。深度报道多用于社会热点、难点及新生事物的报道。

国外新闻学有一种说法，叫"以今日的事态，核对昨日的背景，从而说出明日的意义"。

从中可以看出，深度报道是立体性报道。它从历史渊源、因果关系、矛盾演变、影响作用、发展趋势等多方面，运用综合分析、解释、预测等办法，追踪报道新闻事件。

这种方法在非虚构作品中，也应该广泛运用，它能够给作品带来时效性、重要性、连续性、可读性等特点。

做好深度报道，首先要深度采访，去追踪你采访的人物，或者是名人，或者是普通人；去追踪你采访的事件、问题、新事物等。

比如《背着国家行走》的写作，我从2008年就关注何肇胜这个南水北调移民。2008年6月24日，搬家出发前两天，我去河南淅川县仓房乡沿江村采访，河南省领导问何肇胜："让您搬家满意不满意？""满意！我到过青海，去过湖北，还是这次搬迁真正安置得好！"

那时，我的脑海形成一个印象：何肇胜就是一部中国水利工程移民史。

1959年3月18日下午，何肇胜等人迁徙青海。由于长途搬迁，气候、环境和生产、生活又不适应，再加之受到1959至1960年自然灾害的影响，很多人病死在途中。一年多的时间，淅川至青海22000多移民中，死亡5400多人，即4人中就有1人从这个世界上消失了。1961年，中南海得知淅川支边移民的情况后，当即派出一个调查组赶赴青海实地调查，并迅急传出指令：淅川支边移民撤回原籍。何肇胜是撤回原籍活下来的其中一人。

1965年4月21日，何肇胜随第二批移民远迁湖北荆门县。1969年7月，数千当地群众在夜晚冲入移民队，利用猎枪、扁担、砍刀等器械伤害移民群众，形成大规模"肉搏战"。移民蒋金荣、何骆驼被猎枪打死。肖道明见此，抡起一把铡刀砍死两名当地群众。这次武斗自晚上8点持续到次日黎明。后来，武汉军区派部队到安置区维持秩序，依法逮捕致死人命者。但是，这次武斗也使移民外逃不断。

南水北调工程实施，何肇胜再次搬迁。

我在淅川县采访了何肇胜及他人，又查阅了《淅川县移民志》，几天后追踪他到河南省辉县沿江村采访（这次移民整建制搬迁，原来的村叫什么名，搬到的新村还叫什么名）。之后，一直和他保持电话联系。

那篇文章的开头是：

2014年清明节，我给何肇胜的儿媳罗红梅打电话，建议他们给老人立个碑，上边就写"移民何肇胜"五个字，诸如"儿子儿媳立"的字就不要写了……

其实，我的建议是，国家应该给他们立碑。

结尾是：

"再也不想搬家了。但是，国家要用这块土地，我们一定让国家满意。"这是何肇胜送我到门口时说过的一句话。

2012年秋后，他儿媳罗红梅打电话向我报丧，何肇胜去了。我下意识地急忙问，老人临终说了什么，他有什么遗愿？罗红梅说老人得了脑血栓病，被拴住了，没有再说话。

老人那句话就这样定格了，永远定格了。

那年，他76岁。

我突然感到，何肇胜无论走多远，无论走到哪里，无论走得多么艰难，他都会把国家放在脊背上……

八、捡"珍珠"

女人白皙的脖颈那串项链，为什么光彩照人、熠熠生辉，甚至把美丽的女人点缀得更美丽？因为那是用珍贵、漂亮的珍珠串起来的。那珍珠，就是文章的细节。

细节就是非虚构作品中最基本的元素。细节都在细微之处，因此它很微小，但是它最生动，也最传神、最能够吸引和感染读者。

我们是否可以说，细节决定非虚构作品的成败？

在我们读过的佳作中，生动、鲜活、厚重、深刻的作品，皆因有生动的细节。细节能够充分揭示事件的真谛，表现人物的风貌，它还能推进文章的层次、深化文章的主题，很好地感染读者。

细节不是可有可无的东西，如果那串项链没有珍珠，何谈是珍珠项链呢？

所以，我们采访，务必捕捉细节。

找细节的过程，就是"捡珍珠"的过程。

首先，并不是所有的珍珠都能用来串项链，因为他们个头有大有小，颜色有深有浅。所以，把相同规格的珍珠放在一起，至关重要。我觉得，这就要有的放矢，带着主题去"捡珍珠"。

在"捡珍珠"的过程中，把看到、听到、闻到、触到的有价值的"珍珠"捡回来。这样，在形成作品之后，就能让读者感受到体积、空间、气味、方向等维度。

我把这样的手法。我叫"立体采访法"。

其实，你细节写得好，读者就能理解，甚至想象和再创作。

我开始是写小说，出版了短篇小说集《下雪了》《非常女人》、长篇小说《大禹治水》。小说是非常注重细节描写的，这些锻炼对我以后写非虚构作品影响很大。

当然，采访的方法不尽这八招，往往是一边采访，一边完善文章主题、提炼故事要点、思考故事结构、想象作品风格、决定语言特点等。总之，没有很好的采访，非虚构写作就很难写好。

第三讲
结构三诀

Jie gou san jue

精彩阅读

守望龙州河

> 守一份信念,守一份责任,守一份忠诚;望一方平安,望岁月静好,望爱情长在。
>
> ——题记

一

龙州河,是海南省一条不大的河,很多人都不知道她的名字,也不知道她从哪里来到哪里去,更不知道她不舍昼夜、默默流淌了多少个春夏秋冬。

却有两个人,不仅知道这些,而且了解龙州河的脾气秉性。这两个人的名字叫庞书智、李瑞兰。他俩是一对夫妻,是龙州河边三滩水文站的工作人员。丈夫是站长,妻子是职工。

他俩的任务是监测龙州河的水位、流量、水质、含沙量,为上级部门防汛抗旱提供水文依据,为下游群众遇险转移提供安全信号。庞书智、李瑞兰和龙州河朝夕相处、相依为命,厮守了15年,已相互了解。

龙州河发源于屯昌县黄竹岭,从树根、石间涔涔渗出,像一首音乐悠然响起，随着水流增大渐渐高昂，小溪汇成滔滔的河流。河水从山谷低处走来，穿行无数个滩涂，汇入南渡江，涌入南海。

龙州河过山涧、遇暴雨，显得暴躁；走河床、润万物，变得温柔。龙州河总是不停脚步，永远执著，永远向前。

龙州河来到三滩水文站，与庞书智和李瑞兰结了缘。他俩每天来到河边观测，把数据报到省水文局。逢大雨时，要随时观测上报。

他俩明白，三滩水文站是海南省重要的水文站之一。

以前，水文监测靠一条小船在河面行走，工作人员拿着仪器在船上测量。为了防止小船被河水冲走，在河的左右岸拉起一道悬空的绳索，叫"过河索"，系住小船，也系住工作人员。如此，船翻人落水的事，也偶尔有之。

以后，河边盖起了缆道房，小船变成了铅鱼，人只要在缆道房操作机器，就能得到准确的数字。当然，还需要有人站在水边观察、记录水位。那人穿上救生衣，腰间系上保险绳。

庞书智在缆道房操作机器，那铅鱼一次次没入水中。李瑞兰站在水边观察、记录水位。然后，他俩计算、校核、复核数字，上报省局后，又填在办公室墙上的图里。

这张图，满纸的红格子，用铅笔细细画了一条水位流量关系曲线。他俩每观测一次，就在上面涂个点，一年下来就形成了一条线。

这就是他俩的人生轨迹。

逝者如斯，龙州河流走的是岁月，岁月带走他俩的青春。"你说，我怎么会跟你到了这个鬼地方？"她问。

"夫唱妇随，你可是自愿的，别后悔呀！"他答。

二

2001年的一天，庞书智给李瑞兰打电话。"瑞兰，上边给你安排了工作，来我们水文单位上班。"他很高兴地说。

李瑞兰在城里长大，没有正式工作，带孩子，伴父母，做一些临时的活儿。一听说有了"正式工作"，脸上的笑容跟花儿似的绽放开来。

他俩报到的单位，就是三滩水文站。

原来，省局要调庞书智到三滩水文站工作。因为这里远离村镇，荒无人烟，交通不便，生活条件很差，又是一块墓地，来了的纷纷要求调走，陆续离开；没来的连连摇头，不肯到来。

这里总要有人值守吧！

庞书智被领导"请"到办公室。他从1984年顶替父亲到水文单位工作，快20年了，听说过这里的事，不仅是艰苦，还真有闹鬼的传说。他犹豫了。

"你想好没有？"领导问。

"反正，哪儿也要人做！"他默认了。

领导考虑到庞书智一人值守在荒郊野外，确实孤独、孤单、孤立，就同意李瑞兰和他一起去，也好有个照料。

他俩骑摩托车，往三滩水文站赶。天下了一场雨，黄泥路把车轱辘陷下去，俩人跳下来推车，然而两脚又被拽进去，他们抓紧车把手将腿拔出来，好不容易到了"家"。

迎接他俩的，首先是几座坟墓。

金字塔式的坟墓，杂草横生。几只野鸟受了惊吓，发出瘆人的怪叫，仓皇而去。他俩脊背大汗淋漓，一股透心的凉气突然往外冒。

他俩不约而同停下脚步。

庞书智盯了李瑞兰一阵，说："到了，走吧！"

从坟墓间走过，就是一个小院。乱蓬蓬的茅草间，隐约有条路，通向小屋。小屋的顶瓦、椽头、墙壁，都被染上暗淡的颜色。小屋内，也就是办公室里，墙角立着一张三条腿的办公桌，一把椅子倒在地上睡着了。熄灭的蜡烛只剩指甲大小的泥痕和棉芯，水缸里是灰黄色细尘。

　　庞书智摇了摇老式电话，通了。他向省局报告说，我们到了。

　　"赶紧休息一下！"他说。

　　"往哪儿坐？"她问。

　　的确，厚厚的尘土盖住这里的一切。

　　俩人驱草蹚路来到河边。河边有一个水泥台子，叫"水位自记台"，还有一条用来测流的小船。两岸被一条河索连在一起，缆绳在空中晃悠。

　　这时旱，水很少，河很"瘦"，像个受了委屈的孩子。

　　俩人把办公室和宿舍收拾了一通，在后窗贴上厚厚的报纸。不只是门口有几座坟墓，四周都是坟墓，据说有300多个。报纸也许能够挡住趴在窗台窥视他俩的"鬼"。

　　尽管很累，李瑞兰睡不着，把头扎在庞书智怀里。

　　"小时候，村里老人常讲鬼故事，我害怕极了。后来我想，世上如果有鬼，肯定就有降鬼的人。别怕！"他说。

　　她还是睡不着。

　　俩人干脆点燃蜡烛。庞书智看水文知识的书，李瑞兰写日记。她嘴咬笔头想，明天会是什么样子呢？

三

　　阳光爬上窗来。

　　又是一番收拾，这里有点"家"的样子。庞书智挑来水，注满水缸，将办公桌另一条腿安上,然后趴在桌上写东西。李瑞兰点火烧水,泡方便面,然后招呼庞书智吃饭。

这是他俩在三滩水文站的第一顿饭。

庞书智把一张作息时间表贴到墙上。

起床,洗漱,打扫卫生,做饭,吃饭;上班,观测水位、降雨量、蒸发量,施测流量,核对数字,发电报,点绘水位流量关系曲线图;下班,吃晚饭,看看书,写写日记,熄灯。

"以后,我俩必须严格按照作息时间。咱大小也是个单位,以后要把各项制度建立起来,我和你共同遵守。"庞书智说。

"我听你的,站长。"李瑞兰笑了笑。

"我们还要争创全省水文系统先进单位,争当先进个人。"他又说。

她笑而不答。

他盯着她问:"你不信?"

她说:"你还是像以前那样,充满理想,可是……"

他俩在中学毕业前,都憋足了劲,参加升学考试。对庞书智来说,升学尤为重要,那是鲤鱼跳龙门的事,他可以改变修理地球的身世,当上端铁饭碗的"公家"人员。

庞书智对李瑞兰说:"我俩都要考上,一起上学,一起工作,一起……"

李瑞兰莞尔一笑,说:"我们一起加油吧!"

等考试分数公布,俩人却都傻了,谁也没有进入录取分数线。李瑞兰回县城,庞书智归乡下。

庞书智一场大病,又把他俩牵到一起。李瑞兰三天两头来医院看他。庞书智告诉李瑞兰,他要接替父亲,去水文系统上班了。

李瑞兰说:"我听说,水文工作一般都在偏僻地区,很艰苦。台风暴雨来时,别人都往家跑,他们却到一线去,也很危险。"

庞书智说:"我不怕。我是农村长大的,什么苦都能吃,什么危险都能扛过去!"

李瑞兰点了点头。

庞书智一把抓住李瑞兰的手,说:"有一天,我把你带出去,一起工作。"

李瑞兰急忙把手抽回来。

这事,早被父母看在眼里。老人托出大媒走"明媒正娶"程序,把李瑞兰娶回家。从此,李瑞兰在家,庞书智在水文单位,这样"一头沉"过了十几年……

屋外有摩托车的声音。省局派人送来了发报机、手电筒等设备。

他俩要去观测水位施测流量。

原来的路几乎被草封了,他俩清出一条路,到了河边。庞书智拿流速仪,上小船,随小船移动,施测流速,把测得的数字喊给李瑞兰。李瑞兰在岸边记录。之后,回到办公室整理、计算,最后庞书智在办公室墙壁的水位流量关系曲线底图上,画了一个点。

这是他俩人生的新起点。

风和日丽,水也是安静的,四周的树木也是安静的。但沿海地区风大雨急,往往会出现惊心动魄的情景。

四

台风,带来暴雨。

大风起,雨如注。越是这时候,越要增加观测的次数。庞书智上船,大风掀起雨衣,好像几个人强硬阻拦他。他干脆脱掉雨衣,大风却不依不饶,又鼓起他的衣服,还要挡住他上船。他又脱掉外衣。

大风暴雨无奈了,庞书智飘摇在河面上。他和小船被推到浪尖,又被缆绳拉回来。他声嘶力竭向李瑞兰喊着测量的数字。

岸上的李瑞兰在手心记录着。

这样的观测,每次都是生与死的考验。

"这很危险哪!"李瑞兰说。

"我们不危险,下游的人就危险了!"庞书智说。

狂风暴雨过后,观测和生活回到平常。每天按时起床后,庞书智检查设备、修东弄西;李瑞兰打扫卫生,准备早点。吃过早点,就是观测、复核数字、发电报、绘图。

"书智,我想把孩子接来,你看行不?"李瑞兰问。

"孩子来了去哪儿上学?不行!"庞书智答。

"再说,孩子来了,就会影响工作。现在爹妈身体还好,就让他们帮咱带吧。"他补充说。

李瑞兰不再言语。

之后,庞书智骑摩托车出去,或买东西,或开会。剩下李瑞兰一个人,完成他交代的任务。其中一项任务是接听电话。

李瑞兰很想给公公婆婆打个电话,问问孩子的情况。

她刚摸到电话手柄,又缩回手。她想起庞书智的嘱咐,这电话是工作电话,不能随便往外打,一旦省水文局有急事通知,会误事的。

庞书智早晚都要赶回来,因为让一个女人睡在坟堆里,看守一个很重要的水文站,他放心不下。

他带回一串好消息。

省局要拨款,解决三滩水文站的饮水、照明、交通及住房问题。他领回李瑞兰第一个月的工资,还给她买了两个日记本。她在念中学时就爱写日记,一直坚持下来。他觉得这是非常难得的一件事。

他还带回了一只小黑狗,拴在院内一角。

当他把工资和日记本递给李瑞兰时，她沉下脸，一言不发。

吹灭蜡烛，庞书智问李瑞兰："你生气也得告诉我什么理由，别让我不明不白呀！"

李瑞兰气呼呼地说："以后，你不能买彩票了！"

"为什么？我总会有中奖的时候！"庞书智说。

"我的月工资只有350元，你买彩票还不把家卖出去呀！"她说。

"正是因为咱们收入少，才去买彩票的，一旦中了大奖，咱就是大款了！"他说。

"以后，你不要买了！"她又说。

"我就买！"他还坚持。

俩人背靠背，一夜无话。

五

电灯亮了，自来水来了，水泥路通了。楼是两层，楼上楼下电视电话，窗明几净。原来的小船基本"退休"了，新盖的缆道房安装了操作仪，只需操作按钮，"铅鱼"就左右移动，时而潜入水中，把数字"探"出来。 原来的小办公桌也换成长又宽的新桌子，可以容纳十余人开会。

庞书智把早就准备好的制度牌子挂上墙，包括《三滩水文站洪水测洪预（方）案》《三滩水文站考勤制度》《三滩水文站安全生产制度》等。

办公室，真正像个办公室的样子了。

夜幕降临，李瑞兰的第一件事，就是把后窗用报纸挡得严严实实。

欢喜过后，日子照旧。

2006年清明节前，庞书智对李瑞兰说："省局通知，我要去海口参加几天培训。"

李瑞兰立即睁大眼睛，清明节是她最害怕的时候。生者集中来这儿上坟时，杂草都被砍倒，凸起一个个坟头，上面挂满的纸条瑟瑟抖动，伴有哭天哀地的声音。

每当清明节过后，李瑞兰几天都睡不着觉，好在庞书智在身边陪他。他俩晚上一般都不出门，即使是出门，也是他走到哪里，她就跟到哪里。

有时一些死尸的腐臭味飘来，熏得李瑞兰呕吐不止。

省水文局考虑他俩事多活儿重，允许临时雇用一名杂工，但是杂工晚上就回家了。庞书智将留下李瑞兰一个女人，相伴漫漫黑夜到天明。

"这次培训重要吗？"李瑞兰问。

"是预备党员培训！"庞书智答。

李瑞兰没再言语。

当晚，夜来得非常早，李瑞兰就想早点睡觉。窗外，偶尔传来虫鸣，偶尔是黑狗的叫声。如果庞书智在家，他一定要到外面看情况，今天她不敢出去。她把收音机的声音调到最大。

半夜，大风呼啸，暴雨骤降。

楼下办公室的电话铃声响起，省水文局通知，要随时观测，随时发报。李瑞兰的目光盯在水位流量关系曲线图上。不能因为庞书智没在就错失重要的水文数据，就终止水文人的生命线，就给龙州河留下永远无法弥补的缺憾。

她必须去观测，这是义不容辞的责任！

暴雨如注，淹没了所有的坟墓，吞噬了所有的声音，只有她的心脏在这个风雨交加的黑夜急促地跳动。

她穿上雨衣、救生衣，换上水鞋，拿上手电筒，硬着头皮走出了房门，消失在雨中……

那是她一生中最难忘、最阴森、最恐怖的夜晚。

她战战兢兢取回数据，给省局发完电报，又在水位流量关系曲线图画上一点。之后，她抱住被子大哭了一场。

六

龙州河，默默流淌。

无风无雨的时候，龙州河裸露出细腻光滑的皮肤，静如处女，楚楚诱人，狂风暴雨的时候，却吼声震耳。无论龙州河温柔，还是暴躁，庞书智和李瑞兰雷打不动，观测龙州河的言行。

这就是他俩的工作，就是他俩的日子。

庞书智好动，站里的活一般都是他自己做，修铁塔、固缆道、检设备、调数据，一天到晚不闲着。

有一天，黑狗突然病了。李瑞兰喂它香蕉，喂它活鱼，它闻都不闻。庞书智请来兽医，兽医也摇摇头走了。

一连几个晚上，他俩听不到狗叫，若有所失。

庞书智又抓紧牵回一条黄狗。

庞书智夜不归宿的情况渐渐多了：省局技术培训，一去就是几天；老爸病重住院，赶过去陪上几晚；弟弟在东莞出了车祸，从生命垂危到英年早逝，他跑了几趟……

好在，两个儿子都上中学了，没有拖累他俩。他俩天天看龙州河水的涨退，却不知道两个孩子是怎么长大的！

母亲节，儿子给李瑞兰打电话，祝母亲节日快乐。她说："谢谢儿子！"话一出口，眼泪就流下来。

李瑞兰想起，小儿子小时候，被摩托车撞伤住进医院。那时站里还没有电话，家里传信到这里，事情已过去两天。庞书智让她一人赶去看孩子，自己坚守岗位。孩子躺在病床上，腿打着石膏，她说不出话来。

"妈妈，我不疼，你们放心。"儿子摸着她的手说。李瑞兰感到自己的心隐隐地痛……

李瑞兰只尽到了一名职工的责任、一个妻子的义务。

她的日记已经写满3本。

她买回几十只小鸡，搭起一个鸡窝。当天夜里，小鸡被老鼠吃掉一半。她再买回一些补上，亡羊补牢把鸡窝扎结实。小鸡一天天长大，有人来买鸡，换回几个钱。

省水文局给她长工资了，400元、450元……

庞书智买彩票小有中奖，小有欢喜，但是收入总不抵支出。李瑞兰也不再反对他买彩票，有时还出谋划策，期盼好运光顾他们……

大年三十，两个人的春节。

他俩起了大早，观测完水位后，杀鸡宰鱼，挂灯笼，贴春联。一盘鸡，一条鱼，一碟白菜，就是他们的年夜饭。

儿子打电话来，提前给他们拜年，送来新春祝福。大儿子结婚了，想让他们回家过个团圆年。

"谁都有家，站里不能没人，我俩回去一个。"庞书智说。

李瑞兰不再言语，刚才还高兴呢，转而就闷闷不乐。她在日记中写道：烦、烦、烦，这日子哪天是个头！

七

李瑞兰好像不再害怕那些坟墓了。

她记得庞书智的话，世上如果有鬼，就一定有降鬼的人。

天长日久，她发现世上并没有鬼，其实鬼在自己的心里。你怕鬼，就有鬼；你不怕鬼，就没有鬼。

一次大暴雨,她在河岸一边观测,一边清理河水冲下来的树木柴草、死猪烂狗,碰到一个长长、圆圆的软物。她用力将软物推开,想让河水将它冲走。这时,一道闪电滑过,照得河面通明,她看清了那个软物是一具死尸。

非常奇怪,她竟然没有惊讶,没有胆怯,甚至还想把推出去的死尸拉回来。

她真的是不怕鬼了,却怕活人。

庞书智不在时,一个疯子围着缆道房转悠。他披头散发、破衣烂衫、满脸污垢,又喊又叫又唱。那声音,让人毛骨悚然。李瑞兰早早关闭大门,却又担心疯子会破坏缆道房的设备,便不时往那边张望。

月光下,疯子果不其然,用棍子敲打缆道侧壁的电表。

眼看设备将被损坏,李瑞兰立即拨通"110",警察把疯子带走了……

李瑞兰的日记,还记下这样的故事。

2008年10月3日,他俩测完数字,刚回到办公室,就接到省局的紧急通知,一场特大暴雨即将来临,可能引起山洪暴发,要求他们立即通知下游村民转移。

庞书智刚放下省局的电话,狂风霹雷闪电就跟过来。狂风将大树连根拔起,霹雷震得楼房颤动,闪电刺得人睁不开眼睛。

庞书智又拿起电话,要打给下游村,电话却没了声音,线路断了。

"怎么办?"李瑞兰急切地问。

"你坚守岗位,我骑摩托车去报信。"庞书智安排。

"太危险了!"她说。

"你说,是我一个人重要,还是几千人重要?!"他很严肃地说。

李瑞兰又不再言语了。但是,她此时此刻的心情,却像龙州河掀起了惊涛骇浪。天高、风急、夜黑,他这一去,不知道会发生什么意外,也许……她不敢再想了。

她木然望着庞书智骑车消失在雨中。

狂风摇晃着他，大雨如帘子遮住了他的视线。忠心耿耿的摩托车，顽强地载着他往前走。突然，一个硬物顶在车辘轳上，顿时人仰车翻，他被甩出去很远，重重摔在地上……

李端兰浑身颤抖……

庞书智的头正磕在一块石头上，一丝血水与雨水混在一起，汩汩流淌。他昏了过去……

李端兰想，她真该与庞书智一起去……

庞书智醒过来的时候，雨还在玩命地下。他从地上挣扎着爬起来，使劲摇摇迷糊的头，去发动摩托车，摩托车已彻底"断气"了。他立即往村里走，到了一户人家。

"通知村里人快转移，山洪马上要来！"他说完，又昏了过去。

当他在医院再次醒来的时候，全村人已经撤离了。

山洪果然暴发，温顺的龙州河变成了一头发疯的狮子，洪水肆无忌惮闯进村子，村子陷入一片汪洋中。

安全转移的人们，嘴里念念有词："谢天谢地谢书智！"

李端兰抱住庞书智，无声无泪……

多年后，庞书智的头还时而疼痛，多次去医院检查治疗，都没有理想的效果。村里人说，水文站坟墓太多，阴魂不散，他被鬼缠住了。

人们劝他离开这里。

"总需要人守在这里呀！"庞书智说。

八

省局通知，推荐他俩为"感动海南十大人物候选人"，电视台要去三滩水文站录节目。

他俩又起了大早，把缆道房、办公室、宿舍及院落打扫得干干净净。

"你说，我们能被评上吗？"李瑞兰问。

"这个，我真没想过！"庞书智答。

李瑞兰很"迷信"庞书智的话，他以前曾说，要争创全省水文系统先进单位、先进个人，后来陆续都实现了。现在他的一句"没想过"，让李瑞兰感到希望不大，又充满期待。

电视台记者来了，录像机把观测、复核、发报和绘图的全程录了下来。记者还让他俩站在奖牌下留影。那"海南水文系统先进集体""全省水文系统防汛抗洪先进集体"等奖牌，再次使他俩泪流满面。

记者走后，留下了他俩焦急的等待。

"感动海南十大人物"的产生，取决于得票多少。他俩的照片和事迹，都上了网络、电视和报纸。他俩每天甚至随时，手指不由地滑动手机屏幕，察看数字更新。

他俩的票数一直在前十名，这让他们更着急。

2016年新年过后，他俩被评为"感动海南十大人物"。省局通知，让他们去领奖。

颁奖晚会的大幕缓缓拉开。

主持人敬一丹宣读颁奖词：

枕着母亲河的波涛入睡，

梦里牵挂着下游安危。

青春被荒芜裹走，

日记里写满孤独。

江水依然，时光已逝。

一条水文线记录一个年轮，

15个年轮的叠加，

长成参天大树，换来岁月静好！

掌声、鲜花、奖杯、奖牌、炫彩的灯光、喜庆的音乐，把他俩包围起来。激动的热泪淌满他们的脸庞，像龙州河水流得那样欢畅，那样悠长，那样任性。

海南省水务厅、省水文局的领导接见了他俩。除了祝贺，除了肯定，除了关怀，也给了他俩新的希望。

"全省正在推进水文信息化。在不久的将来，你们就不必再去那个艰苦的地方了，只要在县城操作按钮，就能完成观测任务。"领导说。

他俩回到家，回到水文站，回到龙州河边。

"我们与龙州河朝夕相处15年，比和孩子们在一起的时间都多。如果有一天离开这里，我真舍不得！"李瑞兰说。

"我担心，那时无人值守，如果遇到台风暴雨损坏了设备，该怎样观测、报告，谁去通知下游群众安全转移？"庞书智也说。

龙州河水款款流淌，如诗如画如歌……

选自《中国水利报》

大使夫人的革命爱情

——记耿飚夫人赵兰香

赵兰香是从宝塔山下、黄河之滨走向中国和世界的中华民族优秀儿女中的一个。赵兰香与耿飚的爱情故事已成为今天多少人心中的传奇。

"青线线那个蓝线线，蓝格盈盈的彩""一十三省的女子就数那兰花花好"，20世纪30年代，甘肃省凤城庆阳出了三只"凤凰"，领头飞走的便是赵兰香。

她和耿飚这一代人的革命爱情一直影响至今。

结婚礼物：一定要革命到底

1923年，赵兰香出生在甘肃省庆阳县城内。赵兰香的家非常清贫，父母只有她一个独生女儿。与一般家庭不同的是，她的父亲思想虽比较保守，而母亲却比较开明，在她的一再要求下，父母不顾世俗偏见，送她到学校读书。这在当年那个贫瘠偏远的庆阳，并不多见。

1937年，红军部队解放了庆阳城。不久，在赵兰香就读的庆阳女子小学来了三位从延安派来的女干部，从事教学工作，宣传革命思想，发展党的力量和发动群众。不少家长由于不了解和害怕军队，不敢让女儿去上学。为了动员他们复学，赵兰香主动要求和同学校的女干部一起，挨家挨户地做学生家长的工作。就这样她冲破了传统封建观念的束缚，成为庆阳县城第一个走出家门参加社会工作的妇女，后来她正式担任了学校的国文和美术教师。

1937年秋，八路军129师385旅进驻陇东防区，旅部就设在庆阳（陕甘宁边区23县之一）城外田家城。当时耿飚担任385旅副旅长兼副政委、参谋长、军法处长，并任庆阳县城防司令。而385旅政委甘渭汉同志的爱人赵文为正好是庆阳女子小学的校长。

1940年夏季的一天，赵兰香注意到学校来了一位扎着皮带、打着绑腿的八路军首长，高高的个子，浓眉大眼，有些清瘦，但全身洋溢着青春的朝气。他的粗布军装已经洗得发白，风纪扣系得严严的，一副严肃的军人姿态，但讲起话来却文雅和气。赵文校长介绍说："赵兰香，这就是385旅副旅长耿飚。"当时耿飚和蔼地和赵兰香聊起了家常，询问了她的家庭和工作情况。渐渐地赵兰香感到这位首长对人诚恳、亲切，没有一点官架子，心中对他暗暗有了好感。后来她才知道，她和耿飚的相识并非偶然，那是甘政委、赵校长夫妇有意识地为他们两人牵线搭桥。

于是，他们就这样开始了两人间的交往。但当赵兰香的父亲得知耿飚要娶走他唯一的女儿时，却坚决地说："不行！"当然，父亲希望她能在本地找一个家庭比较富裕、有一定身份的女婿，不再为贫困所累，他和母亲将来也可有所依靠。可要找一个当兵的，事情就难说了，兵荒马乱，国难当头，军人四海为家，不知哪天会战死沙场。当时，赵兰香非常理解她父亲的心情。

然而，耿飚渊博的知识、平易近人的作风，尤其是他从一名钳工成长为红军高级指挥员的传奇经历，已深深地打动了她，她暗暗地下了决心："非耿飚不嫁。"为了说服父亲，耿飚请来颇有地位和影响力的庆阳县商会会长到赵兰香家做工作。就这样，会长的说服、赵兰香的决心并加上母亲的支持，父亲最终同意了他们的婚事。

1941年7月5日，赵兰香与耿飚的婚礼在庆阳女子学校的一间教室里举行。385旅的首长、同事及亲朋好友参加了他们简朴而热烈的婚礼。大家纷纷向他们表示祝贺，愿他们天长地久，白头到老。赵兰香和耿飚虽然没有海誓山盟，也没有甜言蜜语，但是他们的心为共同的理想在一起跳动。他们庄严地举起酒杯，互相勉励：一定要革命到底。

为了革命：岂能朝朝暮暮

婚后，他们就住在385旅旅部的一孔窑洞里。耿飚的工作依然紧张而忙碌，她仍在学校教书。生活虽然艰苦，但他们的感情是真挚而融洽的。

耿飚因为出身贫苦，只读过两年私塾，在庆阳驻军期间，他借来了全套中学课本，利用晚上时间自学。赵兰香的文化程度也不高，两个人互相帮助，互相学习。耿飚的文化学习不断进步，赵兰香的政治觉悟也日益提高。在如豆的油灯下，他们的两颗心贴得越来越紧。

1942年，耿飚接到调令，离开385旅去延安中央党校学习，一年后，赵兰香也骑马来到了延安，进延安大学中学部学习。这时，为打破国民党反动派的封锁，毛主席发出"自力更生，丰衣足食"的号召，延安正开展大生产运动。延大为赵兰香他们每个学员都分配了指标。耿飚拿出他的钳工手艺，为赵兰香制作了一部手摇纺车。每到周末，耿飚便来到延大接赵兰香，他扛起赵兰香的纺车，大步走在前边。赵兰香在后边紧跟着。周六的夜晚和星期日，在中央党校宿舍前的空地上，耿飚摇着纺车，帮她纺棉花、织袜子。耿飚比赵兰香纺得匀、织得快。

后来，作为红军时期的一员骁将，耿飚不甘心长期在后方留守，他多次向毛泽东等中央领导同志表述过自己的心情，要求上前线杀敌。1944年秋，中央终于批准了他的请求，任命他为晋察冀军区副参谋长，他兴奋地立即起程，奔赴前线。

赵兰香却仍留在延安。

在以后的日子里，他们是聚少离多。抗战即将结束的时候，她也从延安来到晋察冀，和耿飚在一个部队工作。但是由于战事紧张，他们相聚的时间很少，只有在两个战役的间隙，她才能赶到前线同耿飚见面。每当一个战役打响，她总是一面焦急地期待着战场上传来胜利的好消息，一面非常担心耿飚在战场上的情况。北平解放以后，部队向大西北进军，准备一举歼灭国民党在西北的残部。在打宁夏的战役中，为了能互相保持联系，他们用军犬做通信员。那只犬善解人意。她写了信之后，拴在军犬的脖子上，它可以凭嗅觉很快找到耿飚，把她的信带给他。后来，蒙古族的一位王子看上了这条军犬，耿飚为了执行民族政策，就忍痛割爱了。王爷很感动。他把国民党逃跑时藏在地下的电台告诉了解放军。这只军犬发挥了重要作用。

虽然在炮火硝烟之中他们无法见面，但是他们的两颗心是紧紧地连在一起的。

他们的小儿子和小女儿分别在1946年与1948年出生，他们出生的时候耿飚都不在赵兰香身边。可是在这样离长聚短的战争生活中，他们始终互相支持互相勉励。为了革命，他们舍弃了小家庭的温情。赵兰香把大女儿和大儿子送回陇东老家，从而全身心地投入革命事业。1948年，她毅然做了节育手术。他们就这样肩并肩地走到了全国解放。

革命需要：做大使夫人

1950年初，党中央决定调耿飚到外交部工作，成为新中国第一批10位大使之一。耿飚和赵兰香经过简短的准备和学习就踏上了奔赴外交岗位的漫长旅途，开始了他们长达20年的外交生涯。

解放的时候赵兰香只有26岁，想好好地为建设新中国工作。只是没想到要分配他们去做外交工作。

当时，他们刚刚从山沟的军营里到北京，还没有适应呢。饭店里的卫生设备、弹簧床、地毯，使得他们这些刚从军营出来的人特别不习惯，不自在。晚上睡在弹簧床上，整个身体好像陷在"坑"里，翻个身要花很大力气，还上下颤动，害得人是睡也睡不着，坐也坐不稳。

为了适应转变，周总理还给这些大使夫人请来一位老师，教他们学习外交礼仪，教这些从山沟里、农村里和军营里来的女干部、女军人怎么穿旗袍、连衣裙，还要穿着高跟鞋走路不摔跤，以及怎样做头发。

耿飚担任了首任驻瑞典王国大使，兼驻丹麦王国公使。第二年又兼驻芬兰共和国公使。

赵兰香是庆阳第一个独自走出来工作的，也是第一个独自骑马出远门的女子,这一次就更走得远了——出国了,走出国门了。

1950年的夏天,她们坐火车先到莫斯科,后来到瑞典。

当时瑞典国王接见是不能带翻译的,耿飚和赵兰香两个都不会讲英语,那怎么行呢?耿飚就自费找瑞典人做教师教英语。耿飚在湖南永口山矿山时,毛泽覃教过他200多个单词,算是有一点基础,赵兰香是什么都肯下力气去学习。他们在休息的时候,还相互纠正发音。耿飚经常帮助赵兰香。

赵兰香也找使馆的女翻译和同志们来教。拼命学,拼命记。后来一般的对话也能讲一点了。赵兰香除了负责管档案,还要一直参加外事活动。她是个不太喜欢应酬的人,为了工作,没有办法,只能努力把工作干好。

那时赵兰香也就30岁,后来人家都说当年的土包子,一下变成像模像样的大使夫人,这样的转变有什么诀窍吗?她的诀窍就三个字:自信心!因为他们的一言一行都代表着新中国的形象。

就这样,耿飚和赵兰香夫妇外交生涯20年,互相支持,互相帮助,圆满完成了中央交给的各项任务。

1991年的7月,是他们结婚50周年纪念日。他们就在7月的盛夏回到了阔别50年的家乡。50年了,50年前他们在陇东学校结婚的教室还在,他们曾住过的窑洞还在。那天,赵兰香一夜都没有睡觉,自从1942年离开庆阳县城,就再也没有回来过。结婚时耿飚送她的一句话是"革命到底",耿飚送她的这个礼物,她忘不了。

几十年来为了革命他们恩恩爱爱,同舟共济,她忘不了。在文革中,他们夫妻就像两棵紧紧靠在一起的大树共同抵御狂风暴雨,在相互支持中度过了那段艰难的岁月。他们的革命爱情故事,永远动人。

选自《人物》

精辟释义

一、把结尾想在前头

这一讲先说结尾。为什么先说结尾，这与我们长期以来的新闻写作有关。新闻人都知道倒金字塔结构，如果今天你一味地追求倒金字塔结构的写法，那你就落后了。我很遗憾，很多的课堂上，包括一些高等教育课本上，还有研究生的研究方向中，还在履行使命一样传授这种写法。

我想告诉大家，倒金字塔结构写作，是受制于技术条件的一个胎儿，并渐渐长大，生存了那么多年。

倒金字塔结构的出现可以追溯到电报的使用时代。报道远方的新闻，比如一场地震或者一场战争的记者，通过电报这种便捷的方式，迅速把文章传回报社，但是他们发现虽然这种传送方式快捷，而编辑并没有把全部文章都印到纸上，却是被紧急公文等内容给挤掉，于是他们就学会把信息爆发式发出去，把最重要的信息放在最前面，即形成倒金字塔结构的写法。

这种模式最适合报纸车间操作的过程。编辑在纸上编辑好文章以后，交给印刷工人，印刷工人把它们放到铅字模板上。这种模板和报纸上的空间是相等的，如果文章太长，在铅字模板上装不下，就要被删去。

我刚进入新闻行业，就是这么编辑的。现在，我很多的同事还在使用这种删减的方式，但是电脑处理明显聪明了许多，可以适当缩放、增加或删除。

现在,电报机早就进了博物馆,总编室分发稿件、接收传真的编辑也早就改行,互联网让作者和编辑直接传输稿件,直接对话。每个人,甚至可以随时在自媒体发表文章。

倒金字塔在今天唯一还适应的是它的简洁、省力、省时,编辑可以少用大脑,只用手指按一下删除键。老习惯很难改掉,很多编辑还墨守成规地从结尾删减文字。

但是,对于你的读者,结尾至关重要。而倒金字塔结构把信息从最重要的到最不重要的来排序,剥夺了故事的戏剧性,没有给坚持读到最后一行的读者留下任何惊喜、思考甚至美的享受。

我有一篇文学作品,编辑删除了我悬念后"抖包袱"的部分,一些读者来电话问我,我什么时候才能让他们看到结果?这让我哭笑不得。

这是倒金字塔遗留下的老问题。

结尾的方式是多种多样的。

元朝的大作家乔吉,表示文章的结构可以分成三部分,首段要像凤的头,中段要像猪的肚子,结束的时候要像豹的尾巴,即"凤头猪肚豹子尾"结构。

豹的尾毛劲挺坚韧,充满弹性。以豹尾喻结尾,重点在急转直下,戛然而止,余势昂扬,有人给这种收尾叫"勒马",也就是急刹车。

美国作家爱伦·坡的小说结尾,大多属于这一种,既出人意料,又在人的意料之中。

好结尾的方法:

1. 一个生动的场景(《守望龙州河》)。

2. 阐明文章的观点(《温柔三峡》)。

3. 一个生动的细节,它象征着比它自身更大的东西,或者暗示故事的发展方向(《别了,故乡》)。

4. 一个精心安排又令人信服的结论。在这个结论中,作者亲自向读者讲话(我的一些散文是这样的,但是也感觉太直白了)。

5. 一段意味深长的对话(《望着儿子》《忠孝双全,能》)。

6. 前后照应(《守望龙州河》)。

美联社国际写作指导、曾是40家报纸的训练顾问布鲁斯·德席尔瓦说,我写故事,有时先写结尾,因为结尾是文章的目的地。我先写结尾,知道我要去哪里,剩下的文章就很好写了。

我,往往也是如此。

二、"凤头"该有多么美?怎样美?

乔吉说的"凤头"是什么意思呢?

顾名思义,文章的开头要像凤凰的头部一样美丽、精彩,有力。一篇文章,到底该怎么吸引读者阅读呢?

开头写得好,读者就会不由自主地产生看下去的冲动。当然,这只是在写作方法上。写好一个开头,需要从几个方面构思。

比如,故事是关于什么的?主题是什么?怎样利用一个场景很快地安插一个角色?怎样吸引读者?我怎么让读者进入角色思维?等等。

故事的主题应该是人类共同的感受:恐惧、羞耻、痛苦、爱、背叛、恨、嫉妒、巴结、信仰等。表现在我国,当是核心价值观的弘扬,写爱国、敬业、和谐、绿色,写中国梦、中华民族复兴等。

我的写作以表扬为主,坚定弘扬主旋律。

开头有多种写法,我在写《守望龙州河》时,考虑了两个开头。一个是把文章最精彩的部分放在开头,一下子就吸引住读者;另一个是以一种意境开头,让读者能够平缓进入,最后进入高潮。

第一种开头:

李瑞兰的日记,还记下这样的故事。

2008年10月3日,他俩测完数字,刚回到办公室,就接到省局的紧急通知,一场特大暴雨即将来临,可能引起山洪暴发,要求他们立即通知下游村民转移。

庞书智刚放下省局的电话,狂风霹雷闪电就跟过来。狂风将大树连根拔起,霹雷震得楼房颤动,闪电刺的人睁不开眼睛。

庞书智又拿起电话,要打给下游村,电话却没了声音,线路断了。

"怎么办?"李瑞兰急切地问。

"你坚守岗位,我骑摩托车去报信。"庞书智安排。

"太危险了!"她说。

"你说,是我一个人重要,还是几千人重要?!"他很严肃地说。

李瑞兰又不再言语了。但是,她此时此刻的心情,却像龙州河掀起了惊涛骇浪。天高、风急、夜黑,他这一去,不知道会发生什么意外,也许……她不敢再想了……

第二种开头:

龙州河,是海南省一条不大的河,很多人都不知道她的名字,也不知道她从哪里来到哪里去,更不知道她不舍昼夜、默默流淌了多少个春夏秋冬。

却有两个人,不仅知道这些,而且了解龙州河的脾气秉性。这两个人的名字叫庞书智、李瑞兰。他俩是一对夫妻,是龙州河边三滩水文站的工作人员。丈夫是站长,妻子是职工。

他俩的任务是监测龙州河的水位、流量、水质、含沙量,为上级部门防汛抗旱提供水文依据,为下游群众遇险转移提供安全信号。庞书智、李瑞兰和龙州河,朝夕相处、相依为命,厮守了15年,已相互了解。

龙州河发源于屯昌县黄竹岭,从树根、石间涔涔渗出,像一首音乐悠然响起,随着水流增大渐渐高昂,小溪汇成滔滔的河流。河水从山谷低处走来,穿行无数个滩涂,汇入南渡江,涌入南海。

龙州河过山涧、遇暴雨，显得暴躁；走河床、润万物，变得温柔。龙州河总是不停脚步，永远执著，永远向前。

龙州河来到三滩水文站，与庞书智和李瑞兰结了缘……

我最后选择了第二种开头。因为这种开头更适合这篇作品的风格，这里不仅写人物，而且写河流，把河流的性格、品质突出出来。再者，作品与发表媒体也有关系，比如印在书上，读者翻看前几页，不好看就不看了，而印在报纸上，占一个版面，读者往往先浏览一下。所以，好饭不怕晚的。

当然，第一种开头切入迅速，制造一种紧张气氛，会更吸引读者。它曾是我的首选，并不是不好，而是哪个更适合。

三、"猪肚"能装多少杂碎？怎样装？

猪之一身，腹部饱满而圆实，占最大的比例，五脏六腑囊在其中，包藏很多的精华。

"凤头"之后的发展，进入"猪肚"，进入文章的主体。"猪肚"不能华而不实，要像猪肚子那样有充实、丰富、饱满的内容。

例如《守望龙州河》，主体部分写了主人公如何到达龙州河畔、开展工作、打发寂寞的日子、克服对"鬼"的恐惧、冒险救群众、去领感动海南十大人物奖等等，内容可谓丰富。

但是，"猪肚"只是内容丰富是不够的，要很好地把内容取舍、排列。故事中的每一个句子，都要建立在上一个句子之上，一环紧扣一环，一层紧扣一层。每层即每段的结尾，又是下一层段的开始，这样吸引读者。

对作者来说，要努力达到自己感觉最好的艺术效果。

第四讲
文学是人学

Wen xue shi ren xue

精彩阅读

爱情汩汩流淌

一

因为有他们的爱情和友谊，才有顶天立地的水库大坝；因为有大坝的坚固和高耸，才有绿水盈盈的丹江湖；因为有丹江湖的秀美和富足，才有源源不断的江水，千里北上。

2014年12月12日，南水北调中线一期工程正式通水。

按照原计划，77岁的杨凤梧，要等通水后离开丹江口市，或去单位基地湖北宜昌享受安逸，或回老家四川成都安度晚年。冬去春来，杨凤梧夫妇却没动身。清晨，俩老人在坝顶，看太阳浮出湖面，渐渐升高。阳光将他们并行、驻足或依偎的身影刻在大坝上。

"小辫护士长，我看在哪也没在这儿住着踏实，呆着温馨，你说呢？"杨凤梧大声问。

"我也觉得。"杨凤梧的老伴张正菊高声答。

杨凤梧，个小，弯腰，眼花，耳背，声高，话不叫说，叫嚷或喊。因为他耳背，张正菊要抬高嗓门，和他喊话。她喊话时，一头短发往往随之抖动。

声音惊动了大坝檐下过夜的鸟儿，一只鸟儿扑扑楞楞飞起来，一群鸟儿紧随其后，围着大坝盘旋一阵，又落回巢中。

湖面，涟漪荡漾。

张正菊挽着杨凤梧的胳臂，走下大坝，走到家。

家，其实是杨凤梧临时办公住宿的两用房。叫"家"，是因为有女人、厨房、洗手间，是他生活的地方；叫办公室，是因为有一张黑黢黢的办公桌，上面有台"大肚子"电脑，旁边放着一个放大镜，桌上桌下摞着发旧的笔记本，是杨凤梧工作所在。

回到家，杨凤梧又翻开笔记本，写写画画，有时拿起放大镜来看；张正菊又去准备早点，然后把热气腾腾的早点端上来。

她跟闹钟叫点似的，喊杨凤梧吃饭。

这里，这样的日子，一晃又是十几年。

1997年，杨凤梧从国外建设工地回到宜昌，被国务院南水北调办公室的领导盯上，"请"他代表国家到丹江口大坝加高项目部做质量监督站站长。

那年，他62岁。

杨凤梧放下从北京来的电话，变成了一个小孩子，在张正菊跟前欣喜若狂。"张护士长，我要去加高丹江口水库大坝。"他嚷嚷。

张正菊知道，国家正实施的南水北调中线工程，要加高丹江口水库大坝，抬高水库的水位，使江水由高向低，流到北京去。

"我也去。"张正菊要求。

"这次你就不去了。"杨凤梧拒绝。

"不，这次我非去！"张正菊很坚决。

"为啥子？"杨凤梧往上推了推眼镜，问。

"因为我是小辫护士长呀！"张正菊抖着短发，答。

说罢，俩人会心地笑了。

二

1959年4月8日,杨凤梧大学毕业来到丹江口水库建设工地。因为他在学校就是团支书,于是被分配到"司令部",给周总指挥当参谋,相当于施工技术员。

当时,十万大军战汉江,"同志们,加油干,谁英雄,谁好汉,工地上,比比看"的号子,嘹亮悦耳,令人振奋;"鼓足干劲,力争上游,多快好省地建设丹江口大坝"的标语,非常醒目;花木兰队、刘胡兰队、穆桂英队等英姿飒爽,争先恐后……

五四青年节,杨凤梧被丘比特一箭射中。

还得说是因祸得福。

丹江口水库建设正酣,人山人海,争前恐后,车水马龙,热火朝天。

奔跑在人群中扛砼木的小伙子杨凤梧,突然感觉眼前一黑,晕倒了。立即有人过来,七手八脚送他到医院。检查结果,中暑。

一位男护士为他打针。

之后,又换成女护士,护士们都叫她小辫护士长。"我叫张正菊,是院长派我来专门护理你的。"张正菊摇着一对小辫说。

杨凤梧扫了她一眼,白帽子、白大褂、白鞋子、白口罩,一身素装衬托她的皮肤白皙细嫩,看上去也就是二十来岁。但在杨凤梧眼里,张正菊就是一根砼木,小辫一晃跟他肩扛的砼木移动似的。

杨凤梧纳闷:院长为什么派专人来护理我?

他也没有进一步考虑,只想马上回工地去。

"总指挥命令,让你多休息两天!"张正菊说。

"我又没有大毛病,不用多休息。我得赶紧回去扛砼木去!"杨凤梧表示。

"少一个人,就少干很多活。再打一针,你就走吧!"张正菊说。

一句话，说到杨凤梧的心里，他突然觉得张正菊有点顺心思了。

杨凤梧刚要出门，院长堵在门口，批评张正菊："是总指挥和我这个院长说了算，还是你护士长说了算？小张同志，你怎么能违抗军令！"

张正菊一个立正："报告首长，这位同志伤势痊愈，可以归队！"

院长看了张正菊一眼，无奈地摇了摇头。

这时，杨凤梧发现张正菊不是砧木，是个漂漂亮亮的小辫姑娘。

杨凤梧走出医院，回头看时，见院长用手指他，还对张正菊咕哝什么。

多年之后，张正菊向杨凤梧透露内幕：

杨凤梧住进医院后，总指挥给院长打电话，命令院长给杨凤梧介绍对象。总指挥说，小杨是大学生，来到艰苦的地方，为国家建设做贡献，要解决好他的生活问题，把他的根留住。

院长当下答应，把护士长张正菊介绍给他。

院长在给张正菊做工作时说，我知道强扭的瓜不甜，但是为革命吃点苦也是值得的。再者说了，熟不熟要看季节，甜不甜全凭感觉。

张正菊小辫一甩："服从组织安排！"

杨凤梧明白，张正菊当年的"伤势痊愈，可以归队"那句话，涵义深刻。

谁知道，他们分别不久，再次相逢。

杨凤梧面色苍白，全身浮肿，因营养不良住进疗养院。

很快，张正菊也被调过来，继续负责杨凤梧的疗养事情。

来之前，司令部已给杨凤梧下了命令，必须拿下张正菊这个"堡垒"。

张正菊毕竟还是个姑娘，羞羞答答，躲躲闪闪。

强大的政治攻势，覆盖了疗养院的每个角落。

"你必须打两份饭！"炊事员说。

"为什么？"张正菊问。

"你要给杨参谋打一份!"

"他自己能打,用不着我打。"

"你不打两份,我就不打给你饭吃。"

张正菊后来就打两份饭,给杨凤梧送过去。杨凤梧先是每顿饭结饭票,后来就把饭票放在桌子上,让张正菊自己拿。渐渐,俩人还一起吃饭,聊聊天。

有一天,司令部的条子下来:杨凤梧、张正菊本人自愿,组织批准,同意结婚。

婚礼很简单:把两块施工的模板凑一起,当成了温柔甜蜜的婚床;一脸盆、一暖壶、一"雪花膏",增添了喜庆气氛;水果糖甜甜蜜蜜,南瓜子寓意早生贵子。

洞房内,杨凤梧低声说:"小辫护士长,嫁给我,让你受委屈了。""不委屈,你是英雄!"张正菊一甩小辫。

杨凤梧立即说:"我不是英雄,陈总才是大英雄,我要向他学习!"

张正菊也知道陈总的事,那是一位工程师尽职尽责捍卫桥梁的事,成为杨凤梧心中永远的丰碑。

三

1961年9月6日,大坝围堰拆除后突发大洪水,给下游大堤带来威胁。

围堰指在工程建设中,为建造永久性设施,修建的临时性围护结构,用来防止水和土进入建筑物的修建位置,以便在围堰内排水,开挖基坑,修筑建筑物。

"人在大堤在,确保洪水安全通过!"人们与大洪水展开了搏斗。

9月10日下午,湖北省省长兼丹江口大坝建设指挥部指挥长张体学赶到，指挥防汛抗洪。

张体学等人站在坝后施工桥上，观察汛情。

洪水浪涛翻滚，气势汹汹，冲得施工桥一阵摇晃。

"危险，快下桥！"杨凤梧高喊。

桥上的人匆忙退下。

这时，五十多岁的陈总工程师赶来，不停步就要上桥。

"危险，不能上，陈总！"杨凤梧扯住陈总的衣服。

大雨如注，涛声如雷。

陈总喊破嗓门："这桥是我设计的，我要看看有什么问题！"

"危险！"杨凤梧喊。

"有危险也要上……"陈总说。

"太危险了……"杨凤梧还要阻拦。

陈总把衣服一甩，冒着大雨，跑到桥上。

洪水掀起滔天巨浪，就听天崩地裂一声巨响。

陈总和桥淹没在水中……

之后，陈总的影子一直跟随杨凤梧行走。

1968年第一台机组发电后，张正菊随杨凤梧离开丹江口水库，先后去建设黄龙滩电站，葛洲坝水利工程，岩滩电站，漫湾、泰国和马来西亚水利工程。

当年，张正菊说杨凤梧是英雄，有她的道理。在她的心目中，英雄就是一种责任。有责任，才风风火火去干一件事，才认认真真去做一件事，才坚持不懈去成一件事。

岁月的年轮，在张正菊的生命中刻下了这句话：有责任的人才是值得相守一生的。

多年后，他们回到丹江口，多少酸甜苦辣都变成蜜一样甜的回忆。当有人骂杨凤梧是"无情的倔老头"的话传到张正菊耳中时，她微微一笑：

"工人骂得对，老杨做得好！"

四

"快，杨倔头来了！"有人大喊。

随着喊声，正在浇筑混凝土的班长急忙掩盖违章操作："快加水！"

那天中午，烈日当头，骄阳似火，高温下敏感的混凝土最容易出质量事故。杨凤梧吃过午饭，就匆匆来到大坝工地。

他刚露驼背，就被"线人"发现了。

他虽然耳背，这喊声却听得清楚。

杨凤悟感觉不对路，混凝土在拌和站就已经按照配方拌和好了，为什么还要现场加水呢？他快步走近一看，原来混凝土的颜色已经变白了、干了，振动机震不动了。

他毫不客气地说："这是严重违章作业，出了问题会影响千万人的安全。停工！"

杨站长监督施工方把发白的混凝土清除，重新施工。

第二天，质量监督站发出情况通报，建议开除这位班长，按照合同罚施工单位违章款一万元。

这事引起轰动，许多施工员都引此为鉴，自觉地按设计要求，一丝不苟地去施工。

可是，杨凤梧却几天没有睡好觉。

他反复跟张正菊叙说那些工人的"不易"。

顾毓卿，42岁，水电世家。从父亲那辈子开始，他家里就缺少一个男人。父亲在三峡，母亲在陕西。小时候，他把总不回家的爸爸叫作叔叔，爸爸因此大哭。

顾毓卿长大后，继续走南闯北从事水利建设，生了儿子叫"顾西陵"，是在三峡生的；女儿叫"丹丹"，是在丹江口生的。

他长期不在家，孩子由婆姨拉扯。

周静，28岁，湖北省荆州市的女孩，和老公双双来到南水北调建设工地。她在丹江口大坝加高工程，老公在南水北调"引汉济江"工地。

前年春暖花开时节，他们生下可爱小宝宝。刚出满月，就被送到陕西商洛爷爷家，由爷爷养活。

去年春节，周静回家，宝宝竟然不和妈妈睡在一起，始终跟爷爷睡。周静回单位见到同事，委屈得大哭。

小马，28岁。他从湖北黄石来到丹江口，一晃几年了。老爸33岁得子，期盼早抱孙女，他却一直找不到对象。

杜保平、陈晓，都是业务骨干，在丹江口生下一个女儿叫"源源"，因为那里是南水北调的源头……

"我真有点不忍心处罚他们……"杨凤梧歉疚地说。

"这是你的责任，你做得不错！"张正菊总是这样鼓励他。

……

建设者陆续离去，杨凤悟、张正菊与大坝为伴。

大坝像个谦逊的老人，巍然矗立在大江之上。江水，不时拍打她的胸脯，溅起一朵朵浪花；浪花曼舞，还伴着轻轻的音乐；音乐与春风，与夕阳的光辉揉在一起。

江水流出闸门，汩汩流向远方……

选自作家出版社《圆梦南水北调》一书，本处有改动

那泓生命之水

序 言

2014年4月21日至27日，我随中国作家南水北调采访团，从北京团城湖出发，经过河北邢台、邯郸，河南郑州、邓州，到达湖北丹江口市，采访南水北调中线工程。我完成规定动作后，又按照中国作家协会深入生活的要求，于5月初赶到北京市顺义区，采访与南水北调有关的人和事。顺义区水务局李守义局长推荐我采访刘振祥。

刘振祥是北京顺义区农民，是我这次采访名单中唯一的农民。因为时间关系，我一度想把对刘振祥的采访放在次要位置，甚至有取消对他采访的意思。李守义局长却嘱咐我，一定要采访刘振祥。

我在顺义区"顺义之水"调研组老程、小姚和小孙的陪同下，驱车十余里，来到赵全营镇西小营村，走街串巷找到他家。

刘振祥接到我们要来采访的电话，早在家门口迎接。他50多岁，高高的个子，额头爬上了几道皱纹，走路依旧大步铿锵，略弯的脊背宽厚坚挺，说话的声音洪亮且带着回音。在他家，我们倾听了他与水的恩恩怨怨。

50多年前，还在襁褓中的刘振祥，就随父母搬迁，为密云水库建设让路，之后进进出出3次搬迁。他几十年在北京的河边行走，考察北京水旱情况，提出"水囤积"的理论，2008年成为奥运会农民火炬手。南水北调工程通水前，他几次专程来到密云水库，望着那一泓生命之水，眼泪倏然而下，又陷入深沉思索中。

一

刘振祥的老家已经淹没在密云水库中。

他的故乡叫石匣村。

石匣镇建于明万历年间，是清朝皇帝去承德避暑山庄的必经之地。镇子坐落在潮河与白河两大河流交汇处的大平原上，背靠燕山山脉，土地肥沃，物产丰饶。

刘振祥在他的博客中写道：

石匣原来是一座古城。在密云，石匣几乎无人不知，无人不晓。"先有石匣，后有密云"可见石匣村的古老了。

石匣村由一个传说得名。石匣古城西门外，有一座坐北朝南的庵堂，名为"太平庵"，相传某年某日人们在西门外太平庵周围遛弯，忽然有人发现庙前的空地上露出一块半寸高的石片，长约6尺，宽约4尺，呈长方形，并且有棱有角，形状如匣，故名"石匣"。石匣村西南方有一座极像锁形状的山，名字叫做"锁山"。

听老辈人讲，此石匣深埋地下，里面装着开启不远处锁山的钥匙。锁山内是一个大宝库，谁能得到钥匙，谁就能拥有富甲天下的财富，这就引起许多贪婪之人的窥探之心。据说古代好多皇帝曾派无数风水先生、旁门左道、江湖异士，来此探寻宝物，却都无功而返。这就更加增加了石匣村的神秘色彩。

据说，石匣上面有字，曾经有人把它记载下来："要想石匣开，必须本人来。"大概意思是，如果石匣能够开启，解铃还须系铃人。新中国成立后，国家地质队通过测量得知，锁山有丰富的矿产资源，有待开发。

刘振祥说，他最佩服曾经在石匣村镇守的明朝戚继光将军，他甚至能够一句不拉一字不差地背诵戚继光的诗篇：翛然相倚翠堪餐，龙卧鸾翔各羽翰。对尔十年流景易，会心一日宦途难。涛迴小簟侵入骨，萝破层阴悟鼠肝。莫道大夫能变化，贞操不易雪侵寒。

他兴致勃勃背诵"封侯非我愿，但愿海波平"的诗句后，还进行了一番通俗的解释。他说，戚继光不求功名，不图官爵，只求天下太平，老百姓安宁。我从他的兴致中，好像也窥探到他几十年惜水、爱水、护水和保护环境的初衷。

戚继光，字元敬，号南唐，定远人，后来世家都定居上冻登州（今蓬莱）。戚继光生于将门世家，自幼喜读兵书，勤奋习武，立志报国。在浙江抗倭期间，所率"戚家军"所向披靡，闻名天下。戚继光在抗倭战争中英勇善战，在平定东南以后，名声大震远扬四方，后调入蓟州镇守，统管石匣，时间长达十余载。

石匣是个小平川，与通往东北的古道相连，而且石匣南有密云，西北有白马关，正北有古北口，东北有曹家路，东南有墙子岭，正西有石塘岭等边关要塞，从地理位置上讲，具有战略意义。明嘉靖年间石匣城正式营建。

石匣城城墙很宽，可以跑马，行马车。站在城头，能看到潮河白河白浪滔滔，像两条白色的飘带悠然飘来。

这样一座古城，在密云水库蓄水后，水漫"金山寺"。

1959年，刘振祥移民他乡。

对他来时，回不去的地方就叫"故乡"。

刘振祥介绍，一些人还留在那个地方，后来组成石匣新村。村里处处洋溢着现代的气息，环境优美，空气清新，建筑设施齐全，太阳能路灯，阳光浴室，房屋整齐排列，外面进行了统一粉刷，白墙蓝裙甚是美观。村中建起了生物质气化站，家家用上了清洁能源，项项惠民工程暖人心，事事村民乐得喜洋洋，人们过着安静、祥和的生活。

南水北调的水进入密云水库前，石匣新村也被搬迁。

然而，密云水库不能淹没的，是刘振祥悲欢离合的记忆。

二

1959年1月,刘振祥带着"呀呀"的哭声来到人世间。

有人说,人们来到世上之所以哭,是因为世间太苦了。这一点,更适合刘振祥。

刘振祥生下来就当了一次移民。

密云水库要蓄水前,刘振祥等村里人要搬走。

刘振祥在家里6个孩子中排行老五,父亲是个有会计身份的文化人,母亲是小有名气的厨娘。家里尽管孩子多,却不愁吃穿,比一般农民家庭殷实富裕。家里的坛坛罐罐、陈芝麻烂谷子比别家多,而且还有玉器、瓷器等。

两辆马车停在家门口。

整夜,大人们收拾家什,一片狼藉。

一辆马车装人,几口人把大车挤得满满的,小祥子被裹在一个蓝花花褥子里,闭眼熟睡中;另一辆马车装家什,一辆车根本就装不下家里的积攒,母亲拿起这件舍不得丢,拿起那件也不肯扔掉。父亲先是把家里的财产记在本子上,见母亲依依不舍,皱了几下眉头。

有人催促上路。

母亲还在往车上塞这塞那。

父亲干脆把一些物件扔掉,还有几件瓷器被摔碎。

赶车的师傅吆喝一声,鞭子一甩,马往前走,马车吱吱咛咛移动。

小祥子突然"哇"的一声哭起来。

母亲忙解开衣扣,露出白白的乳房,将酱色的奶头塞进小祥子的嘴里。

小祥子却使劲撇开乳头,大哭不止,往回看。

母亲也哭了,眼泪从乳缝滚落。

所有车上的人望着即将离开的地方落泪、无语。

赶车的师傅不吆喝了，鞭子不甩了，马不往前走了，马车停住了。

小祥子的哭声在潮河白河的水面上涟漪般浮动。

有人催：走吧！

小祥子哭声愈烈。

父亲看了一眼河里的死小猪。

父亲说："再哭，也把你扔河里去！"

小祥子的哭声戛然而止。

路边的山、水和树木开始晃动，渐渐被甩在脑后，渐渐远去。

他们来到十余里外的栗榛寨村。

刘振祥介绍说，那是他的第一次搬迁。当时，国家困难，拿不出钱来给他们盖房子，搬迁也是无偿的，这样几十户被安排在栗榛寨村，和迁入地居民住在一起。迁入地居民一家有三间房的，分一间给移民住，然后两家共用一间房子，烧火做饭。

一开始，吃食堂，就是大家到一起吃饭，这时候就分出谁亲谁后了。食堂的大师傅是本地人，打饭时很有"技巧"，本来都是稀饭，对待本地人，他的勺子崴得很深，稀饭就稠一些；对待移民，那勺子简直是从稀饭的面上飘过一样，撇的全是稀汤。

三年漫长的日子里，装满了稀饭稀汤。

这时候，移民中 16 岁的孩子，长成 19 岁的大人，有的就要结婚生孩子了。本地人家也有孩子，谁家都有五六个孩子，所以也面临这些问题。移民不能老在人家住，人家当地人吃住也困难。

老家还在水里淹着，一片汪洋。移民代表就到京城找北京市领导，找中央领导，要求解决问题。两级领导严肃要求密云县政府，解决移民住房问题。于是，移民被安置到石匣城北两公里的山上，行业术语叫"后靠"。

山叫"北山"，有了人住就叫"村"，先是叫"北山村"，人们觉得拗口,又改叫"石匣村"。

山上风景独好,还有一座庙,庙的下面就是"义地"。"义地"就是过去有钱的大善人买下一块地,安葬石匣死去的先民。其实就是一片墓地。

几百年的墓地,被人工平为平地,之后又盖上房子,一千多户七八千口人来到这里。

这时,刘振祥已经四岁,这是他的第二次搬迁。

三

四岁的孩子,没有衣服穿,露着个小鸡鸡到处跑。村里的人,尤其是年纪较大的妇女,有时揪起他的小鸡鸡逗他玩,小祥子还脸红、害羞。

刚刚盖好的房子,没有窗户,只能避雨,不能防风。带着呼哨声的山风刮来,满屋子都是沙土、树叶子。

那时,墓地上还经常闹鬼。

刘振祥也曾亲眼见到过鬼。盖房时,人们把墓地的骨头挖出来,堆在一起。到了晚上,便火星闪闪,火星时而白时而绿,有时还有火球飞上空中。

刘振祥第一次见到这样的情景,大喊:"鬼来了!"村里人都跑出来,围在一起看,却又看不到了。

世上到底有没有鬼?

之后,科学解释,人和动物的尸体腐烂时分解出的磷化氢,能够自燃发出各色火光。夜间野外有时看到的白色带蓝绿色的火焰就是磷火。

有时还能看到魔。

白色,或黑色。你说它高,它便顶天立地;你说它矮,它像影子一样陆地行走。有时,你在屋里睡觉,一睁眼就看到它站在你的身边。

刘振祥说，后来才知道魇是一种气体。

1965年，密云水库蓄水，一片汪洋，水天一色。

刘振祥练就了一身好水性，他可以一个人游泳到十里外的地方。

水茫茫，天苍苍。

刘振祥的小头露在水面上，像水面漂着一个葫芦。

他十分惬意。

他的四周是水，他的世界是用水做的。

他的眼睛里充满恐慌，孤独中感到无助，那遥远的岸游不回去怎么办；他的目光又异常坚定，自信中带着顽强，一定能够游上岸。几十年，明知恐慌，他总是向恐慌走去，又一次次自豪、顽强地畅游回来。

水，浮起他的人生。

刘振祥说，他小时候特别喜欢山水。他们附近都是山，每个山头不高，都是五六十米，各种各样。播种的地就在山里，他们很小就随父母到山里头去种地，种白薯、谷子、玉米之类。因为地少，产粮就少，他们那时过着半年糠菜半年粮的生活。

饿，怎么办？

离他家四五里的地方，有一眼山泉，既解渴又解饿。

刘振祥畅饮甘甜的山泉水，每每将水输入血管。

冬天，密云水库结冰，方圆60公里，白茫茫一片。

他们还经常带上斧头，去砍冰吃。

那冰，冰凉，梆硬。

他们滑冰去密云县城，上潮河大坝。

冬去春来，秋伏夏出，年轮默默转了几十年。

刘振祥长大了。

他说，时间在变，石匣村缺地缺粮缺吃缺穿的状况没有变。

石匣村是亏粮村，不仅不向国家交余粮，还要靠国家救济，国家给他们发粮证，他们凭粮证购买低价粮。比如，他们去粮库买粮，花8分钱买一斤玉米，而别人要花1毛4。

刘振祥自豪地说，他们为国家做了贡献。

北京市为了照顾他们，安排一些建筑公司，从石匣村招工人，上至五十岁下至十七八岁男人基本全走了，家里就老弱病残，妇女儿童，还有少少的山坡地。

从此，中国出现了最早的"单身村"。

四

几十年，刘振祥发现密云水库的规律：水多年份，离水1公里；水少年份，离水20公里。水量5年一涨，5年一落，10年一周期。

"十几年后，规律没了，眼瞅着水越来越少。虽然不同年份也有波动，但水量再没超过历史上最多的年份。"刘振祥说。

三十多年前北京的一场水资源危机，让密云水库的性质发生了根本转变。

1976年唐山大地震的余波扫过密云水库，白河主坝发生了溜坡险情。为加固大坝，密云水库放空了白河库区的水。

然而，气候是如此难以捉摸！

谁也没有想到，此后潮白河流域连续干旱，密云水库来水稀少，入不敷出。清库前的1974年，水库蓄水量达到30多亿立方米，到1981年却只剩3.3亿，仅仅是丰水库容的十分之一，甚至到了死水位之下。

那是北京水资源最紧张的一次！

密云水库虽然水量极少，却是北京最关键时刻的救命水。

1981年8月11日，中央召集京津冀三省市相关部门召开紧急会议，会议决定，密云水库停止向津冀供水，转而改向保证北京生活用水供应。

北京市委市政府随后召开紧急会议，确定密云水库的水要"弃农压工保生活"。

密云水库以下的潮白河断流了。

原本为灌溉和工业用水而修建的京密引水渠，自此后成了北京饮用水源的"生命线"。1985年，北京出台《北京市密云水库、怀柔水库、京密引水渠水源保护暂行办法》，将密云水库、官厅水库和京密引水渠划为一类水源保护区。

北京打响生命之源保卫战。

刘振祥等水库边上的数千人，生活垃圾全部排放到水库里。水库的水越来越少，污染越来越严重，北京人喝的是脏水污水。北京市委市政府决心解决北京市民饮水问题。

1997年，他再度搬迁。

这次搬迁，政府派来一排排、一辆辆大汽车，谁家需要用多少辆，就用多少辆。刘振祥想起大人说的，他们第一次搬迁仅给两辆马车，很多带不走的东西就扔了或卖了，他感觉那时候很寒碜，现在很自豪、荣耀。

他这次搬迁到顺义区西小营村，房子、土地、户籍关系，早有政府的干部给他们办好了，他们只要点火做饭，铺床睡觉。政府甚至把他们作为扶持的重点，纳入经济社会发展的组成部分。

刘振祥是沿着潮白河迁移的。潮白河，就像腰带一样系在他腰间，他走到哪，那条腰带就跟到哪。

潮白河，一个多么好听的名字。潮河，时作响响如潮；白河，河多沙沙洁白。潮河和白河汇合故称潮白河。

历史上，潮白河是一条多变、游荡的河流，有"逍遥自在河之称"，当地有"三年河东，三年河西"之谚。东汉以前，潮河、白河本是"潮水不犯白水"，各成独立水系；在北魏时，据《水经校注》注述："鲍丘水又西南，历狐奴城东。又西南流，注之沽河，乱流而南。"在今北京通州区的东北部汇合成一条河。

随着历史的推移，两河汇流点逐步向北迁移，至五代时期已经转移到今天的顺义牛栏山地区；明嘉靖三十四年（1555年），当时的执政者开发了潮白河的漕运功能，经过人工治理，潮河、白河在密云县西南18里的河漕村汇流。

潮白河性格古怪，脾气暴躁，史上多害。尽管如此，潮白河更多的还是给予一方母亲般的关爱。作为行洪河道，历史上她担负起沿河农田灌溉、漕运转粮、防御外敌以及为北运河补水等多项任务。

翻开潮白河的史志，《后汉书·张堪传》记载：渔阳太守张堪在今天的顺义地区狐奴"开稻田八千顷，劝民耕种，以至殷富"。在潮白河水的滋润下，顺义成为北京地区最早种植水稻的地方，使狐奴地区成为鱼米之乡。

新中国成立后，密云水库等相继建成，潮白河下游的洪灾基本上得到控制。直到上世纪70年代，潮白河依然是农田灌溉和城市供水的"主力军"，除北京外每年还向河北、天津地区供水。

刘振祥来到这里，见到部分河段出现断流，有水的河段多为污水，沙石裸露，杂草横生，盗采后的河床满目疮痍。

他是在密云水库泡大的，没有地方游泳，他感到浑身痒痒，跟被绳子捆了一样难受。他在这里发现，大多的池塘也干涸了。

刘振祥想，密云水库是潮白河的水，而潮河和白河都发源于河北。密云水库水多水少，并不取决于北京，北京的雨下得很大，密云水库依然水少。只有河北降雨，密云水库才能有水。

"不怕北京连阴天，就怕河北一溜烟。"刘振祥想起那句顺口溜。

河北无水北京干！这是刘振祥的一个结论。

怎样才能让北京有水呢？

从那时起，一个农民开始踏访北京的河流，寻找解决水问题的答案。

五

到了顺义，刘振祥有时候回忆在石匣村的日子，毕竟从七八岁起他在那里生活了30来年。

那时，村里人为解决生计，在水库水少的年份就利用露出水的土地种庄稼，坐着船到地里收粮食。大水一来，不管是刚刚下种，还是庄稼刚刚抽穗，或者眼看谷穗沉甸甸就要收获了，全都竹篮打水一场空，被水淹掉；水库水多的年份，大队组织成年劳动力在水库里捕鱼，人们从水库里捕到像年画里画的一米多长的大鱼，欢蹦乱跳。

他甜甜的记忆，水库在夏天时像个巨大的冷风空调，给村里送去清风，十分宜人；冬季湖面结起厚达几米的冰层，任人们在上面嬉戏玩耍或行走。水库周边村庄的河道流水潺潺、田头地边水塘密布、田里稻浪翻滚……

那都是过去的事情。

来到顺义，刘振祥纳闷，那些水都去哪了？怎样才能不让水减少甚至消失呢？他干起出租车司机的行当，心里装着的却不是油价的涨跌、交"份钱"的多少，而是要完成寻找华北尤其是北京地区干旱的原因和解决办法的心愿。

多年，他形成了自己特殊的"拉活"习惯：不管路程多远、交通道路状况多差，天气或早或晚，只要有助于考察北京周边的水资源，钱给得少他也乐意跑。去有山有水的远郊区县、有考察价值的地方，他宁肯放空车也要选择走不同的路线回来，为的是沿途多搜集一些水源分布情况。

有时候，逢出车途中遇到下雨，别的司机都急急忙忙到城里多拉客，而他加大油门赶到河道、水塘边，冒雨观察雨水流量和水流走势。多少次，他连"份钱"都挣不够，不但不能给老婆交工资，他反倒还要从老婆养猪、种地的点点收入中，抽出一点来贴补亏空。

他如果有疑问，就到水务、环保等部门询问，这些部门的人都倾其所知，耐心告诉他。一次，刘振祥想找一张从1949年到2007北京市区县降雨曲线表，好多部门都找不到，后来得知中国环境与可持续发展资料研究中心的艾娃博士，正在研究《北京城市发展和水利》课题，可能会有这张表。

他得到这个消息，也就不拉客人了，立即驱车10余公里，赶到中国环境与可持续发展资料研究中心。

保安不让进大门，他就把出租车停在门口。

保安给艾娃博士打电话。

从楼上走下一个金发碧眼的老太太。

艾娃是德国人，毕业于柏林自由大学，在中国环境与可持续发展资料研究中心念博士。2006年，她的博士论文题目叫《北京城市发展和水利》。艾娃博士不知道刘振祥是个农民，是个出租车司机，她听刘振祥说是来找那张表的，就断定刘振祥是研究北京的水呢，热情让座，还问刘振祥喝茶还是喝咖啡。

艾娃一边找资料，一边说："我完成这篇论文前后用了4年多时间，其间我的导师多次催促。有一次导师半开玩笑地对我说，'你要是再不尽快完成你的研究，北京就要没水了'！"

艾娃的话使刘振祥很震惊。

艾娃的研究是一种令人警醒的事实：

北京属于资源性重度缺水的特大城市，人均水资源占有量不足300立方米（作者注：2014年前后的数字是100立方米左右），远远低于1000立方米的国际公认安全线，是全国的1/8，世界的1/32。

多年来，北京年平均降水量约为600毫米，年度分布差异巨大，丰水年降水量可以高达1400毫米，少水年份降水量只有300～400毫米。新中国成立以来的50多年里，北京年降水量总体呈下降趋势。越发有限的年度降水，月度分布并不均匀，7～8月降水量往往占全年降水量的70%。

通过雨水及河流补充的淡水资源抵消不了每年水量的消耗，因而，北京地下水深度逐年下降，而且呈现出加速度：艾娃制作的图表上显示，从1980年到2000年的20年间，北京地下水水位下降了接近8米，而从2000年到2001年的一年间，地下水位则下降了1米多。

据同时公布的一份北京地质规划称，随着地下水开采量的增加，北京市平原区地面沉降面积已达1800平方公里，形成了东郊大郊亭、朝阳来广营、昌平沙河至东三旗、顺义平各庄、大兴庞各庄等多个地面沉降中心区，中心区最大累积沉降量已近800毫米。

震惊之后，刘振祥更坚定了信心。

他坚持十余年，几乎跑遍了北京周边大大小小的水库和河道。他发现北京的水源来自北部山区的几十条河流，而这些河流80%都已干涸。几乎每条河流上游都建有大小不一的水库，而这些水库30%也已干涸，其余库存量也只在5成以下。原来平原上星罗棋布的水塘、沼泽、湿地也消失无几，剩下的池塘也是枯干的。

根据自己历经数十余年行程上万公里的调查研究，刘振祥得出了"雨水丢失是干旱的根本原因"的结论，并提出"找回20年来流失的雨水才是华北干旱的解决之道"的"水囤积"论。他的一份2.8万字的《华北地区乃至中国干旱原因及解决办法》，摆上了北京市政府一位副市长的办公桌。

这位领导立即做出批示。

北京市水务局的领导约见了他。

刘振祥把出租车往院里一搁，再也不顾拉活了，就跟入了魔似的，跟水务局的人聊"水囤积"论。他们说刘振祥的想法与北京市政府的思路比较合拍。北京市平原地区旧有池塘已经被填掉了80%。北京市政府也想恢复，正在统筹协调资金等问题……

六

"水囤积"论是刘振祥十几年水边行走，见证了华北地区尤其是北京地区水资源减少，旱情严峻，池塘消失以后，提出的恢复旧有池塘或新建池塘，使池塘的水蒸发后形成雨云，雨云降雨解决干旱问题的一种自然循环理论。通过人为的干预，修复旧有的池塘或新建池塘，使已经遭到破坏的大自然循环系统得到恢复。

刘振祥认为：留住了雨水，地下水才会充足，整个大地上的水才能正常循环，人们才会过上风调雨顺、国泰民安的日子。

在刘振祥心里，所有的水都是雨水，不论是地下储水层的水，还是河里、井里的水，最初都是从天上掉下来的。

李振祥以大量的事实来证明"水囤积"论产生的原因：

在20世纪70年代前，北京的地下水与地上水都很丰富，在村庄的低洼处一般都有几个大池塘，里面常年蓄有水，水草茂盛，蛙声不断。在可耕种的土地旁边，也有大大小小的池塘，遇有降雨，池塘就能蓄水保水。后来人们填掉池塘，把每块土地都修得平平直直的，就跟玻璃一样平展光滑，想留点雨水也留不住。

一条条自然河道有深浅，有坑塘、弯道和水生植物，就能蓄住水，相当于一座移动的水库。20世纪90年代初，人们为了防汛把河道截弯取直疏通，有的还砌上水泥砖或水泥，虽然美观但并不实用，使雨水成了过客，不能滋润土地，补充不了地下水。

过度开采矿产，破坏了山林植被。当下大雨时，水携裹泥土，冲进江河白白流走；下小雨时，由于山上没有植被，水很快就被蒸发掉。山川与河流失去了本身自然的状态和功能。

城市作为人口的高密度聚居的区域和经济文化的强活动区域，需要消耗大量的淡水资源。引水工程大量挤占农业用水，使本已非常紧张的农业灌溉用水供需矛盾加剧；城市、农村地下水超采现象普遍，地面沉降问题日益严重，等等。

刘振祥的"水囤积"理论提出从高山、水库、河流、大地几方面入手，解决干旱缺水的问题：

封山育林，涵养水源，保护好山上各种植被及山阴面所存的雨水和雪水。没有阳光，雪水慢慢融化和蒸发，慢慢渗入地下或变成河流，滋养万物。

水库大坝河流恢复自然水流模式。建设水库、电站要留足生态流量，以恢复河流、沟渠的自然流动和生态功能，也给现有的池塘必要的补充。

欲将取之必先予之，要抓紧抢救北京周边的池塘、沼泽、湿地，恢复利用广大农村原有池塘，更多地截留住雨水，补充地下水，逐渐改变干旱少雨的状况。

充分利用公路沿线的沟渠、排水沟，形成网状水系，降雨时排水沟有效地将雨水输送到池塘，既能供太阳蒸发和浅表层地下水的补充，富余的水还可以用于绿化造林和城市除尘降温洒水……

2007年5月22日，干渴的潮白河畔终于迎来持续数十个小时的降雨。刘振祥歇了一天车，想趁着雨水与妻子一起完成因干旱推迟的春播。可是，紧接着刮来一场四五级大风和沙尘，瞬间就卷走了雨后的湿润和河渠里的积水。

河道依然干涸如旧，土地依然干旱炙人。焦渴土地和留不住的雨水，像一块大石头压在刘振祥的心头，使他心难平、睡不着、吃不香。这时，在我国举办奥运会的消息从悉尼传来。绿色奥运的环保理念刺激了刘振祥的神经，他把"水囲积"理论作为"环保金点子"，献给了主办方。很幸运，他成为2008年北京奥运会火炬手之一——一位农民火炬手。

七

与其说潮白河是一条腰带，刘振祥走到哪里，那腰带就跟到哪里，毋宁说潮白河是一条绳子，把刘振祥牵到了顺义。

在顺义的十多年，他一边水边行走，考察缺水情况，一边见证顺义水利的发展。

我采访他的时候，他首先讲到了顺义水利事业的辉煌成就。我能看出，作为一名顺义人，他为此自豪，为此骄傲。

历史上的顺义，就有渔阳太守张堪狐奴山下"开稻田八千顷，教民种植，使民殷富"的美名；新中国成立后，顺义人接力式兴修水利，夺取农业粮食的大丰收，曾被誉为"北京的乌克兰""京郊的大粮仓"；二十世纪七十年代后期顺义获得"中国粮田喷灌第一县"的赞誉；2008年又成功举办奥运会水上项目比赛；引温入潮跨流域调水，唱出潮白河畔民生欢歌；顺义拥有京郊最大的潮白河森林公园；首都国际机场坐落在顺义区域西南……

在考察过程中，他也看到顺义对池塘的保护、利用和建设情况。他的理论叫"水囲积"，政府的叫法是"雨洪集蓄利用工程"，有异曲同工之妙。

他从一份资料看到，2003～2010年，顺义区共建农村蓄水坑塘108处，总蓄水能力791万立方米，每年可以回补地下水1500万立方米。当然，近年的一些数字他还没有看到。

他不怀疑这些数字的真实性,却认为这些数字太小了。他的想法是每个村子都要有几处池塘。那时,池子里芦苇茂盛,荷花盛开;岸上绿树成荫,小鸟齐鸣;村民坐在小凳上,摇着蒲扇乘凉。那是一幅春有百花夏有月,秋有凉风冬有雪的美景,那是一个风调雨顺、国泰民安的世界!

在顺义,他也确实见到了不少这样的美景。

每次,他都压抑不住内心的激动,吟诵南宋诗人朱熹的《观书有感》:半亩方塘一鉴开,天光云影共徘徊。问渠那得清如许?为有源头活水来。

转眼,南水北调的水就要来了。

南水北调的水到达北京团城湖后,初期沿线的富余水量,将通过加压泵站反向输水,补充密云水库的水量。北京市南水北调办一位负责人说,南水北调将使密云水库储存40多亿的水,保证北京现有人口3年的生活用水;南来之水还有望注入潮白河,为潮白河提供清洁水源。

密云水库是他的牵挂,潮白河是他的依偎。

从潮白河岸边,来到密云水库坝上,他的眼里浸满泪水。

这是那远去的记忆又浮出了水面吗?

很久,他说:"我们期盼南水北调通水已经多年,这水来得太是时候了。如果没有南来的水,北京的水危机可想而知!可是,南水北调是无奈之举,也是头痛医头脚痛医脚的权宜之计。跨流域调水,暂时只能解决生活问题,甚至不能大面积解决干旱问题。这就是输血和造血的关系,一个人只靠输血怎么能长期活下去,另一个人经常献血又有多少血可献。"

他说:"我们调水之后的关键还是要节水,如果不节水,我们调多少个密云水库来都还是缺水;重中之重还是要造血,如果不造血,我们将来会有无血可输的时候!"

他说:"如果广泛实施'水囤积'理论,在中华大地建起星罗棋布的池塘,通过蓄水——蒸发——降水,使大自然形成自然循环系统,不出几年全球温室效应、城市热岛效应、干旱缺水的状况就会得到缓解或者消失，一个水丰草美的世界就会再现！

尾　声

采访结束，我沉浸在感动中。刘振祥生活在农村，是一个农民，他经历了诸多生活的艰难，也体会到了自然的博大和神秘，产生了感恩和热爱自然之心并付诸行动。刘振祥是一个勇于承担责任和具有反省能力的汉子，他要求自己做出了常人难以做出的努力而无怨无悔，就是为了回报自然母亲给予儿女的无私的爱，就是为了能够看到风调雨顺、国泰民安的景象。

自有人类活动以来，自然母亲就毫无保留地为人类提供各种生存发展的资源，人类则如任性的孩子，毫无节制、肆无忌惮地一味向母亲索取，将母亲的乳房吸吮的干瘪枯瘦，完全忘记了感恩与回报。自然灾害不时来惩罚人类，不过是人类自身所犯的错误和贪婪所致。要解决干旱缺水等问题，我们人类首先要正视自己所犯的错误，还要认真加以改正。

我们都不是仙人，无法预见未来，但是我们经历过的遍体鳞伤，足以告诉我们该做什么不该做什么，该怎样做不该怎样做。事物都是有"度"的，人类利用自然也要掌握这个"度"，任何过度的行为，都会带来无法挽回的损失。

我们还不能对"水囤积"理论的正确性、准确性、精准性做出定论，但是如果我们每个人都能像刘振祥一样把自然当成母亲来爱戴和回报，或许我们在地球上生存的时间就会更长久，就会更美好。

刘振祥说：他会继续为"水囤积"理论而呼吁和奔走，为惜水、爱水、护水、节水和保护环境而呼吁和奔走。

选自长篇非虚构作品《顺水》《血脉》，此处有改动。

成功者秘诀

"你说,我们曾搞了一个南水北调的水进京,养王八、种水稻的方案?不错,因为一些人反映,南水北调的水进京后不能喝,领导让我们迅速拿出方案,我们就拿了这样一个方案。不过,我们被领导批得一塌糊涂。之后,我们也是啼笑皆非。你想,国家的世纪工程,投资几千个亿,怎么让你养王八、种水稻呢?"北京水利规划设计研究院副院长、北京南水北调总设计师石维新跟我说。

近日采访石维新,不是他"走麦城"这事,而是因为他获得了"推动'北京创造'十大科技人物"的荣誉。据说北京市有300多个候选人,最后石维新等10人脱颖而出。说真的,给他再多的荣誉也不多,给他再高的荣誉也不高,你看他20多年带领一个团队,规划设计北京南水北调工程,攻破那么多的艰难关口,几次冲上世界的高度,你肯定会说,值!

但是,本文也不想再展示他的那些成就,只想挖掘他背后的一些成功经验,能够给他人一些启示。成功人士的背后,一定有不平凡的事迹。

一

四十年前,湖北省麻城市的石维新,还是个十来岁的小学生,他和老师同学一起参加修水渠劳动。工地上,人来人往,红旗招展,有挖土的,有背石的,有推车的,有扬夯的,还有技术人员测量的。石维新对测量很好奇,三脚架支起一个水平仪,测量人员弯腰弓背,一只眼睁着一只眼闭着,从水平仪的圆镜看过去,就知道哪高哪低,画一张图纸,按照图纸施工，水就流了过去。太神奇了！

石维新当时的梦想就是当一名测量员。

成功，都是从梦想启程的。

于是，石维新报考了水电院校。在大学校园，他听到三峡工程、南水北调工程，多么令人向往的名字。他想，如果将来能建设这样的大工程，就是一生的幸运。大学毕业，他又被分配在北京水利设计院。顺风顺水，他的梦想进入预定轨道。

然而，全国的"下海潮"波及设计院，大批科研设计人员纷纷"下海"。有人当起董事长，有人做起总经理，有的人成了"万元户"，石维新进退维谷。"下海"，就意味着放弃自己心爱的专业。

"坚持！坚持！"他一次次告诫自己。

这时，他们与粮食设计院合作，搞起设计面粉加工厂的业务。尽管设计面粉加工厂，不是自己所学的水利工程专业，但是毕竟还有"设计"这两个字。

一次，石维新以设计代表的身份，去桂林设计一座面粉厂，遇到了大麻烦。原来，这座面粉厂在打桩时，发现下边是个300米深的溶洞。

厂家急忙找来石维新，请他拿对策。

这个对策对年轻的石维新来说，确实有难度。如果选新址，厂家说手续办不下来；如果用石块把溶洞填起来，成本大得填不起。这让石维新几天几夜苦思冥想。

终于，他想起了石拱桥的结构原理。经过反复计算，他胸有成竹，告诉厂家就在溶洞上建厂。果然，石拱的作用发挥了出来。

科学创造了奇迹。

科学，诱惑着石维新，也鼓舞着石维新。

坚持，就能等来机遇。

二

1990年，官厅水库没水了，北京水危机显现。

北京水危机，直接影响到首都钢铁厂的生产。如果没水，首钢停产；如果首钢停产，北京的经济可能崩溃。

这时，北京紧急启动了东水西调工程，就是调密云水库下泄到颐和园的水至首钢地区。当时，北京市水利局局长任总指挥，北京水利设计院院长挂帅，全力建设这一北京最大的水利工程。

这个工程，锻炼了一大批人。石维新跟随过总投身其中，他从中得了两件宝贝，一件是"认真"，另一件是"负责"。这两件宝贝，是他一次次攀登科学高峰的梯子。

举个"认真"的例子：

当时画图没有计算机，而是用手工画。石维新画图时，一口气要趴在案板上几个小时，画了擦，擦了画，有时干脆把不合意的图纸自己扯掉，从头再来，因此他画得比较好，经常得到过总的表扬。

工程赶得紧，他们每天晚上12点以前计算，12点后画图，早晨8点以前送到工地，不能影响到施工。当时，"386"电脑太慢，石维新就用4台电脑，分头操作，才完成任务。

"设计师的语言就是图纸。"这是他说的，也时时在提醒他。

关于"负责"的例子，举一个也就够了。

那时，还没有监理，工程质量都靠设计人员来控制。

一天深夜，石维新从工地检查回来，感觉在一处20米高的建筑物上，"悬挑女儿墙"部位的钢筋放置错位了。第二天就要浇筑顶板，如果钢筋放置错位，会导致工程重大损失，甚至出现不安全问题。

"女儿墙"在古代叫"女墙"，包含窥视的意思，是仿照女子"睥睨"的形态，在城墙上筑起的城垛，后来成为建筑术语，就是屋顶外墙高出屋顶的部分，它具有保安全和防水的作用。

当时，他怀疑钢筋是放在"悬挑女儿墙"悬挑板的下面了，而设计顶板钢筋应该是在"女儿墙"悬挑板的上边才正确。

然而，这只是"感觉"。石维新给工程指挥部管质量的管总打电话求证，管总也说不清了。是对是错，只有去现场看个明白。

俩人凌晨4点，冒着大雪，打着手电筒，来到现场。大雪纷飞，雪花落在脚手架上，落在他们扬起的脸上，钻心的凉；寒风飕起他们的衣角，他们浑身直打冷战。

"我上去看看。"望着20多米高的脚手架，石维新说。

"脚下滑，抓紧喽！"管总叮嘱。

石维新一手拿着手电筒，一手紧抓脚手架的栏杆，往上攀。脚下几次打滑，身子都被那只臂膀牢牢牵住。他上去一看，果然是位置放错了。

他立即通知施工队伍，返工。

机遇，总给有准备的人。成功者，脚下都有一条用"认真"和"责任"铺就的路，这条路是挺折磨人的。

三

1992年，南水北调作为跨世纪的四大工程之一，写入党的十四大报告，27岁青发黑丝的石维新踏上圆梦的旅程；2014年12月12日，南水北调中线通水，北京人喝上了南来的甘霖，49岁鬓角斑白的总设计师，长长地松了一口气。

这一口气有多长？是从丹江口到北京一千多公里？是从1992年到2014年20多年？是从惠南庄起步，连接大宁调节池、南干渠和东干渠、团城湖调节池，一直到密云水库？是穿越拒马河、永定河、西四环暗涵、五棵松地铁站？是通过近 50 公里 PCCP 管道到达千家万户？

是与不是，已经不重要了。

"重要的是作为北京南水北调的总设计师，无论历尽千辛万苦，无论克服千难万难，你做完了你应该做的事情。"石维新强调说："做好这些事情，是你总设计师分内的事情，你做不好，做不了，就换人嘛！我庆幸，坚持下来了！"

其实，最难的，是来自设计之外的干扰。他讲的这个事，让人啼笑皆非。

一次，石维新拿到一个非常重要的批件，是一位"大领导"批给北京市政府的，北京市政府又批给了北京市水务局。批件的意思是，群众反映，调来的南水绝对不能喝。批示要求，北京市有关部门说明"调来的南水绝对不能喝"怎么办。

北京市水务局时任局长把批件交给石维新。

这把石维新难住了。对科技人员来说，最难的不是论证事物的可行性，而是它的不可行性，因为明明可行，却要说不可行。石维新想，北京南水北调没有调蓄工程，也许是领导让设计一个应急预案吧。他硬着头皮，搞出了一个在通州种水稻、养王八的方案。

石维新把方案递给领导。

惹得领导大发雷霆："石维新，你什么教授，到门口站着去！"

石维新像个受了委屈的小学生，站到门口。

一会儿，有人把他悄悄"请"回来，要求他改思路。

之后，有了北京安全饮水"三道防线"方案，确保江水进京达到Ⅱ类水质，居民饮水安全无忧。

南水北调"三先三后"的原则之一，就是"先治污后通水"。逼着他们搞出一个种水稻、养王八方案，你说可笑不？我们大笑时，石维新却是吃了苦瓜的样子，一脸窘态。两道雨后长虹一般的眉毛，如果没有近视镜框支撑，恐怕就皱在一起了。

"应付各方'大仙'，要牵扯三分之一的精力，这是最难的。"石维新感慨。

他又说："也正是有了'大仙'们的'各种刁难'，才使得设计更科学，工程质量更有保障。兼听则明偏信则暗嘛！"

我发现，他还是个挺有思想的人。

四

思想，源于继承，源于总结，源于创新。

继承和总结，往往让人容易接受。而创新，一般要经过反复的观点碰撞和实践检验。

北京市南水北调，有很多创新点。比如PCCP，这种特殊的、超大口径预应力钢筋混凝土管道，我国没有过。既然没有过，从设计，到生产，到运输，到安装等，都要从头来。创新，往往就有很多让人想不到的地方。

PCCP，内径4米，每节长度5米，最大重量达78吨，好一个庞然大物，里边都能跑汽车。整个北京段，共用这种管子2万2千节，全长56公里。千方百计生产出来，千辛万苦运到工地，可是万万没有想到的是，到最后一关，管子接口安装不上。

所有建设者都惊呆了。安装不上，这么多的管子就是一堆废物；安装不上，就意味着北京段不能通水；安装不上，就是使用PCCP这个方案被判了死刑。

人们把怨气、怒气，集中撒在设计者身上。

"609会议"准时召开。

"你们设计迅速拿方案，管子安装不上，就找你们！"

石维新："外国人做成了，我们为什么做不成呢？"

有人提出修改方案，回到传统老路上去。

"石维新，你是脱了裤子放屁，找费事！"

"石维新，你如果不改方案，我就辞职！"

当时，石维新的压力还是蛮大的。一方面，2008年奥运会就要开幕了，要保证开幕前江水进京；另一方面，已经做好使用传统方案的准备，施工人员已经进场了。

昼夜不停，石维新带领团队，寻找解决问题的办法。

关键时刻，有人送来了救命稻草。一位从利比亚考察回来的同事，带回了美国生产的PCCP接口原物。他们马上去科研单位测量"承接口"，发现我们设计的与美国人设计的一样，没有任何问题。

排除了设计问题，他们把问题的关键点定在管子的放置上。刚刚生产出的管子，放置几天就微微成了椭圆型，但这是肉眼看不出来的。而长途运输和安装过程中，接口的椭圆形状是不一样的，比如两个鸡蛋，一个站着，一个卧着，这样的接口怎么能接上呢！

找到了问题的症结，问题迎刃而解，从生产到运输到安装，一个"方向"坚持到底。当两个接口紧紧咬在一起的时候，工地上简直沸腾了，而石维新却显得异常镇定。

"定力！科技工作者一定要有定力！"石维新说。

在北京南水北调建设中，浅埋暗挖施工技术、高扬程大流量泵站设计等，都被石维新的团队给"定"住了。按照石维新的说法，定力源于对科学技术的自信，定力是做好科技工作的前提。

这次的采访，他谈了很多，都是他在工程实践中的体会，犹如火花闪烁。

他说："科技工作者要不唯官。对领导的意见，服从但是不盲从。"

他说:"科技工作者要把复杂的问题,简单化。"

他说:"科技工作者对于一些质疑,要说清楚,讲明白。"

这些,也许是他成功的思想基础吧。

"南水北调这一中国梦,经过半个世纪的论证、十余年的建设,几代人、几十万人的接力,终于成真,这才有了我及我同事的成功。"他在结束采访时,谦虚地说。

而我觉得,这不仅是一种谦虚,也是一种启示:一个人的巨大成功,一定是附着在国家的成就之上的;无论是一个人,还是一个国家,成功就产生于再坚持一下的努力之中。

选自《中国水利报》

精辟释义

纵观古今中外的优秀作品,之所以优秀,是因为作品中的一些人物栩栩如生,让我们记忆深刻。有时候,我们连作者的名字都忘了,但是书中的人物还牢牢记在心中。

无论虚构作品,还是非虚构作品,大多如此。

我写了几部非虚构作品,请专家提提意见。专家说,新闻性强于文学性。加强文学性,确实是新闻记者的一门功课。专家开出处方,加强文学性要以写人物为主。

高尔基曾经做过这样的建议:把文学叫作"人学"。这与专家的观点一致,就是文学必须以人为描写的中心,必须创造出生动的典型形象。

这恰恰真正是非虚构写作的秘笈。作家不掌握这个秘笈,就写不出激动人心的真正的艺术作品来。

围绕这个秘笈,还需要做很多的事情。

比如,把人物置放到特殊场景中去表现。特殊场景构成特殊的人,一个人的成长离不开场景。关于场景,将专门探讨。

比如,写人物,一定要写个性。

写人物,成功与否,在于是否写出了人的个性。很多文章,写作中最大的败笔,就是采访到很多故事,但没有找到这些故事和这人物的关联,只把人物的业绩写出来，进行罗列。

写人物之前，你要问自己，为什么要写这个人物？是不是这个人物的某种个性吸引了你？一个人成功了，或者失败了，一般都和这个人的个性有关。我们抓住了这个人的个性，也就达到了提纲挈领的效果，写出来的人物才是形象鲜明，而不是脸谱化的。

怎样写个性？可以写的有很多，比如这个人对事物的认识、处理事情的方法、在一些事情上的表情和言语、与人相处的方式等。

写个性，要用故事和细节表现出来。

再如写人物要突出人物的某个侧面。

即使是写传记，尽量把一个人的内容写全面，但是肯定不会写得真正全面。有些传主的某些隐私，未必公之于众。所以，在有限的中短篇篇幅里，要能抓住这个人的侧面来写，更能突出人物的底色。

写人物的方法很多，但是切记要做被采访对象的传声筒。一是技术层面，过多使用"他说""他又说"之类的叙述，这是最偷懒的人物报道模式。二是带着任务去写的人物，不要太多受到拘束，把非虚构作品写成了"表扬稿"。

第五讲
文似看山喜不平

Wen si kan shan xi bu ping

精彩阅读

放下屠刀

——日本少佐茅田幸助狼牙山赎罪记

一

时间：2015年8月3日

地点：北京东二环丽水湾畔2号楼503室

被采访人：河北省易县原县长刘建军

我专程赶到刘建军现在的办公室。我的老家是易县，他在易县工作过，所以他见了我，很亲切、很热情、很兴奋。他对十几年前接待日本少佐专程到狼牙山赎罪的事情，记忆犹新，就跟刚刚发生的一样。

"叮铃、叮铃、叮铃铃……"

1997年7月的一个下午，河北省易县刘建军县长办公室的电话铃声，颤颤嗦嗦地响起。

刘县长拿起话筒，对方却不说话。

刘县长看了一下来电显示，是"010"的开头。这是北京地区的区号，也就是北京打来的电话。刘县长手持话筒等了一会儿，对方还是迟迟不说话。

刘县长刚要放下话筒，话筒那边终于有了声音："您好，刘县长，我是日本人……"话筒那边是不太纯正的中国话，而且断断续续。刘县长感觉对方的语气开始有些犹豫，或者说有点胆怯，后来镇定下来。

"请问，您要来投资吗？您对什么项目感兴趣？"刘县长客气地问。我国改革开放以后，招商引资、加快发展是易县的主要工作之一。刘县长接着说："易县的旅游业、养殖业、特产开发等，都是好项目。"

"不，刘县长，我是日本人，我叫茅田幸助，我是当年围剿狼牙山部队、参与'血井'案的少佐，明天我要去狼牙山赎罪。"对方说。

刘县长犹豫了一下。

二

狼牙山在河北省易县境内。易县在抗战时期是八路军的敌后根据地，曾发生过许多英勇悲壮的战斗。电影和小学课本中的《狼牙山五壮士》，就是发生在那里的故事。

刘建军就任易县县长后，听说常有当年在这里打过仗的日本军人，来忏悔、赎罪。一位日本少佐，而且是围剿狼牙山部队、参与"血井"惨案的少佐来赎罪，确实让他吃了一惊。

刘县长郑重地说："我们允许你来赎罪！"

对方又停顿了一下，说："那，请您答应我三个条件。"

刘县长说："讲吧。"

"第一，您必须保证我的安全！"对方说。

刘县长立即答应："中国人有句古语'七十不骂八十不打'。我们绝不会伤害任何一位老人的。"

"第二，您一个人陪我上山，也不要司机、秘书。我带了车，您、我和我儿子一起上山。"对方说。

刘县长犹豫片刻，因为作为一县之长，已经安排了很多事要做，现在却要临时陪一个日本人,而且是单独陪他上山,有些欠妥。但是,刘县长还是答应了。

"我想请北淇村七十岁以上的老人吃饭,请您帮忙组织一下。"对方说。

刘县长迟疑了。

那些曾经见证了日本鬼子烧杀抢掠的法西斯德行,尤其是见证了狼牙山下"血井"案惨状的人们,见当年的刽子手来到眼前,还不会掏他的心、砸他的骨头呀。至少,他们绝不会和仇人一起吃饭。

但是,刘县长还是答应了。

三

第二天,刘县长来到县界的门墩山下国道旁,打发司机开车回去,一个人在路边等候。一会,一辆黑色轿车停在他眼前。车上走下一位满头白发,背有点弯,面庞消瘦,目光交杂着内疚和惶恐的老人。他的身后还跟着一个年轻人。

"我是茅田幸助……"老人向刘县长深深地鞠了一躬。

茅田幸助欲和刘县长握手,伸出的手却如同被蝎子蛰了一下,缩了回去。

刘县长伸出双手,将他搀上车。

车向狼牙山飞驰而去。

车上,茅田幸助默然无语,他或许不知道说什么。他望着窗外,一定不是在欣赏飞逝的路边美景;他屏住呼吸,绝对是不想再闻到战争的血腥味道……

刘县长坐在副驾驶座位,回头打破了路上的沉寂。

"老先生高寿？"刘县长问。

"今年整整八十。"茅田幸助回答。

刘县长说："老先生的中国话说得不错。"

茅田幸助说："我在中国东北读的书。"

车停在狼牙山下。

茅田幸助匆忙下车，仰望巍峨的狼牙山，目光凝聚。他突然双腿下跪，身子趴到地上，双手不停地怕打地面，头随之上下磕点，嘴上"哇哇哇"大哭起来。

游人围观过来。

有人认识刘县长，刘县长挥挥手，示意他们离去。他们不知道下跪的人是日本人，是围剿狼牙山五壮士的小鬼子，是参与了"血井"惨案的侵略者，是沾满中国人民鲜血的刽子手。

在上山的路上，茅田幸助泪流不止。

四

1941年8月，日本华北方面军总司令冈村宁次调集7万余日伪军，对晋察冀根据地进行疯狂扫荡，实行总力战和"三光政策"，妄图消灭八路军主力，摧毁抗日根据地。

日寇将晋察冀军区八路军及2000名当地群众包围在狼牙山上。

狼牙山，山峰参差，状如狼牙。一座座山脉，由无数只巨狼组成，一只狼咬着另一只狼的尾巴，紧紧相连。山上，荆棘丛生，怪石林立。山下，沟壑纵横，河谷崎岖。

原来，晋察冀军区命令一分区一团七连担任掩护军区和群众转移的任务。七连多次打退敌人的进攻，直到9月25日清晨，最后留下六班六名战士坚守阵地。

这六名战士是马宝玉、胡德林、胡福才、葛振林、宋学义和张三。

茅田幸助带领一队日伪军，穷追不舍。

六名战士在棋盘陀上拖住日军之后，为了大部队和老百姓更安全转移，没有尾随大部队向东北方向撤退，而是故意把日军引向了相反的方向——小莲花峰。

小莲花峰，那是一条绝命之峰。

张三跟在五个人的后边，突然停下脚步，大喊："再往前走，我们就没命了！"

前边的五个人连喊带骂。

"快走，鬼子上来了！"

"你他妈的，胆小鬼！"

"快走，我们死也要死在一起！"

一瞬间，张三跪倒在地，双手举枪过了头顶，做出缴枪不杀的姿势。

后边的鬼子追上来。

茅田幸助战刀一挥："东亚病夫，死啦死啦地！"

一个鬼子手握钢枪，刺刀从张三的背后进去，带着鲜血从胸前出来。那小日本双肩叫力，刺刀上像挑起一只死狗，将张三甩到悬崖之下。

张三活了二十来年，就这样轻如鸿毛地走了，甚至没有留下他的名字，连我写这篇文章时也是用了化名。

鬼子继续往小莲花峰追赶，一阵乱石如雨从天而降。

茅田幸助后来说，八路军的子弹、手榴弹并不可怕，可怕的是那些滚木礌石，使他们伤亡惨重。

枪声停了。

石头没了。

茅田幸助一群鬼子来到山顶，见一个个英勇背影，先后消失在悬崖边上；听一声声慷慨高歌，回荡在千山万壑。

地上，有摔碎的枪支。

茅田幸助被这伟大的壮举惊呆了。很久，他命令所有的日伪军，脱帽、鸣枪致敬。

"砰，砰砰，砰砰砰……"

而他的这一举动，被他的上司即一位中佐，用望远镜看到了。

厄运，爬上茅田幸助的头顶。

五

两年后，茅田幸助被遣送回国，押上法庭。法庭判决，将茅田幸助流放到一个荒无人烟的孤岛，允许他带上够半年吃的苞谷和那把战刀。意思是，半年的苞谷吃完了，茅田幸助或被饿死，或自杀。

茅田幸助却长了个心眼，他在春天把带来的苞谷种下，秋天结出了果实。这样，过了两年的时间，他没有被饿死。他也不想自杀，因为他开始反思，反思这场战争。他一次次用刀削剪随岁月疯长的胡子、头发。胡子、头发参差不齐，蓬乱油污，跟毡片一样；衣服破了、烂了，已不裹体。他完全成了野人。

1945年9月，日本宣布投降。

海风吹来，若有若现，有人喊叫他的名字。

他跑到岸边，见到一条大船缓缓驶来。

船驶近了，他看到妻子杏子站立船头。

"杏子——"他高喊。

这一喊，杏子却突然落水了。

人们赶紧把杏子救出来。杏子说："都以为你死了，我们是来为你收尸的，没想到你还活着。你把我吓坏了！"

茅田幸助幸存下来，但是罪恶的煎熬并不比死去痛快，他不仅是追杀狼牙山五壮士的罪魁，也是参与狼牙山下北淇村"血井"惨案的主犯之一。

他，罪不可恕！

六

1943年5月，侵华日军对狼牙山根据地再次进行了残酷"扫荡"。北淇村群众为了免受损失，连夜坚壁清野，全部转移到深山沟躲避。一天拂晓，茅田幸助等千余名伪军围剿北淇村。

在村头放哨的村民郭风先，躲藏不及，被敌人抓住。敌人就用皮鞭打，刺刀扎，鲜血浸透了衣服，但他始终没有透露一个字。

敌人逼问："八路军到哪里去了？游击队在哪儿？谁是共产党员？粮食藏在哪儿？"

郭风先斩钉截铁地回答："不知道！"

这时，敌人发现隐藏在狼牙山里的男女老少，威逼他们到村西大寺广场。日伪军在四周架起机枪和刺刀，对准手无寸铁的老百姓。

他们强逼北淇村男人从人群中出来，站到水井台边。凶恶的敌人再次逼问八路军到哪儿去了，粮食藏在什么地方，却仍旧一无所获，敌人恼羞成怒。

刘桓利，一位革命老区的共产党员，一条铮铮铁骨的狼牙山汉子，被日军用刺刀扎死后，第一个被推下去，年仅30岁。

第二个叫郭宪章，被推进井时，他两脚踩住井帮，一手抓住辘轳把，瞪眼怒骂日伪军，敌人就用刺刀扎他的腿，砍他的手，同时举起一块大石头，将他砸了下去。

第三个是郭凤先，被敌人打得遍体鳞伤后，又被扔下去的。

被推入井中的还有六十多岁的老人和八九岁的小孩，有一个哑巴也被推了下去，先后共有36人被推入井中……

惨无人道，令人发指！

一个妇女被刺刀一片片割光衣服，几乎全裸。她抱着两周岁的孩子，紧紧的。孩子也死不松手，搂着娘的脖子。当日本鬼子推搡他娘时，他突然冲着茅田幸助哭喊："叔叔，救救俺娘！"

茅田幸助双手拄着战刀，两眼盯着那孩子。

茅田幸助对刘县长说："当时，我的心被揪了一下，两腿都软了。"

茅田幸助放过了这妇女和孩子……

这也成了茅田幸助一条罪状……

茅田幸助在孤岛上，一直有个愿望，如果能活下去，一定要重返狼牙山，赎罪。

刘县长一行三人从狼牙山下来，茅田幸助让车在北淇村口停下。

刘县长说，已经安排七十岁以上的老人来吃饭。

七

在路边小吃店，刘县长先把几个老人叫到一边，千叮万嘱。

他说："茅田幸助是来赎罪的。咱有句古语'七十不打八十不骂'，茅田幸助今年整整八十岁了，我们就把他当一位老者看待吧。再说，好汉不打上门客，咱一定要控制住自己的情绪呀！"

几个老人木然。

小吃店放了一张圆桌，几个老人就座。谁也不说话，忽而看看刘县长，忽而看看茅田幸助。每个人的脸色，忽而惨白，忽而阴沉。

茅田幸助向每个人鞠躬，连说对不起。

他打开窗子，将三杯酒一一洒向窗外。

刘县长明白，这是祭酒。他想知道这三杯酒的具体意思，但是茅田幸助却是说的日语，他没有听懂。

那顿饭，没人动筷子。

几个老人面容凝固，像一块块冰坨子。

刘县长后来打电话得知，他们走了之后，几个老人边哭边喝，边喝边哭，有的酩酊大醉，横七竖八躺倒在地上；有的像翻江倒海一样呕吐，把胃膜都吐了出来，还带着血丝。

刘县长一行三人离开狼牙山。

"你祭酒时说了什么？"刘县长问。

"第一杯酒，给与我一起来中国，牺牲在中国的战士，他们是可悲的；第二杯酒，给狼牙山五壮士，他们是可敬的；第三杯酒，给北淇村殉难的人们，他们是可怜的。"茅田幸助回答。

车在易水河边停下。

茅田幸助打开后车厢，小心翼翼取出一个包，然后把白段子一层层揭开，露出一把刀。茅田幸助双手托刀，递给刘县长。

"请收下！"茅田幸助又深鞠一躬。

刘县长迟疑了一下。

"我们来中国是完全错的。大东亚共荣，未能强迫中国人的意志；钢枪大炮，不可征服一个民族，哪怕是一个曾经贫弱落后的民族。"茅田幸助深沉地说。

茅田幸助垂头不起。

刘县长接过刀。

刘县长感觉这把刀，比什么都沉重。

茅田幸助就是疯狂挥舞这把刀，追杀狼牙山五壮士和参与了北淇村

"血井"惨案。这把日本军刀,沾满了中国人的鲜血,见证了日本鬼子当年所有的罪恶和暴行。

茅田幸助在侵华战争中对中国人民犯下的罪行,也是他今生难以忘却的一场噩梦。他一生都受到自己良心的鞭笞,赎罪是他寻求解脱的唯一途径。

八

临别,茅田幸助嘱咐刘县长,对他的此行一定不要见报,一定不要让日本当局知晓。

刘县长告诉我,茅田幸助害怕回日本后,再被收拾。

我问:"您答应他了吗?"

刘县长说:"没有。不久我就接受了媒体采访,也包括您的这次采访。"

刘县长继续说:"我要告诉人们,如果不重演战争悲剧,唯有所有战争罪人,都能像茅田幸助那样,真心悔悟,诚心赎罪。放下屠刀,才能立地成佛。"

选自《华语文艺》和当代文学艺术网

水往高处流

烟花三月下扬州。

这次由国务院南水北调办公室、中国作家协会组织的"中国作家采访采风活动",就是从扬州的江都水利枢纽工程现场开始的。作家们沿途参观考察了淮安运河立交桥工程、宿迁皂河泵站、徐州截污导流工程、山东台儿庄古城及泵站、微山湖红河湿地、南旺分水水利枢纽、穿黄工程等,这恰好是南水北调东线工程线路。利用京杭运河(又称大运河)的航道及平行河道,从江都抽引长江水,经过13级泵站的抬高,一路北上,流向江苏、山东、河北和天津等地,行程1000多公里。

"运河之都"

古城淮安,地处苏北腹地,南有长江,北有黄河,东临黄海,史籍中称其为"居天下之中""扼漕运之中"。京杭运河、废黄河、盐河、淮河干流在境内纵贯横穿,襟带洪泽湖、白马湖、高宝湖等河湖水域。

淮安自古与水联系在一起,这里曾经是漕运总督之所、商贾云集之地,盛极一时。自历史上黄河夺淮以后,水患不断,一度流传"倒了高家堰(洪泽湖大堤),淮扬二府不见面"的民谣。城中心虽然建有"镇淮楼",以"震慑淮水,保一方安澜",但是洪水为害更烈。新中国成立后,入海水道、入江水道等工程相继建成,才保障了一方平安。

几年前,我曾来过淮安,那时的里运河像个蓬头垢面的灰姑娘,崎岖不平、杂草丛生的河堤把河面遮掩起来,水面上漂浮着枯木衰草和白色的食品袋,一条条小河道则溢出呛鼻的臭酸味。

这次前来,印象却格外的好。

今日的淮安河渠交错,水系众多,水利工程建筑群密集。每个水利枢纽,浓荫蔽日,花木葱茏,曲廊迂回,喷泉冲天,气势磅礴。如果把古老的运河比作娉婷婀娜的美人,那么闪光夺目的淮安水利枢纽就犹如镶嵌在美人玉臂上的明珠,熠熠生辉。

考察中国漕运博物馆也是这次采风之行的内容之一。

一座博物馆能唤醒一座城市的历史记忆。中国漕运博物馆从不同的视角，以融入现代风格的方式向我们展现了丰富而厚重的漕运文化。件件文物，幕幕画卷，尊尊雕塑，向人们诉说着一段古老帝国的梦想、一个民族行走在水上的传奇。但是，我还是把考察的脚步，重点停留在流淌了几千年的古老运河前，因为大运河承载着一个庞大的漕运帝国，同时哺育了运河沿线的几十个城市，也为南水北调东线工程奠定了基础。

大运河是世界上开凿最早、距离最长、最为古老的人工运河，沟通五大水系，是中国古代南北交通的大动脉，致使运河两岸人烟稠密、人文荟萃、风景如画、名城如织。如今，古老的大运河在南水北调工程中再展雄姿，再立新功。名河、名城、历史、现实，在21世纪南水北调的宏伟画卷里交响融合、浓墨重彩，彰显出运河文明生生不息的隽永魅力，续写着中国水利继往开来的佳话传奇。

有了大运河，才有了漕运。

大运河是当之无愧的世界文化遗产。

大运河与南水北调工程交媾，将孕育出新的文明。

告别古老的漕运，我们来到现代水利的亮点——淮安运河立交工程。居住在大城市的人，见惯了城市立交，水上立交则更有一番韵味。

远远望去，桥头堡建筑钢索缆桥，犹如彩练当空，将现代工程与淮安和京杭运河历史文化融为一体，成为淮河入海水道工程的重要景观。水上立交的上部航槽承接京杭运河南北航运，船队浩荡，往来如梭；下部15孔巨大涵洞已没入水中，自西向东沟通了淮河入海水道；进出口段采用新颖的水泥砌块护坡，整齐美观，更增添了淮安枢纽工程的风采。

2004年建成使用的淮安水上立交，实现了淮河水道和京杭大运河的交叉，既满足运河正常通行，又保障淮河入海水道畅通。站在立交长廊上远望，有连接江河湖海的水工建筑群，有宽广辽阔的平原，有闪闪发光的水网，有船舶云集的港口，有频繁穿行的千吨级的货船……好一幅锦绣画卷！

这美丽的画卷，画布是清澈幽蓝的水面。

昔日蓬头垢面的运河不见了，映入眼帘的是波光粼粼、洁净静美的景色。运河岸边许多地方绿树掩映，芳草萋萋，成了名副其实的"绿色走廊"。船队在运河里宛如游动的长龙。全国五大淡水湖之一、素有"日出斗金"之称的洪泽湖，碧波万顷，荷香鱼跃，百里长堤被誉为"水上长城"，可与北方的万里长城相媲美。

淮安的河畅了，水清了，岸绿了，景美了，展现了"城在水中、水在城中"的特色，这是南水北调"截污导流工程"发挥的锦上添花的作用。他们通过拆迁里运河两岸的民房，沿大运河、里运河铺设截污干管，新建污水提升泵站，清除河底污染淤泥，疏浚整治河道，收集原排入大运河、里运河的废污水，再经过污水处理厂处理，改善了大运河及里运河的水环境，提升了运河的水质。

南水北调东线一期淮安市内实施了淮安四站、淮阴三站及输水管道工程、淮安两站加固，金宝航道、金湖站、洪泽站、洪泽湖抬高蓄水位影响处理，里下河水源调整及沿运闸洞漏水处理等工程，将江都站、宝应站送来的水，再次提升后送往宿迁和徐州。

南水北调东线工程的实施，为淮安的发展注入了无限生机，让"运河之都"续写了"壮丽东南第一州"的历史华章。

活着的古运河

沿着京杭大运河北上，我们从江苏来到山东，来到台儿庄。

"看长城到八达岭，看运河到台儿庄"，这是台儿庄打造旅游品牌的响亮口号。这句口号中，突出了伟大的长城和运河。长城和古运河是中华民族两项伟大的工程，如果说长城是中华民族不屈的脊梁，那么大运河则是中华民族流动的灵魂。

我们这一代人对台儿庄的印象，最为深刻的当是血战台儿庄的故事。

1938年3月，日本侵略军派精锐部队进攻台儿庄。中国军队第五战区司令长官李宗仁指挥军队在台儿庄与日军展开激战。在不足10平方公里的范围里，敌我双方血战16天，美丽的运河小城房无完房，尸横遍野，日军的钢盔堵塞了运河的水流，运河水为之染红。中国军队取得了闻名中外的台儿庄大捷，从此台儿庄被誉为"中华民族扬威不屈之地"。

我们在台儿庄大战纪念馆观看了纪录片，再次目睹了台儿庄血战的画面，由衷敬佩中国军队英勇抗敌、为国捐躯的伟大精神。

因为从事水利工作，所以我对台儿庄的大运河更感兴趣。

《台儿庄区志》说，这段弯道"西起微山湖口，东至鲁苏交界处入中运河，全长42.5公里，流域面积3.35万平方公里"。这段弯道连接了中国南方和北方的运道，成就了运河古镇台儿庄，就像在美丽富饶的鲁南大地上打了一个漂亮的蝴蝶结，使运河古镇台儿庄与古老的京杭大运河连为一个不可分割的整体。

台儿庄古城有着千年运河上最完整的文化体系和古河道，城内还保存着大量的古建筑、水堤、码头、水门，而这段古河道是明清时期保留最完整的一段，是"活着的古运河"。正是借了古运河的灵气，在南水北调工程实施之际，一个巨资打造的"天下第一庄"仿佛让人穿越历史的时空，领略了400多年前的古镇风情。

让我惊奇的是，中国的大运河整体上是南北走向，也称"南北大运河"，到了鲁南枣庄段却成了东西走向，而且河水东流，与长江、黄河并行。现在的台儿庄运河是1958年改道后形成的，当时在台儿庄区还留有

3公里保存完好的古运河,因为形似月牙儿而被称为"月河"——这是最后的古运河之梦。

如今,这里早已不仅仅是一条"黄金水道",它还传承着古老的运河文化,是南水北调东线上一条亮丽的风景线。那气势如虹的台儿庄运河大桥与节制闸,蔚为壮观的台儿庄二线船闸与南水北调提水泵站,蜿蜒绵长的运河大堤、防波石岸、蓄洪坝,浩浩渺渺的沿河湿地,百舸争流的十里港湾,构成国内罕见的水利奇观。

站在台儿庄运河岸边,能够看到一艘艘满载货物的轮船正在通过船闸,缓缓而行,古老的大运河焕发出青春。

我们最关注的,当然还是这里的水质。

生活在运河边上的台儿庄人对大运河充满着深深的依恋,许多上了岁数的老人曾经见过运河上小船穿梭、纤夫拉纤,见过河水清清、鱼游河底,也见过运河边杂草丛生、河道内垃圾成堆,甚至远远闻到过腐臭的河道传来的呛鼻气味。如今经过南水北调工程治理,水又重新变得清澈了,水量也大了。

古运河已成了台儿庄人生活的一部分。

这里还有个台儿庄泵站。台儿庄泵站工程为南水北调东线工程第七级泵站,也是山东境内第一级泵站,主要任务是抽引骆马湖来水通过韩庄运河向北输送,帮助排涝,同时也改善韩庄运河的航运条件。台儿庄泵站能够将水提高4米左右,每秒向北方输送水达125吨。

微山湖上水淼淼

水面浩渺,水波潋滟,水色蓝蓝。

我们来到了南水北调东线——鲁南明珠微山湖。

乘船行在微山湖上，不由得想起了战火硝烟的抗日战场，想起了让日本鬼子闻风丧胆的铁道游击队和那首家喻户晓的《弹起我心爱的土琵琶》。铁道游击队曾以微山湖为依托，配合八路军主力与日军战斗数百次，威震敌胆，屡建奇功，谱写了可歌可泣的壮丽篇章。

我曾经到过微山湖，那时的湖水是酱油色的。微山湖流域共有大小河流53条，经洙赵新河、老万福河、东鱼河、复兴河等由西向东流入微山湖，出湖口为韩庄运河。大多数河流成了附近工厂的污水排放地，垃圾遍地，污染严重，甚至还飘溢着呛鼻的臭气。由于微山湖流域没有入海口，当地的污染物要全部"就地消化"，过度的农业开发曾对湖区自然生态造成严重破坏，每当湖水上涨时，化肥农药大量流入湖内，加上湖泊上游流域造纸、化工等企业的工业污染，在上世纪末，微山湖污染达到高峰，一度沦为鱼虾绝迹的"死湖"。

南水北调工程东线最大的难题是治污，微山湖又在东线水质净化中起关键作用，因此，微山湖成为东线工程治污的重要一环。

2005年，山东省人民政府加大对上游排污企业的治理力度，关停流域所有重污染企业，同时实施两湖及省辖淮河流域碧水行动计划，以切实改善微山湖、东平湖及山东省辖淮河流域水环境质量，确保南水北调东线调水水质目标的实现。微山湖湿地保护就是碧水行动计划之一。

如今，微山湖的水是蓝蓝的，衬托得天上云彩也格外洁白。微山湖的水，从技术角度说是Ⅲ类水质，达到了国家规定的调水标准。绝迹多年的小银鱼、毛刀鱼等对水质要求极其严格的鱼类再现湖中，在岛上生活的渔民也主动调整养殖结构，多养鱼，少养蟹，保护湖底生态环境。

目睹宜人的景色，每个人的心里都是清澈的。有人高声朗诵起陈毅的那首诗："横越江淮七百里，微山湖色慰征途。鲁南峰影嵯峨甚，残月扁舟入画图。"

这是微山湖成为南水北调工程调蓄水库之后，改头换面的又一华丽转身。

其实在过去，微山湖曾经危机四伏。

微山湖又名南四湖，由南阳湖、微山湖、独山湖、昭阳湖四湖组成。历史上曾与南四湖并存的有"北五湖"，与之南北对应，但由于水资源的枯竭，北五湖目前仅存下东平湖。

1980年后，微山湖经过五次大旱，旱灾发生的频率和严重程度，比历史上任何一段时期都严重得多。2002年，由于降水量比常年偏少近一半，汛期降水量也比常年同期偏少一半还多，极少的来水量，致使湖面不到正常水面的七分之一，周边地区生产、生活用水紧张，航道断航，湖区水生生物和野生动物数量锐减。百年一遇的特大干旱，不仅影响着当地工农业生产和群众生活，还严重威胁着湖区的生态系统。

许多水利专家对此很是忧虑：如果不合理调配、利用水资源，微山湖将遭受与"北五湖"相同的命运。

然而，微山湖又是幸运的，历史给微山湖带来了机遇。在人与自然和谐相处的新的治水理念指导下，水利部淮河水利委员会积极协调有关省份，制定了周密的调水方案，历经86天，不远千里调来了长江之水，终使微山湖重新焕发出青春。南水北调工程实战演练的成功，挽救了面临干涸的微山湖。

南水北调东线工程建成后，微山湖将长期保持稳定水位。届时，在促进当地水产品及相关产业快速发展的同时，微山湖及周边地区必将成为一个蓝天与碧水辉映、自然与人文交融的人间佳境。

难忘"南旺"

南旺分水枢纽工程是古代水利建设的奇迹，是大运河的控制性节点工程。她凝聚了数代乃至数十代中国人民的智慧和力量，创造了顺应自然、改造自然和利用自然的千古奇迹。这个工程被国家定为全国第六批重点文物保护单位，被列入《中国世界文化遗产预备名录》，其古建筑群也与大运河申遗密切相关。

历史上，南旺枢纽工程这个庞大而完整的系统工程有"真令唐人有遗算，而元人无全功"之美誉。精通水利知识的康熙皇帝褒奖"观遏分流处，深服白英相度全之妙"。美国水利专家方维看到后也无比敬佩地说："此种工作当十四五世纪工程学的胚胎时代，必视为绝大事业，被古人之综其事，主其谋而遂如许完善之结果者，今我后人见之焉得不敬而且崇耶。"

遗憾的是，作为水利工作者，我也是第一次光顾南旺分水工程，无比钦佩的同时，认真听取了讲解。

南旺分水枢纽工程，坐落在汶上县南旺镇的汶水入运处，历史悠久。元代开凿京杭运河，途经鲁西南，其南旺地段是个制高点，地势隆起像个罗锅，被称为"水脊"，水浅难以航行，成了运河畅通的难题。明朝初期，宋礼、白英利用大汶河水源丰富和大汶河上的坎河口地势高于南旺的条件，在坎河口修筑戴村坝截住大汶河的水，又从戴村坝至南旺分水口开挖一道80余里长的小汶河引汶济运，才使得南旺段运河有了足够的水源。

这段运河水量北少南丰，为达到引汶入运于南旺分水补源的目的，宋礼、白英在小汶河入运口对岸砌石堤，并建造了一个鱼嘴形的石拔（分水尖），这样不仅能防止洪水冲刷，而且可调节南北分水量。因此，民间流传着"七分朝天子，三分下江南"的说法。

同时，宋礼、白英又根据地形设置水闸，科学调节水量，保证了南北过往船只的顺利航行。宋礼、白英还利用运河两岸的洼地创诸湖，建斗门（当时叫"水柜"），以调节运河水量，逐渐形成了蜀山湖、马踏湖、南旺湖等湖泊。夏秋水盛时，通过斗门将洪水泄入湖泊，冬春运河水量不足时，再将湖水放入运河，以补运河水源的不足。这样，既减轻了小汶河下游洪涝灾害，又能使得枯水季节的运河航行不致中断。

毛泽东在了解南旺分水工程时，也曾发出由衷的赞叹，称白英是"农民水利家"。

然而岁月无情，随着古运河的改道和"文革"的破坏，建在分水处的龙王庙渐趋萧条，其他建筑物也多有倾颓，现仅存禹王殿、宋公祠、关帝庙、观音阁默默地站立在运河故道旁。

千万不要说她"其貌不扬"。其建坝设闸的原理和世界上著名的巴拿马运河以及我国兴建的葛洲坝工程都有相似之处，堪称世界水利史上的一大范例，具有永恒的研究和借鉴价值；其科学性和技巧性可与中国古代的灵渠和都江堰水利工程相媲美；她还代表了17世纪工业革命前世界土木工程技术的最高成就。

南旺分水枢纽工程建成后，使京杭大运河畅通了500多年。她无疑是大运河上最为闪光的亮点之一。直到今日，大运河水的丰枯依然以南旺为界：南旺以北，一直到天津都是枯干的，只有故河床依存，有的河段只剩下泄洪和充当污水沟的功能；南旺以南，则水量依然充足，河面宽阔，运输繁忙，上万条运输船只日夜航行其间，一派繁荣景象。

随着南水北调工程的建成，准确地说是随着梁济运河段等工程的建成，南旺水南丰北枯的现状将彻底得到改变。

站在南旺分水枢纽工程群前，我心中感叹：京杭大运河与万里长城、埃及金字塔、印度佛加雅大佛塔并称为世界最宏伟的四大古代工程，而万里长城、金字塔、佛加雅大佛塔随着现代文明的推进，都已成为历史陈迹，唯独京杭大运河是至今还活着的、流动着的文化遗产。

南水北调会使大运河活得更美好，流得更顺畅！

穿过黄河

北国之春，凌汛期已过，成片的冬小麦为鲁北大地平添了几分新绿。黄河在春风的吹拂中欢快地流淌，河水轻轻地拍打着位山浮桥的铁船，静谧祥和中蕴含着无限生机。

我们来到这里时，穿黄工程已经结束。

东线穿黄工程，是南水北调东线工程自黄河南岸的东平湖至黄河北岸的输水干渠之间的一段输水工程，位于山东省东平和东阿两县境内，黄河下游中段，地处鲁中南山区与华北平原接壤带中部的剥蚀堆积孤山和残丘区，全长7.87公里，是南水北调东线的关键控制性项目。其中，南岸输水渠段包括东平湖出湖闸、南干渠，全长2.54公里；穿黄枢纽段包括子路堤埋管进口检修闸、滩地埋管、穿黄隧洞，全长4.61公里；北岸穿引黄渠埋涵段包括隧洞出口连接段、穿引黄渠埋涵、出口闸和连接明渠，全长0.72公里。项目建设的主要目标是打通东线穿黄河隧洞，并连接东平湖和鲁北输水干线，调引长江水至鲁北地区，同时使东线工程具备向河北省、天津市应急供水的条件。

建设者的故事被深深地封在这个隧洞中。

早在上世纪70年代，老一辈的水利工作者就开始了对东线穿黄隧洞的勘测设计工作，单是为了寻找这条路线，就不知花费了多少人力和物力，他们为东线穿黄工程倾注了大量精力和心血。

1986年，当穿黄探洞工程刚刚开工时，来自一家施工单位的班美还是个20岁出头的小伙子，如今他已经在这里默默守护了20多年，他的孩子也大学毕业了。穿黄隧洞是三代人的期盼和两代人的守望，他们已经把自己浓浓的情感倾注其中。

多少岁月，人们守望着这条隧洞；多少风雨，广大建设者为之奋斗，甚至把一生奉献在这黄河岸边。如今，东线穿黄隧洞已经贯通，但建设管理任务依然任重道远。

南水北调出东平湖后，分成两条路线输水。其中一路穿过黄河，去往天津；另一路，通过胶东地区输水干线经济南输水到达烟台和威海。考察穿黄工程以后，我们沿着济平干渠与黄河并行，取道济南回北京。

一路上，我想了很多很多。

中华民族的历史，可以说是一部治水史。从鲧"堵"禹"疏"到后来的"调"，从单纯的防洪除涝到兴利除害再到综合治理，从靠天靠地祈求龙王佑护到人水和谐实施水资源统一调配，等等，治水理念、治水措施都实现了巨大飞跃，也收到了显著的成效。历史上因为洪灾人葬鱼腹、因为旱灾人吃人肉的惨景已经一去不复返，取而代之的则是国家日益安泰、人民日益幸福。

这是有史料记载的、甚至是看得见的事实。

后 记

南水北调东线工程，其特点是"水往高处流"，无论是目前使用了亚洲最大的水泵，还是将来调度亚洲最大的泵站群，技术上都不是问题，我们的水利人完全能够处理好这些事情。最大的难点在治污，因为必须借用原来的大运河航道和沿线的几大湖泊，但那些航道和湖泊已经被污染了。

南水北调工程从一开始，党中央、国务院就十分重视治污问题，确立了"三先三后"的原则，要先节水后调水，先治污后通水，先环保后用水。确立这一原则的目的很明确，就是要确保南水北调在水的调配和使用上真正实现它的综合效益。

2001年12月，南水北调东线工程治污规划发布。

2003年10月2日，国务院批转南水北调办等部门关于南水北调东线工程治污规划实施意见。

2003年10月15日，国务院南水北调办公室分别与江苏省人民政府、山东省人民政府签订了《南水北调东线工程治污工作目标责任书》，明确目标，各负其责。

2010年11月25日，国务院南水北调办、发展改革委、监察部、环境保护部、住房和城乡建设部、水利部联合制定了《南水北调东线一期工程治污工作目标责任考核办法》，考核工作以实现2013年年底前，输水干线全线达到Ⅲ类水质标准为目标。

如今，我们已能看到南水北调东线治污的效果。江苏、山东两省"壮士断腕"，铁腕治污，效果显著。我们一路上看到大运河沿线绿水盈盈、绿草萋萋就是最好的说明，曾经的脏乱差、臭味熏天不见了。曾经因为水质问题，天津、河北等地经过了从不要东线水到要水的过程，这过程的背后，是江苏、山东两省铁腕治污的最大效应。南水北调是世界上最大的调水工程，对缓解中国北方严重缺水的状况具有重大的战略意义。治污，成为当代治水的最高境界，也成为"水往高处流"的重要标志。目前正在施工的东线工程计划在2013年全线通水，但治污任务依然繁重，然而我们相信，考核目标届时一定会实现。

自古依我国西高东低的地势由高山走来、向大海流去的长江，从此将跨上"水往高处流"的征程。这是中华民族治水史上的又一个创举。

其实，"水往高处流"不仅是治水理念、方式、措施的提升，一个人的进步、一个家庭的发展乃至一个民族的复兴也大都如此。

选自《文艺报》

精辟释义

就情节，高尔基说，它"即人物之间的联系、矛盾、同情、反感和一般的相互关系——某种性格，典型的成长和构成的历史"。

在高尔基的观点基础上，我们可以理解，情节是叙事性文学作品内容构成的要素之一，它有两个必要的条件：

它是由一系列展示人物性格，表现人物与人物、人物与环境之间相互关系的具体事件构成。

它是指叙事作品中表现人物之间相互关系的一系列生活事件的发展过程。

非虚构作品一般包括开端、发展、高潮、结局等部分，有的还有引子和尾声，就算一个短篇作品，也往往有序和尾声。比如，这本书中的《那泓生命之水》。但是，不管怎样，作品中的故事，都是按照因果逻辑，用情节连起来的。

应该是，情节的构成离不开事件、人物和场景。

当然，作品的情节不是千篇一律、一成不变的。有的，直入主题，顺序展开；有的，情节倒置；有的，情节各个组成部分并不一定都很齐全。这些，都是为了更好地表现主题，更好地刻画人物，更好地增强艺术感染力。

在写作中，有时把握不好情节与故事的区别，这就要搞清楚两者的定义。

其实，英国作家福斯特在《小说面面观》中的表述，已经很清楚："给故事下过这样的定义：它是按照时间顺序来叙述事件的。情节同样要叙述事件，只不过特别强调因果关系罢了。"

他还举了一个例子，真的通俗易懂。"'国王死了，后来王后也死了'，便是故事；而'国王死了，不久王后也因伤心而死'则是情节。"

有了好的情节，才能把故事讲得娓娓动听、扣人心弦，吸引读者读下去，给读者带来收获。

我喜欢情节像大江大河一样跌宕起伏，或像溪水那样潺潺流淌，或如春雨润物无声。如果它们交织在一起，跟交响乐似的，也是一种写作手法。

但是，应该注意一味追求曲折情节，容易损害非虚构作品的真实性。事实并非都像小说那样，一波三折，扣人心弦，引人入胜。新闻非虚构作品尽管可以借鉴故事化表现手法，却绝不能像小说一样进行虚构。

很多作者感到，非虚构写作有更多的限制，是"戴着脚镣跳舞"。其实，跳好这个舞蹈，更有意思。

第六讲

用好"珍珠"

Yong hao zhen zhu

精彩阅读

下雪了

　　一宿没有狗叫，没有风声。房檐上有了"噗噗啦啦"的响和"叽叽啾啾"的鸣时，爹睁开眼睛，看见窗上的麻纸白了。女人挨着他，身子像月亮下隆起的一座黑黑的山。儿子爬在山那边，双手在头前扣着，扣得挺严实。

　　"咳，下雪了。"爹用腿碰了一下女人。然后身子往前爬了爬，双臂耷拉在炕沿上，两手抠抠唆唆卷喇叭烟。

　　女人的双腿戳起来，脑袋倒过去，说："起来先把谷子挎回来。我跟他家的说了，借。"

　　"我的屁股底下已经湿了。"女人说。

　　爹不再说话，"吧嗒吧嗒"嘬烟，烟从鼻孔出来，向下拧了两道黑弯，然后往上翻腾。爹穿了衣裳，开了门，便到院子里铲雪。雪没膝，压弯了院子里的白杨树。

　　儿子从被窝轱辘出去，十个手指头交叉在一起，光溜溜的身子使劲儿往直里挺。之后，跳下炕，跑到门台阶上，双手捧着紫红色的小鸡巴头撒尿。尿在雪地上画圈圈，越画越小，渐渐画成了一个金黄金黄的点儿，退进雪里去，凹出一孔黑黑的洞。两只雀儿从房顶降到黑黑的洞顶上，旋了三圈，又飞了。儿子浑身一激灵，转身回了屋，赶紧穿衣裳。

雪花儿比蝴蝶还大，都在跳舞，从山上跳到谷里，从谷里跳进院里……

儿子穿了衣裳，蹲在门口。

女人在里屋叫唤起来。爹回来，往里屋走。

儿子跟着。"你在外屋呆着。"爹说。爹猫腰进去，放下门帘。

儿子在外屋愣神儿。窗纸老是忽闪，有影儿晃动，还有扑棱棱的响声。儿子从灶间拿了烧火棍儿，敲敲窗棂儿，一群黑影儿扑啦飞走了。一会儿，又飞回来。

里屋传出一声细细的尖尖的哭。

儿子掀起门帘，看见娘躺在炕上，光着身子。爹手里倒提着一个刚刚出生还有血迹的婴儿。那婴儿嚎了一嗓子，就不叫了，是不是死了？儿子不敢再看，退了好几步。

一大会儿，爹出来，眼睛里闪了两下亮光，眉皱上了。爹在屋地上溜达了几圈，抬眼瞅见屋梁上吊着一嘟噜谷穗。他搬了凳子，蹬上去，轻轻地解开系在屋梁的绳儿，把谷穗吊了上去。爹手里攥了一条口袋，开了门，走了。

爹把那嘟噜谷穗拿下来的时候，儿子的眼前一亮，心里燃起了一簇子火苗。门开着，儿子瞅见山雀们从房檐上飞下来，落在牛圈里，密密麻麻一片，一个个低头啄着地上或槽子里的草籽。

儿子跑过去，雀儿飞起来，聚到房檐上。他从柴火棚子里拿了筛子，找了一条绳子，折了一根小棍儿。用绳子拴住了小棍儿，小棍儿支起筛子，然后把绳的另一头拉到屋子里。他又蹬着凳子把那嘟噜谷穗摘下来，搓开了，撒在筛子底下。他退到屋子里，把门关上，留下一条缝儿。儿子的手攥这边的绳头，眼睛盯着那边。

山雀儿纷纷落下，在槽上或地上啄起草籽来，有一只小雀儿落在筛子上，东瞅西瞅。

都不进去。

这不行——儿子心想。

儿子跑过去,拿把铁锹,铲了雪,把槽上槽下用雪掩住。

雀儿们又飞过去,落在筛子上和筛子周围。有的开始啄吃周围的谷子,有的高昂着头,东张西望,做着时刻要飞走的准备。又一阵叽叽啾啾之后,声音停住了,一个个雀儿抖抖翅膀,把头缩回去,好像休息,好像等待。真他妈滑头!儿子耐心地攥着绳儿,耐心地盯着那边。一会儿,又一会儿,一个雀儿叫了两声,钻进去,却又马上跳了出来。另一个雀儿钻了进去,一边啄谷,一边抬头向外边瞅。其他雀儿终于动起来,又一个进去,又一个又一个……

儿子紧紧地攥着绳头,心里念叨:"再等一会儿,再等一会儿……"

要拉绳儿。

突然,雀儿们"忽啦"一声全飞了。

儿子一看,一条大红狗走了过去,低着头,张着嘴。把筛子拱倒了。

儿子抄起烧火棍儿甩过去,狠狠地,正打在狗的后腿上。大红狗蜷起一条后腿,逃走了……

雀儿们又飞过去,一个进了筛子,两个、三个……

儿子猛然一拉绳子,小棍儿飞过来,随之筛子扣在地上。儿子蹲过去,看到一群雀儿在筛里东撞西撞。儿子把周围围严实,仅留下一个小口,一个个抓出来装进铁笼子,数了数,六七十个呢。

儿子搬着笼子进了屋。

爹回来了,低着头,抹拉着脸,拧着眉头,把那个小口袋扔在地上。他进里屋看了看女人,又出来,对儿子说:"去棚子里抓把柴火来,给你娘熬点米汤。你娘没奶。"说着,蹬上凳子去摘那嘟噜谷穗,一扬头,发现谷穗没有了。爹的脸皮立刻绷紧了,身子摇了摇,晃了晃,差点栽下来。

"我喂了鸟了。"儿子说,说着抱起鸟笼子让爹看。

爹的眼立了起来,脸由黑变白,继而变青。他从凳子上跳下,扬起手,大巴掌结结实实地打在儿子的脸上,嘴里还嚷着:"屁事也不懂!屁事也不懂!"儿子的耳朵里"嗡"的一声响,声音悠扬飘去。儿子的眼前先是金星乱冒,后来一片漆黑,黑雪漫舞,黑风狂卷……

"非他妈揍死你,少一张嘴剩一口饭!"爹压着嗓门说,像饥饿的山狼绝望地号叫。

"别打孩子啦!"屋里的女人说。

"揍死他,扔雪里去!"

"孩子死,不如我死呢!"她又说。

爹那只高扬在空中的手再没有落到儿子的脸上,他沮丧地叹了口长气。

儿子心里的小火苗变成了一堆死灰,委屈的泪水从眼角流出来。

爹蹲到墙角,卷了一杆旱烟炮,狠狠地嘬了一阵子,又站起来斜了儿子一眼,再次捡起地上的小口袋,拉开门,猫腰钻了出去。

儿子突然想叫住爹,但爹的身子立刻消失在无边无际的雪海中。

雪越下越大,纷纷扬扬,飘飘洒洒,遮天蔽日,扯天盖地,直下得白日黑了,黑日白了,睁着眼是黑日,闭着眼是白日。

娘叫他。儿子站到炕沿旁。

娘一只手颤颤擞擞地到了儿子的脸上摩挲着。娘说:"怹是种儿,雪化了就该开楼了播种了。"

"我知道了,娘……"儿子说。儿子说不下去了。娘继续摩挲着……

儿子退出里间屋,瞅见一笼子雀儿拥拥挤挤往外撞,有的撞出了红艳艳的血,血珠滴落,落下去摔得粉碎。都怪你们!都撞死才好呢,吃肉!儿子气呼呼地说。突然,他有了一个主意。

儿子点火烧了一大锅开水,盛在大瓦盆里,然后打开鸟笼门,掏出一个个鸟儿，杵进开水里。"叫你！叫你！"他一边说。

鸟儿的脖子一拧，两条小腿踢蹬三下，老实了。他再一个一个地薅毛，每薅一根毛又说句："叫你！"说着开肠破肚，鸟嗉子揪下来，割破，翻出里面的谷粒，倒在一起。然后，舀了一锅水，倒进半勺盐，再把去头去尾的肉蛋蛋倒进去。他心中的那簇小火苗又燃烧起来，涌到灶膛里，大火熊熊，照得整个灶膛及门口红灿灿耀眼夺目。一大会儿一小会儿的功夫，锅里"咕咕"地响了，接着"咕嘟咕嘟"地开了。再一会儿，一股香味飘出来。

儿子先盛了一大碗，端到娘的头前，"喝鸟汤吧，娘"，他说。

娘看着他。

"还多呢。"他说。说着，双手端起来，端到娘的嘴边。

娘摇摇头。

"娘，你咋了不吃？"他问，眼睛里有了泪水。快要流下来。

"等你爹。"娘说。

"多呢。"儿子又说了一遍，并放下碗，把锅里的肉蛋蛋盛在盆子里，端来让娘看。

"等你爹先吃。"娘说。

"娘，你先吃吧，好有奶啊。"儿子说。

娘笑了。她用嘴吹吹汤儿，然后喝起来，吃起来。娘的脸上飞上了一丝红晕……

爹回来了，又是低着头，又是抹拉着脸，还皱着眉。进了屋，也不抖落身上的雪，木桩般站在地上。爹手里的那个小口袋像晚秋一片枯黄的叶子，飘飘然落到地上。

"爹，吃饭吧？"儿子说。

爹嚷："吃你娘个逑！"

爹的手又扬起来，却没往下落。

儿子在外屋地上放了桌子，把那盆山雀肉端上。

爹看着山雀肉，看着儿子，突然笑了。爹伸出大手捏起两条小小的雀儿腿，张开嘴，龇开牙，香气喷喷。爹的嘴咂了又咂，咂了又咂，问："你娘吃了？"儿子点点头。爹马上解开扣子，把青棉袄甩在一旁，蹲下，说："小子，拿酒来。"

"还有酒么？"儿子问。

"柜上放的那瓶。"爹说。儿子把酒提溜过来，拿了一只杯子，给爹掇上。

爹的两眼一动不动地盯着波动的酒面。爹的手颤颤嗦嗦地把杯子移到嘴边，稍稍抿了一口，然后舌尖顶住上腭，"咂"的一声，吸进一口长气。片刻，又张大嘴巴，把那口气哈出来。他说："好酒！好酒啊！"接着，撕一条肉丝，在嘴里咂咂一会儿。

儿子看见爹脸上刀刻一样的细纹都向四周扭曲着，密密麻麻地皱在一起，是一种笑，给人想笑又想哭的感觉。

"小子，你也喝一杯。"爹说。

儿子喝了一口，愣住了，这竟不是酒，是水！

"辣不？"爹问。

儿子好像明白了爹的心思，点着头说："辣啊！辣啊！"

爹赶紧夹了一个小蛋蛋塞进儿子的嘴里。

"别喝醉了。"里间屋的女人说。

儿子冲爹笑笑。爹正冲儿子笑。都说醉不了。

儿子又倒了一杯，双手捧起来，恭恭敬敬递过去。

爹突然盯着儿子。

儿子又把那些谷粒端到爹的眼前。儿子说："爹，都从鸟嗉子抠出来了。"

爹没说话。

儿子看爹的脸色，像看傍晚有火烧云的天边，红一道白一道；爹把酒倒进嘴里，一仰脖灌下去。接着又一杯，又灌下去，后来，他干脆抄起瓶子，嘴对嘴长流水，一阵咕咚之后，瓶底朝天了。瓶子停在空中。瓶子内壁的酒聚成滴，滴答落下，越落越慢，越落越少，最后一点也没有了。爹依然向上歪拧着脖子，仰着脸，张着嘴，闭上眼睛……

儿子把一个肉蛋蛋塞进爹的嘴里。

爹像一头牛反刍干草，干草从嘴角挤出。

爹的门牙缝间卡上了一条肉丝，像一株风中的小草，东倒西歪，左右摇晃。

爹睁开眼的时候，眼睛里有了亮晶晶的东西。

"爹不该打你……"爹说。

爹的舌头退进了嗓子眼儿，挤出的话像一条弯弯曲曲的蛇在草丛中爬行又突然被人打得遍体鳞伤，身子痛苦地扭动着……

爹眼含泪水，看着儿子。

"哈哈、哈哈、哈哈哈哈……"爹突然笑起来，身子随之往起耸动。

"爹，你笑了？"儿子问。

爹摇摇头，仍然是笑，眼泪却噼噼啪啪地落到杯子里。

"呜"的一声，儿子哭起来，一边哭一边说："爹，我不懂事，气着你了。你揍我吧，揍死我吧，把我扔雪里去吧……"说着双膝落地，腰挺起，一对泪汪汪的小眼睛眨巴眨巴闭上了……

爹嚯地站起来，抱起儿子，说："爹不！爹要在秋天留下好多谷子，让你捕鸟……"

"我再也不捕鸟了。"儿子睁开小眼睛说，"我该跟你种谷子了……"

屋里的女人大骂起来："说别喝醉了，偏喝！喝醉了吧！"

杀猪菜

"这个周末回来吧,家里有杀猪菜了。"妻子发微信说。

我在北京工作,家在河北易县,就是北方的一个县城。一般一个周末或两个周末回家一次,原想这个周末是不回家的,因为快到春节就要放年假了,等等一起再回吧,免得路上折腾。听说有杀猪菜,我的胃口一下子被吊了起来,馋涎也欲滴下去,就恨不得一下子吃将起来——那可是肥的肥而不腻,瘦的瘦而鲜嫩;硬的硬得劲道,软的软得滑溜;热的热气飘香,凉的凉味悠长呀!更让我难忘的是妈妈养猪,养了三里五村最大的一头猪,活脱脱是个牛犊子;屠三杀猪,吃生猪肉喝生猪油成为传奇;小山子吃肉,让人至今想起来还想哭……

周五刚下班,我就急急忙忙往家赶。

一路上,脑子里完全是北方农村杀年猪、吃杀猪菜的情景。嘴里,也浑然是那种挥之不去的味道。

进了腊月,旧历大年就要到了。乡亲们忙了春种忙夏锄,忙了夏锄忙秋收,这时候粮食进了囤子,过冬的柴草贮备齐全,再没什么要紧的活计,开始在家烤烤火、串串门、聊聊天、玩玩牌,准备过年了。

我不记得从几岁开始,知道了这杀年猪、吃杀猪菜的事。

常年卧床的爷爷,终于能架着双拐起来,对妈妈说:"按照惯例,你家男人也该放假回来过年了。去问问屠三,哪天能抽出时间,给咱把猪收拾(杀)了?"

妈妈说:"他这一两天就回来了。那屠三忙得很呀,咱赶紧排上队呗!"

爷爷说:"得抓紧呀!这猪早杀一天,咱家就少耗费一天粮食,就能早点吃上荤腥，你也就轻省一些。"

妈妈点头，带了我、弟弟和妹妹，就去和屠三商量。屠三答应，五天后的一大清早来杀猪。然后，妈妈又带着我、弟弟和妹妹，微笑着挨家挨户邀请左邻右舍的人，杀猪那天来家里吃肉。

杀年猪，是父老乡亲解决食油问题的唯一办法。那时是不吃植物油的，我甚至没听说过什么是植物油。村里一般的人家，每年一定要杀一头猪，杀一头猪将就着吃一年，或者把肉腌起来，或者把肥肉耗成油。稍微富裕点的人家，腌肉吃完了，还能从集市割回几斤肉，耗的油能吃上一阵子，耗出的油渣包几顿饺子。如果谁家没有杀年猪，一定是穷得叮当响的那种，一年里水煮瓠子不见油腥。倒好，不像现在的人，吃得肥头大耳，还要减肥；动辄还得心脑血管疾病，走路一跛一蹱的，怨恨地不平。

小时候，我最爱吃刚刚出锅的那油渣，成焦糊状，却是外焦里酥，软中带硬，硬中有软，撒上一把盐，往往吃得所剩无几，常常遭到妈妈的强硬劝阻。望着油渣，自己也心生惋惜，多乎哉不多也！可是，小手还是一次次伸到碗里，直到妈妈尽快把油渣包了饺子为止。

五天后的清早，屠三准时来了。他圆头圆脑，连身子都是圆的，分明是跟车轱辘似地滚来的。他的脸上涂了一层油，在清晨的阳光下，闪闪发着乌黑乌黑的光。他肩上挎着油腻腻的粗布袋子，里边装了刀子、围裙、铁刮、铁丝笼头等吃饭的玩意，手里提着丈把长、拇指粗细的铁棍，就是挺杖。

其实，我头天晚上一夜没合眼，眼前总是那热腾腾、香喷喷的猪肉，特别想吃，却怎么也吃不进嘴里，急得大哭，一直哭到了天亮。弟弟妹妹见我从土炕上猫起来，也都穿上开裆裤，提上嚓啦鞋，来到院里。一群孩子，或男或女，或高或矮，或黑或白，一水的消瘦，排列在一角，那蓝幽幽的眼色，巴不得一下子把活猪变成煮熟的肉，塞进嘴里去。左邻右舍的男人女人也来帮忙，或看热闹，或等吃。

爸爸穿着干部服，带着满脸的笑容，帮着妈妈打扫院子。妈妈挥舞大扫帚，扬起尘土，爸爸躲着尘土收拾杂物。爸爸妈妈把院子扫得干干净净，一根草木都不留。阳光跟水一样，清清澈澈泼在地上，地上俨然铺了红地毯。原来用作吃饭的四腿长桌，作为台案放在了院里，就要成为猪的断头台。屋里，一口两三个人抱不严实的大铁锅，里边盛满了水，水被烧得滚开，热气缭绕。灶膛里的柴火苗，疯了似的往上蹿。院子里寒风习习，没人说冷，大不了搓搓手心手背，或用手捂捂耳朵。

几个精瘦的壮汉，捉住妈妈喂养了一年的年猪，将其按倒在地，捆上四蹄。家乡的习惯，杀猪前都要称一称猪的重量，掂量掂量一年的成绩，也和别人家的年猪做个比较。那年，我们家杀了一头三百多斤的大猪，活脱脱就是个牛犊子。爷爷、爸爸和妈妈的脸上都绽开了灿烂的笑容，弟弟妹妹蹦蹦跳跳，比平日欢实许多。我也很荣耀，感觉个头都比别人高了，腰杆也比别人硬了、粗了。人们七手八脚，把猪抬上台案，紧紧按住，不让它动弹。那猪拼命呼救，又有人把它的嘴头用绳子缠上。猪把绳子咬断，屠三便拿出粗布袋子里的铁丝笼头，将猪嘴套上。猪的叫声便是呜呜的，只在嗓子里窝旋。

妈妈走到猪的身旁，专注地、长时间看了一阵，猛然扭头回了屋。有人对爸爸说："这猪是她一天天、一瓢瓢喂大的。她不忍心眼睁睁看它死去。"夏天的时候，那猪得了重病，躺在圈里不吃不喝不动。我曾经看见妈妈双手紧端又粗又长的紫铜针管，单腿膝盖顶住猪的脊梁，一针刺进猪的脖颈，把一管子药水注入猪身。这原本是男兽医做的活计，到了妈妈的手里，一样使病猪起死回生。

当时爷爷靠在猪圈门口，唉声叹气。这唉声是爷爷怨恨自己是个男人，却一身的病，无能为力；这叹气里，蕴含了爷爷对妈妈一个男人对一个女人、一个长辈对一个晚辈的佩服和褒奖。妈妈收起针管，又扑打扑打身上的土，在槽子里加了猪食。后来，那猪就歪歪斜斜站起来，瘦瘦的壳郎渐渐长成了这胖胖的年猪。

屠三滚过去，右手操刀，刀子长长，寒光逼人。刀背有点弯，显得更坚硬；他的左手掐住年猪打褶的脖子，好像还摸索了几下，据说是找刀口的位置。那把刀的刀尖先是在猪皮上试探性的动作，之后屠三猛然用力，悠然捅进去。屠三用自己的心，感觉到猪心所在，使刀尖刺进了猪心。猪顿时不再挣扎，身子瘫软在台案上。屠三把刀拉出，随之浓浓的、绛紫色的血注喷出。有人把一个准备好的搪瓷盆放在台案下边，接纳汩汩流出的猪血，又用棍子不停搅动血水。

掺了盐和玉米面的血水渐渐变成粉红色血渣。血渣是用来蒸血糕的底料。血糕是杀猪菜的连锁产品，可用作主食食用，现在一些大城市也能见到乡下血糕。我在北京也曾见过，一次足足买了五斤左右，回到宿舍，将血糕切成片，上边涂上花生油，然后在微波炉里烤，烤得焦脆，香味喷鼻，久久令人回味。

这时，分不清盆子里是朝阳的光芒，还是猪的鲜血；分不清院子里是阳光、猪血，还是灶膛的火苗。眼前全是红色，在摇晃，在翻滚；空气里的血腥味，在飘荡，在弥漫；院子里的人，在起伏，在走动；寒冷的风，在旋转，在低吟……

猪的四蹄被解开，呈自由状伸展。

屠三在猪的一只后腿上割开一个白白的口子，将挺杖挺进猪的身子，这样挺杖的头便向蹄子和耳朵方向呈蛇行状挺进。这样疏通以后，屠三用嘴咬住了口子，鼓起腮帮子狠劲吹气，把猪吹得又大又圆。屠三边吹，边让人用棍子敲打猪身，猪身完全通气，彻底鼓起来了。如果没有四蹄，就是个装满糟糠的大口袋。这时，几人把猪抬上烧了开水的锅台，一瓢瓢的开水浇上去，然后开始褪猪毛。毛茸茸的黑猪渐渐变成白溜溜、光唧唧肉辊子。我在浴池搓澡时，躺在搓澡桌上，曾问搓澡工："你看这时的人，像不像被烫的猪。"搓澡工笑笑说，别那样比喻。其实，烫猪和搓澡很相似。

更惊人地相似：屠三一遍遍把水泼在猪的身上，一遍遍地洗，一遍遍地冲，直到白白的身上没了一点污渍，水清清的才算作罢。正如搓澡，搓澡工一次次把水泼到你的身上，直到把搓下来的黑色泥卷全部冲走为止。不同的是，你可以这时去桑拿间，干蒸或湿蒸。而猪，要进入全身被四分五裂的那道程序。

人们再把猪抬回案上。

屠三挥舞杀猪刀，刀刃在猪的脖子上旋圈，渐渐开了一道圆形的口子。刀刃碰在脖骨上，然后灵巧地进入骨缝隙，一点点切割连接的肉筋。似乎切割得差不多了，屠三把刀叼在嘴上，双手抱紧猪头，猛然旋转，就听咯吱一声，猪头与猪脖子分离了。血水滴答到地上。我很惊讶，现在的电脑游戏，竟然没有这么刺激的杀猪场面，难道这些游戏商的脑袋比猪脑还笨？

不管那些，我只想吃肉，到了急不可耐的地步。

屠三最解人意，抹下一刀血脖，大概几斤吧，扔给妈妈。妈妈接过血脖，回厨房，放到案板上，先是手哆哆嗦嗦地切，后是稳稳当当、利利索索地切，切成一块块，跟现在的那款手机大小和厚薄差不多。有妇女在切白菜，白菜是立冬以后——就是经过了霜打后才从园子里收回来的，这时的白菜才好吃，况且要菜帮，不要芯和叶子，和肉炖在一起，就炖不烂，越炖越香。有男人进去，和女人斗嘴，听不懂他们说的荤话，只看见他们开心地嬉笑。

妈妈切完，又去和屠三要。"你看，这么多大人小孩都来吃肉，就要让他们吃够。"

屠三乜了妈妈一眼，又割了一刀。

"还少。"妈妈说。

屠三对旁边的人说："都说她小气，今天还大方起来了。真是丰收不怕鸟儿弹。"

屠三再割一刀，妈妈才去案上切完。

肉和白菜倒进锅里，尖尖的一锅，如山。灶膛的火苗呼啦呼啦地叫，锅里的水汤咕嘟咕嘟地应。山一点点落下，一点点萎缩，一点点没进水汤里。水汤涨潮一样，露出来……

屠三开始开肠破肚，在猪肚子上切开一道，红白肉膘翻开，肠肠肚肚露出来。曾听说屠三敢喝生猪油，今天见了，果然是真。屠三的手伸到猪的肋下，扯上一把热气腾腾的猪油，扬过头顶，让那油流进仰起的嘴里。他的喉结不停地蠕动，手上的油就没有了。他有意把沾满油的嘴凸向孩子们，扮个鬼脸，笑笑。我们惊奇地叫喊起来。屠三好像受了鼓励，干脆一刀一块肉，扔进嘴里，吧唧吧唧，吧唧了好长时间。我还听说，屠三是光杆一人，经常把杀猪得来的肉送给一个寡妇。

整个猪身被劈成两片，屠三先把一片鲜艳的肉挂到院子里的大树杈上，剔下腔骨和排骨，又把肉一条一块切开。精肉放在一起，准备腌起来；肥肉放到一起，用来耗油。之后，又要分解另一片。

"这片不要分了，整个吧。我们到集市卖了。"妈妈说。

屠三笑笑："刚才还说你大方了，怎么一会又成小气鬼了。"

"今年这猪大，卖半片还欠粮款。"妈妈说。

屠三住了手。

爸爸走来，说："这肉不卖。"

妈妈问："为啥不卖？"

爸爸说："爹一辈子没有吃够肉，今年就让他老人家往饱里吃；也让孩子们享享口福；还有你，一年三百六十日辛劳，没油水咋行。"

妈妈说："那欠粮款咋还？"

爸爸说："等我发了工资慢慢还呗。"

妈妈说："你那几文工资早有了指向。爹治病买药得花钱，孩子上学得花钱,大人孩子穿衣服得花钱,村里大事小情得花钱。这花钱的道多了。"

爸爸坚持不卖。

妈妈一定要卖。

爷爷架双拐过来,对爸爸说:"家里的事,都听你家媳妇的!"

爸爸没再言语。

又过了一会,肉香满院子荡漾。屋子里热气鼎沸,人影晃动。我的肚子已经空空荡荡,口水更是止不住地流。有人张罗吃饭,男人坐一起,喝酒。人们把爸爸当客人,当领导,纷纷敬爸爸酒;女人和孩子坐一起,大人照看小孩,筷子在肉盆上起舞。我竟然没有数数一共有多少桌,反正都是大锅菜,一盆一盆往上端,吃了再盛上。盆子里,先是肉没了,剩下白菜;后来就是白菜没有了,剩下肉,再去盛。最后人们都捡白菜吃。

妈妈没吃。

有人劝妈妈吃。

妈妈说:"我和它早晚在一起,现在杀死了它,还要吃它的肉,我真的不忍心。"

那款手机大小和厚薄的肉块,或红或白,或红白相间,尽管煮熟后缩小了很多,还是被我三两口就吞噬。我吃了一阵,渴了,就从水缸里舀凉水喝。喝了水,继续吃。这样反反复复。热热的肉菜和凉凉的水掺和到一起,肚子里响起了蛙的叫声。

我们大吃,独眼二叔家的小山子却站立在门口,肩靠门框,两只小眼睛蓝幽幽的,跟老鼠紧紧盯着粮食一样,充满渴望和期待。头上几根毛,比秋后的草还干枯,被院子里吹来的风吹得一边倒。两个拳头贴在腰窝,好像攥着,紧紧地攥着。

"馋馋馋,我家有猪肉,不给你吃!"我得意地冲小山喊。

爸爸走过来,好像嗔怪了我一句什么,把小山子拉到桌前,给他筷子，让他吃肉。那小山子也不客气了，恨不得一口吞下一块肉。一块肉烫了嘴唇和舌头，掉到地上。他急忙又夹来一块，却卡在嗓子眼，憋得满脸通红，眼睛流泪。我见他紧皱眉头，浑身用劲强咽下去。

我用筷子打他的手，不让他再夹肉。

他不顾我，又去夹。

又一块肉被我打掉在地。

妈妈走来，大声骂我。妈妈从锅里盛来一碗肉，让小山子在一旁去吃。那碗里的，全是肉块，几乎没有白菜了。

小山子刚要吃，独眼二叔从外面风风火火钻进来，一把薅住小山的衣领子，往外提溜。小山的嘴里叼着一块肉，一半在嘴外，一半在喉咙。他一哭，把肉喷了出来。

"请你不来，就让孩子吃吧。"爸爸对独眼二叔说。

独眼二叔说："今年我们家没猪杀，就不吃别家的猪肉。"

"别委屈了孩子。"爸爸说。

妈妈说："前年我们家没杀猪，三个孩子还去你家吃来的。"

"那更该让孩子吃了。"爸爸说。

独眼二叔一直没有抬头，也没再言语，使劲把小山子揪走了。

我看见，爸爸望着小山子父子出去的背影，愣了很久。

我本以为，爸爸是在回忆二叔因为偷吃别人家的粮食，被人打瞎一只眼的传说，不料爸爸对妈妈说："就是养个猫一样大的猪，也要杀了！"

妈妈点头。

我也明白了，爸爸妈妈怕我和弟弟妹妹像小山子那样，靠别人家门框，看别人家杀猪吃肉，那样可怜。也许，他们也受不了那样的打击，或叫屈辱，或叫无地自容。其实，前年我在独眼二叔家吃肉时，只知道吃肉香，不知道自己是个什么样子，是不是小山子看我家杀猪吃肉的这个样子？

前年，我们家没有杀猪，爸爸买回来几斤排骨。大年三十晚上，照例要吃炖骨头。那骨头炖在锅里，我、弟弟和妹妹列队在锅边期待。你见过鸟巢里，大鸟喂小鸟时，小鸟那张嘴待哺的样子吗？我们大概就是那个样子。当妈妈把骨头盛上桌时，我们一哄而上，趴到桌子上，等不及用筷子，用手抓。一抓，被烫回来。爸爸只管往我们碗里夹骨头，好像一口没吃。妈妈收拾碗筷的时候，同时把我们啃过的骨头又唆啦了一遍。

多年后，我成家另立门户的那一年，我们家杀了一头毛重只有五十斤的年猪。当时，那是全村最小的一头猪。那猪，在屠夫屠三的手里摆弄，就像他摇拨浪鼓一样容易。屠三第一次没有喝杀猪时的猪油，没有吃杀猪时的生猪肉，甚至没有要我们应该给他的那份"劳务"。尽管如此，一头猪的肉请左邻右舍的乡亲吃罢，已经寥寥无几。也许，有人会说，那算大的了，现在人们不是吃"老鼠猪"吗。我告诉你，这可不是一码事。

妻子曾经自嘲说："咱家这猪肉真香真嫩！"

我却差点哭了。当一个女孩子嫁到一个穷人家时，又把那么苦涩的事作为笑料的时候，这个男人是该笑还是该哭。当然，我绝不能哭，也不能笑，是吧？

我也感到遗憾，遗憾的是，这猪正值青春年华，就把年轻的生命献给了我们，这是用生命捍卫了我们的尊严呀，尽管猪类本身就是人类的食物；我更感到满足，满足的是在我像小鸟一样刚刚离开父母的翅膀，我和妻子在生活最困难的时候，我的儿子也没有像小山子那样可怜和无奈。我没有像我的独眼二叔那样尴尬和羞愧。

我一直很感谢那头猪。

我有时疑问，人类总是无情地吞噬一个个鲜活的生命，除猪以外还有鸡呀、鸭呀、鱼呀、兔呀、牛呀、羊呀、蛇呀、猫呀，等等，是否太残酷了？我们能否做到扫地不伤蝼蚁命，爱惜飞蛾纱罩灯？能否与其相依相偎，共存共荣？答案断然否定，因为自有了生灵始，人不吃其肉就会饿死，人类就会灭亡。吃肉的历史中，包含了生存、尊严、享受，甚至贪婪等多种文化符号。而我，几十年对杀猪菜的酷爱程度，焉能言表！

当时，不仅我的孩子没有受到委屈，连逝去的爷爷和爸爸也没有拉下。妈妈首先慢慢腾腾地在爷爷和爸爸的灵位前，足足盛了两大碗肉，然后祷告："你们别嫌这猪小，足够你们吃的，吃吧。"我很理解妈妈的心情，也庆幸，幸亏爷爷和爸爸没有吃，如果他们真的吃的话，不是又少两碗肉吗。你知道吗，尽管我非常爱吃杀猪菜，那次也只是吃到了这两碗祭奠剩下来的肉。真的，谢谢爷爷，谢谢爸爸，谢谢妈妈！

后来，我们举家迁到县城，到了县城当然就不养年猪了。每逢腊月，老家总是来人告诉我回去吃杀猪菜，或者等我放假后再杀年猪，或者把杀猪菜拿到县城。那杀猪菜呀，总是要吃上一段时间，凉了热，热了凉，凉了再热。有时半夜起床，我还要咀嚼几口带着肥油的凉肉。第二天打个嗝，满嘴都是沁人肺腑的香味。

随着老家的日子越来越宽松，杀猪成了一个产业，乡亲们大多不再养年猪，平时吃肉只需到集市上去买，随吃随买，随买随吃，既方便，又新鲜。但是，集市上卖的猪肉，都是依靠饲料催起来的速生猪猪肉，饲料里掺了化学药物而且生长期很短，这样的猪肉明显没有自家饲养的那种味道。即使是过年买很多很多的猪肉，也没了以前的年味。

我有了一种失落感。

有一年，岳父岳母知道了这事，过年前就从山里人家买了一头猪，当作年猪杀了，让我吃了个痛快。岳父岳母说，明年无论如何要自家养一头年猪，就为了"吃"。其实，他们已经不愿意养年猪了，重要的原因是养猪亏本，起早贪黑，费时费力。他们完全可以外出打工或做别的营生，挣更多的钱。只要拿出挣钱的若干分之一来买肉，就足够两位老人享用的了。

回到家，妻子已经把杀猪菜热好，香喷喷，热腾腾地放在饭桌上。妻子没有忘记，给妈妈也放了一双碗筷。妻子知道，妈妈生前舍不得吃肉，却是很爱吃肉。

"原本想等你回老家再杀猪，一等再等，可是你的时间总是定不下来。"妻子说。

"妈说，你们城里什么都有，怕是没有什么喜欢的了。这猪，可是专门给你们养的，你家的最爱吃杀猪菜，却没时间回来吃肉。妈还掉了几滴眼泪。你看，还给你带来了排骨、棒骨、里脊、剁好的饺子馅。"妻子告诉我。

"屠三的儿子开了一家杀猪菜馆，挺红火的。村里人几乎都到杀猪菜馆解馋，有的是一家老小一起去，有的是几个朋友一起去。除了大锅炖，还有小炒精肉、爆猪肝、熘肥肠等，和以前不一样了。"妻子又说。

我简直是狼吞虎咽。

开始，还能感到杀猪菜的味道，肥的肥而不腻，瘦的瘦而鲜嫩；硬的硬得劲道，软的软得滑溜；热的热气飘香，凉的凉味悠长。后来发现，那款手机般大小和厚薄、囔嘴囔嘴的肉块变得鸭舌一样小巧，在嘴里逗留不到片刻，就悄然融化了，就淡然无味了；那饥肠辘辘还说说笑笑的日子，那忙忙活活又兴高采烈的情景，那数九寒天却热气腾腾的场面，等等，都如隔世。但还记得，我每次吃肉喝凉水，喝凉水吃肉之后，便是翻江倒海一样，痛痛快快，快快乐乐地拉肚子……

昨晚整整一宿，妻子用电磁炉，用小砂锅咕嘟了色鲜味美的大骨头汤，里面还加了蘑菇、山药、枸杞、人参等保健材料。妻子说，这有营养。我端起大碗，正要把大骨头汤喝下去，妻子又说："今年全村养年猪的，就咱们和小山子两家。当年的小山子——现在的老山，还像从前一样，请大家吃杀猪菜。"

我不由得把那碗大骨头汤放下了，因为又想起了屠三，想起了妈妈，想起了童年的伙伴小山子和他嘴里叼着的那块猪肉……

三只羊

这是发生在我少年时的一件事。这不是杜撰,也不是创作,而是我的亲身经历。四十多年过去了,我竟然忘不了三只羊。

这件事就发生在我的老家。

我老家那个地方,恐怕很多人都知道。狼牙山,就是抗日战争中五勇士英勇就义的那座山;易水河,就是荆轲刺秦王时,高唱"风萧萧兮易水寒,壮士一去兮不复还"趟过的那条河;清西陵,就是埋葬清朝雍正、道光等皇帝的陵墓。

一个出英雄、葬皇帝的地方,竟然还有羊的故事!

那时,我刚刚八岁。在那个时代,那个地方,相对现在来说,一般八岁的孩子个子不高,大概一米左右,身子单薄,面黄肌瘦。衣服是补丁摞补丁,鼻子上托着黄鼻涕,脚后跟结了黑皴。我就更特别了,脑袋又大又圆,就跟地上伸出一根梃,上面顶着一个蘑菇似的。风一吹,那脖子就抖动,蘑菇就摇晃。

我们那个地方有一个习惯,就是每年的农历十月一日是个节日。那时庄稼熟了,羊也肥了,有些喜庆、享受一下的气氛。到了那天,生产队里要宰杀几头羊,按人头分到一家一户。人们就用大大、绿绿的瓜叶,包了鲜鲜、嫩嫩、红红的羊肉,脸上带着微笑回家,或包羊肉馅饺子,或炖羊肉。村子里便到处是羊肉飘香。

精肉是按人头分,一人一份,或半斤,或八两,机会平等。剩下的头蹄里涝羊皮,人多肉少,便采取抓阄的方式分配。这些羊的零部件,分为一堆或一件,摆在地上,编上号。一只羊的头和蹄子往往放在一起,头歪斜,两眼睁着,四只蹄子有从身上剁下来的痕迹。抓完阄,食类入锅,被灶膛的火慢慢炖熟；皮类，做成皮袄或皮裤，挡风御寒。

那年，因为杀羊，差点杀人，说来荒唐又真实。

我们一般杀的，都是羯子，就是公羊被骟之后的那种羊。这种羊可以用来做头羊，但是一般一群羊只需一个头羊，因此其他就是用来吃肉的。而一些母羊，还要生儿育女，一般是不杀的，除非没有生育能力的老羊。这次，恰恰是羯子只有两只，杀巴杀巴一人分不到二两，于是队长就在一只白母羊身上打主意。

这只白羊二百来斤，刚刚生过一只小黑羊。

一大清早，红红的太阳爬上山顶，阳光灿灿照在水面上，路旁的树叶、庄稼和草带着露珠，放出一股幽香。

我跟在二叔身后，蹚过已经冰凉的易水河，来到山坡根的羊圈旁。这里已经挤满人，有手里拿着绳子的，有空手空拳来看热闹的。二叔是队上的羊倌，因此人们都等二叔打开羊圈门。

其实，羊圈门并没有锁，但是人们都等着二叔来开，好像很尊敬二叔。二叔也感到有一种神圣的尊严。

又高又大的黑脸队长见二叔来了，闷雷一样的嗓门喊："逮羊吧！"

二叔的脸上没有表情，开了羊圈门。

每个人的脸上都开了喇叭花。

几个小伙子进入圈内。羊群旋风一样在圈里奔跑。仅有的两个羯子先后被牵着犄角，拉出来。早就等在门口的屠夫和小伙子们七手八脚，把羊按倒在地。尺把长的刀子从羊的脖子上边扎进去，又从下边露出来，鲜血从刀口井喷。

"逮大白。"队长手指大白羊说。

大白羊在羊群中，如鹤立鸡群，十分出众。一身白色，没有半根杂毛，雪一片。足足高过同伴半个身子，招人耳目。目光平视，似乎没有恐惧，也没有傲慢。

身后一只小黑羊羔，刚刚降生的时候，毛发卷卷的、湿湿的，大白羊便一点一点用舌头舔，慢慢就舔干了，毛发也直了。小黑羊羔吃奶的时候，都是钻到它的腋下，嘴含着乳头，头向上一顶一顶的。有时能看见大白羊白白的、黏稠的乳汁从小黑羊羔的嘴角渗出来。

小伙子们听了队长的吩咐，向大白羊包抄过来。

"小黑羊羔还吃奶呢，别杀它了。"二叔对队长说。

队长说："不杀它，大伙儿吃什么？"

"大伙儿少吃一口，小黑羊羔就多吃一口。"二叔说。

队长说："那，就问问大伙儿吧。"

有人喊："杀！"

几个小伙子把大白羊逮住，有的攥住犄角，有的抓住皮毛，拉往羊圈外。大白羊一次次往前窜，拼命挣扎，但是怎么也挣脱不了。干脆，它的四脚扎地，就像从地上生长出来的牢牢的树木桩子，任凭人们又拉又拽又推又托，纹丝不动。后来又增加了人力，它的蹄子把地面滑了深深的槽，也不抬起。它的目光是极大的愤怒，可惜它不会叫喊，不会骂人。

小黑羊羔跑到它跟前，被人赶走。

大白羊的眼角留下泪水。

它看看二叔，很无奈的样子。

突然，它趁人们刚刚松懈的一瞬间，纵身前去，直向圈墙撞去，头着实撞在石壁上，一声哐的震响，身子斜落在地上。它的两眼圆睁，瞳孔沁出血汁。它的孩子，那个小黑羊羔，蹦蹦跳跳跑到跟前，吸吮它的乳汁。

"这样的死法，肉不香。"有人说。但随着羊肉在村子里飘香，人们还是把它吃了。

二叔把家家户户扔到边边角角的白骨头，捡巴捡巴，埋在村东的老槐树下。

二叔把小黑羊羔抱在怀里。

"也是个母羊。"二叔说。

转眼进入深秋，草枯黄了，树叶落了，易水河上结了厚厚的冰。二叔抱着小黑羊羔早出晚归。冬天，大雪封门闭户的时候，二叔要踏着雪到羊圈，把圈里的雪打扫，之后放进一些干草，让羊们吃。小黑羊羔住进二叔的屋。二叔在炕上，它在屋地上。二叔有时喂它一些粮食。

春天草肥，小黑羊羔吃得也肥壮，个子飞长，有人说可能比它妈妈还长得大。与它妈不同，一身缎黑，二叔叫它"二黑"。

春末夏初，二黑生下了黑白相间的小花羊羔，也是个母羊。二叔给它起了一个名字，叫"三花儿"。

就在三花子生下的第一天，村里宣布戒牧。当天晚上，村里的人们又集聚在羊圈旁。所有牛呀、羊呀，都就地宰杀或趁着夜色赶出村，卖到有草场的地方。

二叔把三花子藏在了家里。

二黑发现三花子找不到了，先是在群里钻来钻去，四处寻找。之后被队长擒住了两角，身子猛蹿，四蹄乱蹬。

"先把你宰了！"队长说着，露出得意的大笑。

说时迟，那时快，二黑好像听懂了队长的话，使尽全身力气，猛然一窜，身子腾空而起，直跨过圈墙，逃离而去。

夜漆黑，人们没有追逐二黑，继续逮羊，卖羊或者杀羊。羊圈里乱糟糟的，喊声、骂声不断。渐渐地，一个个羊被牵去，羊圈空空如也。

二叔打亮打火机，在圈里找来找去，不知在找什么。最后吱咛把圈门关上，插了门闩，托着两腿回了家。

三花子在屋地上睡着了。

二叔弯腰仔细打量三花子。三花子的眼角有泪水。

它发现来人，睁开眼睛。

二叔看到了一个没有娘的孩子。

小花羊斜卧在地上，一双眼睛露出哀伤的目光。那种目光，似乎是向二叔哀求。

小花羊不喝水，也不不吃二叔专门给它熬的稀粥。

二叔把它抱起来，唱到："秋天里呀，树叶黄呀。小白菜呀，没了娘呀。没了娘呀，话儿长呀……"唱着唱着，小花羊闭上了眼睛。

二叔也懵懵懂懂，抱着小花羊歪倒在土炕上，睡着了。梦中，二叔梦见二黑回来了，进屋就卧倒在地，露出鼓鼓的两只奶子。小花羊见了母亲，见了奶子，一下扑过去，咬住乳头，尽情吸吮。吃饱喝足，挨着二黑睡了。

二叔睁开眼睛，果然看见是二黑回来了。二黑和小花羊在地上睡着了。屋门开了，从门口进来一道血印。二黑的一条后腿断去了一半，肉皮模糊，似乎被咬断的样子。

二叔蓦然站起，窜到二黑身边，大喊一声："二黑！"

然而，二黑一动不动，眼睛睁开，却没神色。乳头、地上，还有湿润的奶汁。

小花羊被惊醒，仓皇围绕母亲身边转悠。

二叔想起来了，在羊圈外边，为了防止饿狼来侵略，支了几个钢铁狼夹。这种狼夹一头隐蔽在路旁的草丛，张着大口，一头用钢绳系铁橛子上，牢牢的。若是一旦饿狼来叼羊，脚踏进去，狼夹瞬间合拢，夹住狼腿。随着狼垂死的叫声，村里人涌来，用棍棒活活把饿狼打死。

二叔明白，就在二黑从羊圈窜出去的时候，一只后腿落进了狼夹。二叔致死没有闹清楚，吃草的羊牙怎么咬断了自己的后腿，怎么找到二叔的家，怎么弄开的屋门？

当晚，二叔悄悄把二黑埋在了村东头的老槐树下。

剩下三花子，二叔专门给它腾出一间房子，吃喝拉撒睡全在屋里完成。头几天，一到晚上，三花子就咩咩地叫，也说不准是想妈妈，还是害怕。不过，自从吃了它妈的奶后，是又吃又喝，有时还自个撒欢。

这时候土地承包，原来集体的资料都分到了家家户户，有的分到一头牛，有的分到一头驴。二叔和黑脸队长说，什么也不要，就要这只小羊。队长和社员们商量，大家都同意。二叔就花了五块钱，名正言顺，正大光明养活三花子。

村里允许养羊了，但是不让放羊。二叔在羊的脖子上砸了一个套，用绳子牵着，一清早蹚过易水河，在河里涢涢，就爬到狼牙山的半山腰，把羊拴在一棵树上。

羊围着树吃草，二叔在一块石头上晒太阳。这样几个时辰，羊把树周围的草吃光了，也吃饱了，二叔伸伸懒腰，牵着三花子回家。

二叔从十几岁开始放羊，新中国成立前给地主老财放羊，新中国成立后又给生产队放羊，是地地道道的羊倌。他一辈子没有近过女人，好像十分讨厌女人。但是，对羊却显得很耐心，很温存。

三花子长大了，二叔也不给它找公羊，不让它生养。这样，一个老男人和一只母羊一起打发日子。

有人看好三花子，说一年下一窝，三年下一群，就会发大财，要高价来买。二叔坚决说："给多少钱也不卖！"

后来二叔病了，放不了羊了。羊就被人拉走了。

拉走的时候，二叔紧闭双眼。

三花子不停回头看二叔。

三花子走了，二叔的病愈加严重，一口气在嗓眼上上下下拉风箱，就是咽不下去。

有人出主意，把三花子牵了回来。

二叔看见三花子，眼睛贼亮。不料，三花子的新主人风风火火找来，在三花子的头顶猛敲一棍子。三花子应声倒下。

"我们钱还给你，把它埋在老槐树下吧。"二叔哀求说。

二叔也死了。

前些日子,我从城里回狼牙山老家,特意到村东老槐树那儿看了看,树不见了,也没有埋羊的痕迹。

选自作家出版社《下雪了》及《华语文艺》

精辟释义

细节是对人物和环境所进行的细微描写，一个好的细节，可以起到的奇妙作用。

恩格斯在《致玛·哈克奈斯》文中说："在我看来，现实主义的意思是，除了细节的真实以外，还要真实地再现典型环境中的典型人物。"

我把细节比作珍珠，当采访发现珍珠之后，接下来就是把珍珠串到链绳上，制成很美丽的项链；也就是写到文章中，写出一篇精彩的非虚构作品。

每一部优秀的非虚构作品都离不开细节的支撑，成功的细节就是作品优秀的标志。

但是，切记细节应该是真实、准确的！

衡量好细节的标准，一般在于"生动""出彩""形象丰满""意境深远"，使读者"窥一斑而略知全豹，以一目而尽传精神"。

于是，当我们把生动、典型的细节描写融入写人记事中，让文章的情感顺着细节描写流淌而出时，整个文章便升格了。

这就要求我们把细节写得细致独特、简洁凝练、意味隽永。

怎样才能写好细节呢？

我想，当从几个方面着手：

环境、肖像、语言、行动、心理等。

《下雪了》开头就把读者带到了一个特殊的早晨：

一宿没有狗叫，没有风声。房檐上有了"噗噗啦啦"的响和"叽叽啾啾"的鸣时，爹睁开眼睛，看见窗上的麻纸白了。女人挨着他，身子像月亮下隆起的一座黑黑的山。儿子爬在山那边，双手在头前扣着，扣得挺严实……

《杀猪菜》中这样描写了一个乡村的年前：

进了腊月，旧历大年就要到了。乡亲们忙了春种忙夏锄，忙了夏锄忙秋收，这时候粮食进了囤子，过冬的柴草贮备齐全，再没什么要紧的活计，开始在家烤烤火、串串门、聊聊天、玩玩牌，准备过年了……

《三只羊》中：

我们那个地方有一个习惯，就是每年的农历十月一日是个节日。那时庄稼熟了，羊也肥了，有些喜庆、享受一下的气氛。到了那天，生产队里要宰杀几头羊，按人头分到一家一户。人们就用大大、绿绿的瓜叶，包了鲜鲜、嫩嫩、红红的羊肉，脸上带着微笑回家，或包羊肉馅饺子、或炖羊肉。村子里便到处是羊肉飘香……

环境描写要让读者身临其境，而肖像尽量惟妙惟肖。

《杀猪菜》中写穷人家孩子小山子：

我们大吃，独眼二叔家的小山子却站立在门口，肩靠门框，两只小眼睛蓝幽幽的，跟老鼠紧紧盯着粮食一样，充满渴望和期待。头上几根毛，比秋后的草还干枯，被院子里吹来的风吹得一边倒。两个拳头贴在腰窝，好像攥着，紧紧地攥着……

写动作更需传神，给读者亲眼目睹的感觉。

《三只羊》中写大羊哺乳小羊的动作：

身后一只小黑羊羔，刚刚降生的时候，毛发卷卷的、湿湿的，大白羊便一点一点用舌头舔，慢慢就舔干了，毛发也直了。小黑羊羔吃奶的时候，都是钻到它的腋下，嘴含着乳头，头向上一顶一顶的。有时能看见大白羊

白白的、黏稠的乳汁从小黑羊羔的嘴角渗出来……

当然，语言要简洁、生动，心理描写要细腻。

细节无论怎样写，我认为首先要抓住事物、人物的特征，围绕特征展开描写。这样，你写出的文章才是独特的，才令读者感兴趣。你写出了特征，标志着你的作品与众不同，别有风格。

其次，使用多角度、立体描写。多角度指的是看事物、人物，要从多方面看，就像摄影师多换几个方位拍摄，才能拍摄出他最想要的片子；立体描写，我指的是把你看到的、听到的、闻到的、感受到的写出来，丰富读者的阅读感受。

再者，掌握揭示冲突的技巧。生活中最为矛盾的戏剧性冲突，一旦被你揭示出来，你的细节会更真实、更生动、更引人入胜，你的人物形象就更鲜明。

还有，学会营造意境。以小见大，放大美丽，浓墨重彩地进行渲染烘托，强化文章的感染力和意义。在这方面，我们可以多向微拍的摄影师学习。

而精心锤炼好词句是作者的基本功，不可或缺。好好推敲动词、形容词的使用，向"一字传神、一语惊人"的目标进发。

其实，细节描写并不复杂，只需要把握三个字：

"真"。非虚构写作的"生命"在于真实，关系到写作伦理问题。不要编造，不要添加，不要欺骗，不要张冠李戴，不要随意构想，不要合成人物，不要糅合时间，不能模棱两可，把你亲眼看到的或者间接听到的，艺术地表现出来。

"精"。从某种意义上说，"精"就是"典型"，就是最有意义的细节。精心挑选最恰当的典型细节，来表现人物、突出主题。

"细"。就是细腻。比如用特写镜头般的语言，锁定某一个画面、一个表情、一句话，加以放大、强调，以造成强烈的艺术效果。

第七讲
对话不可少

Dui hua bu ke shao

精彩阅读

永远的香椿树

我特别喜欢吃香椿芽。

香椿树不像杨树那样笔直,而是有些弯曲,弯得苍劲有力,即使树皮裂开了,都不肯折断,给人一种不屈的形象;它也不像柳树那样下垂,而是向上生长,令人感到一种执着的力量。

刚摘下的、嫩嫩的香椿芽,用水那么轻轻一焯,只需放些盐和香油,顿时,香味就溢了出来;或者把香椿芽切碎,拌上蛋清儿,在吱吱冒油、焌过葱花的热锅里,翻上几个跟斗儿,煎成金黄、淡绿相间的坨子,煞是好看,又相当的美味。在我的老家太行山区,到处都长满了香椿树。每年春天,等到香椿树上的芽长到寸把长时,乡亲们便把嫩芽掐下来,当作下饭的菜肴。

十几年前的那个春天,我刚到北京,住的这个小院,有几棵三四人高、碗口粗的香椿树。虽然市场上也卖香椿,但那些香椿芽掰下许久,已经蔫了,没有刚掰下的水灵。遥想在老家吃香椿芽的情景和美味,我不由得来到香椿树下,想伸手掰几片叶芽儿。

"不可!"老陈似乎看出了我的心思,操着浓重的安徽口音阻止。

原来,这几棵香椿树都是"名花有主"的。其实,这树是谁栽的早就说不清了,但"主人"不让人掰,就只能不掰了。这与太行山区那种纯朴的风俗不同，在那里，香椿树的主人会主动邀请大家分享，有人甚至把掰好的芽子热情地送到别人家去……

老陈拒绝了我，我便把不悦的目光送给他。

老陈是小院的门卫，看起来六十多岁的样子。不过显然不是，因为六十已经是退休的年龄。他个子不高，头皮裸露，仅剩几缕软软的、发黄的头发；有时戴着一副老花镜。每次早起，一定会看到他，不是挥舞扫帚，就是推着垃圾车，打扫小院，清理洗手间。晚归的人，只要轻敲他的门窗，他就会马上披件大衣或挂条短裤出来开门。

香椿树的芽被"主人"蚕食得很快。很快，几棵香椿树像被剃光了头，紫红色的枝干上，露出断裂的白痕，像一只只含泪的眼睛，可怜巴巴地注视着人们。但是，到了秋后，香椿树的叶子还是顽强地长全了。不过却明显没有杨树叶、柳树叶那样健壮，大小不一，厚薄不齐，只要一经雨霜，便纷纷凋零。冬天的夜晚，狂风呼啸，香椿树独自伫立在皑皑的白雪中。令人惊奇的是寒冬一过，每到春天，那光光的香椿树上又吐出了嫩芽。

这些年，我逐渐了解到一些关于老陈的事。他在香港回归那年，从安徽老家来到北京，做了我们小院的门卫。因为小院就他一个门卫，无人顶替，他离家后就再没回过一次家。起初，他的老伴和小外孙还住在这里，之后小外孙回老家上学，老伴又得了糖尿病，也回了老家。剩下他自己，一年又一年，为小院、为单位，默默地、尽职尽责地做着每一件事。

了解多了，我慢慢地对他产生了敬意……所以，每逢过年过节，我都要给老陈买些酒送去，好让他打发孤独的时光。起初，我买了一捆啤酒，后来他跟我说，价钱一样，啤酒不经喝，还是买两瓶白酒实惠。

有一次，他突然给了我一把第一茬香椿芽。而且一再强调，这是他多次请求香椿树的主人，才得来的。

初春的香椿芽，翠绿水灵、鲜嫩喷香！

临走时，他嗫嚅地请我帮他写个老年证申请。我说，办老年证要六十二岁以上，你还不到六十吧，不符合规定。他这才拿出身份证……我惊住了，连手上的香椿芽都不由自主地掉到了地上。

原来老陈都已经六十七岁了！

老陈，一个那么瘦小的老头，六十七岁了，仍在任劳任怨、默默无闻地工作。十余年，没有回过一次家，没有休过一次假；十余年，岁月薅光了他的头发，掘深了他脸上的皱纹；人生如水，一去不返，十余年，时光老人与他生命的烛光同步，渐行渐远……

他帮我捡起香椿芽。我真的不敢想象，在我品尝这美味时，是在享受大自然的赐予，还是在咀嚼老陈人生的酸甜苦辣？

一年又一年，香椿树秃了再繁，香椿叶落了又生。春夏秋冬，周而复始，那屡遭踩躏的香椿树，永远保持了不屈的形象，永远在积蓄执着的力量，永远都有一股春风吹又生的活力……而老陈不就是这样一棵执着、坚强生长的香椿树吗？

选自 2015 年 12 月《人民日报》

张宗淮的一点私念

"夷陵大禹"张宗淮的事迹经新华社、中国水利报等媒体报道后，我以记者的敏锐嗅觉、以作家的灵感和深度，深入宜昌市唐家坝村，见证了其人其事。其实，他在做公益的背后，是一颗私心蠢蠢欲动。

洪水咆哮着吞噬了良田、房子……

　　张宗淮的老家唐家坝村，距离三峡大坝十多公里，近一个小时的路程。这里属于湖北省宜昌市夷陵区的行政管辖范围。夷陵位于风景秀丽的长江西陵峡畔，长江中上游的分界处，属鄂西山区向江汉平原的过渡地带，上控巴夔，下引荆襄，素有"三峡门户"之称。夷陵的意思是"水至此而夷，山至此而陵"，就是水到这里变得平缓，山到这里成了丘陵。这里应该是个河水安澜、六畜兴旺、百业发达，老百姓安居乐业的地方，然而，2007年的"7·19"和"8·30"两场特大暴雨，却使唐家坝村遭受了"灭顶之灾"。

　　唐家坝村深嵌在一条大峡谷中，一条横溪河（也叫莲沱河）从中穿过后汇入长江，两边则是连绵不断的高山。村子由上坝、中坝、下坝和套里几个自然庄组成。坝处于山坳比较平坦、小洪水殃及不到的地方，却没有躲过2007年的那场洪灾。那段时日，天空阴沉得像黑锅底一样，把人塞进了"桑拿间"。几道电光，接连几声霹雷，便下起了瓢泼大雨。人们急急忙忙躲到山上，可山洪夹杂着泥石流，还是把两个人活活冲走了。山上哭声、喊声、雷声拧成了大麻花，在耳边蹿来蹿去；山下洪水咆哮着吞噬了良田、庄稼、房子，还有牛羊鸡鸭。有人跪在地上，冲苍天大喊："大禹显灵，救救我们吧！"

"唐家坝都快成孤岛了，你得想想办法呀！"

　　大禹是三峡人民十分敬仰的治水英雄。相传在上古时期，有十二条孽龙飞到黄牛峡，化作一座座山峰，挡住了三峡水的出路，数万群众陷入洪水灾害之中。为解救芸芸众生，玉帝派遣大禹治水。大禹访四海，求良策,带领群众劈山开河,连续九载,三过家门而不入。他来到西陵峡中段,迎面耸立着一座高入云天的大山,久开不通。巫山神女为大禹的赤诚和毅力所感动,派遣土星化作一头黄牛相助,使得大禹治水告成。为了纪念黄牛助大禹开峡成功,当地群众便在黄牛岩下建起黄牛庙,庙内有祭祀大禹的禹王殿。三国时,蜀相诸葛亮重修黄牛庙,并立下碑碣。

大禹三峡治水的故事毕竟是传说和神话,眼前是大洪水糟蹋后千疮百孔的惨景。90多岁的邹大秀老人逢人便说:"我活了90多岁,还从来没有见过这么大的水、这么大的灾呢!"有人把这个不幸的消息告诉了远在武汉市的张宗淮。正拉着一支队伍搞水电安装工程的张宗淮,听到有人喊他接电话——是老家的电话,他三步并作两步赶过来,把话筒紧紧按在耳朵上。电话那边的声音使他的脸色忽青忽白,他的回答颤颤嗦嗦、断断续续。他放下电话,让人赶紧去买两吨煤油送到老家。洪水破坏了输电线路,父老乡亲最需要光明——他想。但是,派出去的人跑遍武汉的大街小店,没有一家店铺出售煤油。

张宗淮立即找到航空公司的朋友,倒腾了2吨航空油,另加5000元现金,送回去救灾应急。人被打发走了,他却一屁股坐下来。眼前是永远铭刻在记忆中的小山村——横溪河弯弯曲曲,河水清清,他经常去河里逮鱼;两岸青山逶迤,绿树相依,他经常上山砍柴;山坳里瓦房座座,星光点点,他经常出出进进——那是生他养他培育他的地方。张宗淮家境贫苦,父母生下他们弟兄四个,靠的是红薯、苞谷面、菜团子为生。他在家排行老大,从6岁起在父亲生病的16年中,自然较多地担起了家务。父亲早逝,靠的是左邻右舍的接济和帮衬,一张张熟悉而又温暖的面孔浮现眼前。想到乡亲们深受洪灾之苦,这位57岁的汉子眼里噙满了泪水。

如果不是武汉的工程追得紧,他会马上赶回去。钱永远是挣不完的,也永远是挣不够的,能够在乡亲们危难的时候帮他们一把,确是非常紧迫的事。张宗淮归心似箭,用三天时间处理好武汉的事,急忙赶回唐家坝。

桥没了，蹚水；路没了，爬山。乡亲们围了上来，噙泪拉着他说："唐家坝都快成一个孤岛了，你得想想法呀！"看到乡亲们流泪，他的泪水也滚了下来。唐家坝村的土地原本就不多，一个人不足一亩地，1000多亩地养活不到2000的口人，地里的庄稼还没成熟就被洪水吞噬，与树木和杂草顺水弯腰趴倒，歉收是注定的事了。秋后的乡亲们吃什么呢？当务之急，就是灾后重建，恢复生产。

张宗淮首先想到去找地方党委和政府。他来到夷陵区乐天溪镇党委书记的办公室，向书记提出了灾后重建、恢复生产的请求。书记说：镇党委、政府正在积极组织灾后重建、恢复生产，但目前资金尚有缺口。你是老党员、企业家，如果能投入一些资金建设水利，我们是欢迎的。张宗淮从书记的办公室出来，左思右想，觉得书记的话是对的。近些年，国家加大水利投入，对大江大河进行了治理，而对中小河流的整治还没有来得及做，横溪河就是其中的一条。老党员、企业家——的确，有党组织的培养、父老乡亲的养育、社会方方面面的支持，我才能走出唐家坝创业，走上富裕的道路。想来想去，张宗淮觉得确实应该感恩乡亲，回报社会。张宗淮决定自己出资兴修河堤。

他说："捐款修河堤是社会公德。"

2008年春节，张宗淮在唐家坝老家的老屋与老母亲一起度过。这个节日，吉祥欢乐又凝聚着严肃的气氛，一个特殊的家庭决策会召开了。张宗淮说："我要拿出几十万块钱，把套里这一带的河堤修好。"全家人听了，感到吃惊。修建河堤，把钱往"水"里扔，不是"打水漂"的事吗？张宗淮解释："捐款修河堤是一种社会公德，老张家自古以来都有这样的传统。你们都知道，我们家以前很穷，吃糠咽菜，但是每次来了讨饭的人,父母总是让他们吃饱了再走,这与捐款修堤是一样的呀。我们家以前穷的时候,靠乡邻接济,现在咱们有了几个钱,拿出来帮乡邻解决点实际困难。这事我决定了!"一阵静寂后,老伴屈家梅说:"你决定的事就办好了,我听你的。"儿子、儿媳、女婿也说:"我们都有工作,能够自立生活。"张宗淮修筑河堤的信心更加坚定了。

听到张宗淮要修河堤的消息,二弟不赞成。他不敢当面对大哥说,却把侄女张琼叫到一边,悄悄嘱咐张琼劝说父亲。自己富了也就行了,何苦把钱砸在水利上,兴许费力伤财不讨好。可天性率真的张琼不仅没有阻拦劝说,还积极支持。春节一过,张宗淮没有同往年一样直奔武汉,而是出现在乐天溪镇党委书记的办公室。他计划自己出 60 万元钱,在农户最密、良田最多的唐家坝村套里一带,筑 300 多米长的永久性河堤。书记既惊讶又感激:"太好了,唐家坝村的人会感谢你,乐天溪镇的人会记得你。"

"张宗淮修河堤"的消息传开,唐家坝的群众心里乐开了花:"工程需要占地我们愿意让田,工程需要工人我们愿意出力。"张宗淮当着大伙儿宣布:"因筑河堤占田的,按标准补偿;凡是来河堤做工的,都按工程量结算工资。"这个消息也传到了宜昌和武汉,有好心的朋友劝他:"宗淮呀,帮帮父老乡亲是应该的,捐点钱乡亲们照样记得你,你这样动辄就是几十万的投入值得吗?""这都是政府该操的心,你都 57 岁的人啦,别不把养老钱当回事呀!""你在武汉买几处漂亮的房子,买宝马车坐坐,何乐而不为呀!"

一家媒体的记者专门前来采访他,听了他的事迹,提问:"你这样投入,产出什么?"张宗淮觉得这个问题提得可笑,为什么投入一定要有产出?这又不是做企业,而是做公益。他顺便答了一句:"没有产出!"那记者紧追不放:"那,有舍必有得,投资总有回报吧?"张宗淮一笑说:"父老乡亲的困难解决了,他们的生活富裕了,日子安稳了,就是最大的回报;我是一名老党员,有能力、有机会、有条件报答父老乡亲,就是最大的回报；我能够率先垂范，引导朋友们奉献爱心，先富帮后富，大家都富裕起来，就是最大的回报；我们有五千年的好传统，继承下来，传承下去，子孙代代相传就是最大的回报！"他这种不图回报的劲头，实实在在用在了工程上。

他说："与水打交道不强调质量是靠不住的。"

你劝我劝，主意不变；你说他说，抓紧工作。张宗淮从村里招来人马，搞测量，调机械，筹建工程指挥部。3月20日，套里河堤整治工程正式开工了。套里河岸上四五百米处，是张宗淮的老屋。老屋两边门框上，写着"宜昌永兴水电设备安装有限公司""唐家坝套里河堤整治工程指挥部"，两块牌子一套人马，张宗淮任董事长兼指挥长。老屋前便是施工现场，气球高悬，彩旗飘扬，挖掘机机头上下翻舞，空压机机声嗡嗡作响，头戴安全帽的施工人员穿梭在河道上的河卵石间。二弟当时虽然不赞成，但毕竟是"战场亲兄弟"，施工队伍中还是少不了他身先士卒、奋勇当先的影子。

河堤整治工程紧张而有序地推进。河道清淤，堤脚开挖，开山备料，修沟筑堤……日子一天天过去，被洪水冲得一片狼藉的套里，出现了崭新的模样。住在套里以外的群众，纷纷来参观，带来羡慕的目光。"看着他们的眼神，我心里是三分欣慰，七分不安。他们多希望我把河堤多修一段啊！"张宗淮寻思着，下一步怎么办？可是，仅仅整修了套里一段，就把60万元花光了。如果继续修河堤，钱从哪里来呀？

转眼到了2009年夏天，河水时涨时退，需要重建的河道显得尤为脆弱。张宗淮的心里火上浇油。他急中生智，将生意上几位"欠债"的朋友从武汉请到唐家坝。看完两岸的水毁田，又看整修一新的河堤，几位朋友明白了老张的心思，这是"曲线要债"呀。从事房地产的张总（化名）将欠张宗淮的80万元分3次还清了。2010年、2011年，几位朋友又还清了200多万元。收回了外债，张宗淮又把资金投入到修河堤上，及时保证了河堤向上游延伸。

犹如大旱逢甘霖，水利部门积极争取资金，分3批拨付资金140万元，支持他的义举。唐家坝修河堤的施工号子声此起彼伏，响成一片。

这期间，还有这样一个小插曲。2008年10月，张宗淮投资22万元，修建了一个每天供水87吨的饮水工程，铺设4400米水管，让145户人家赶在春节前通了自来水。第二年他又一鼓作气，修建了7个大水池，使全村1000多人都像城里人一样吃上了安全卫生的自来水。一边修河堤，一边勾起他对小山村缺水的苦涩记忆。唐家坝1000多人散居沟沟岔岔，虽然守着横溪河，但由于山高地偏，冬季河水断流，抽水上山成本高，人们长年吃水去河凹里挑，生活十分不便。他的童年、少年，甚至离开村庄的时候，依然在抬水、挑水过日子。离家多年，回乡看见村民吃水还是这样困难，他多次上山察看水源，勘测水管路线，最终把干净卫生的自来水引来了。张宗淮嘱咐村里人，饮水工程必须管好用好。他还每年花钱请村里派专人管理。

这时的河堤整治工程正在有序实施。盛夏，火热的日头当空高悬，火辣辣的阳光像针一样直刺脊背和头皮，脊背和头皮火烧火燎地疼痛。他穿一件短衫，戴一顶安全帽，穿梭在人群中；河卵石表面温度70℃左右，他在河坝里跳来跳去，测量，清理杂物，划定堆料场；夜晚的"闷笼"直到后半夜才有一丝凉气，常常在深夜一两点收工后，他和工友们端起酒杯，喝出朗朗的笑声。4年多时间里，他有1000多天忙碌在工地上，夜宿工地70多个夜晚。晒得黢黑的张宗淮回到宜昌，与他一起走出唐家坝的老伴屈家梅风趣地说："我的老头变成非洲人了，只看得见一排牙齿在闪白，两个眼珠在动弹。"这时，张宗淮也关心老伴："我5点起床你做好了饭，半夜回来你还在等我，谢谢！"屈家梅说："你有能力做事，我支持，但是一定要善始善终，好事做好！"

张宗淮从事水电工程几十年，对水的感悟很深。他说："与水打交道一定要强调质量，不强调质量是靠不住的。""我拿出来的钱，分文都是血汗钱。我们建的工程，至少得管50年。"这正是他捐资、投入，而且亲力亲为的理由。他平时一脸憨笑，笑容可掬，笑声朗朗，笑得大伙儿也跟着笑。但是在施工中涉及质量问题，他的脸色就成了六月的天气，一下子就阴沉下来。他绝不允许出现一丁点质量问题。他既是指挥长，又是监理员。有一次，一家施工队对河坎的迎水面未用振动棒进行搅浆灌缝，他令挖机手将这段20多米长的河坎全部推倒重建。还有一次，质监员对一段基脚以沙代浆填缝的做法没制止，他要求无条件返工。严格的质量管理，使他建的工程被水利专家评为合格工程、优良工程。

"像我！像我！""夷陵大禹"笑声荡漾

张宗淮为家乡治水花去了700万元，已完成的项目有：新建7口水窖，可供1000多人饮水；新建35米长、5米宽、5.5米高的跨河水泥钢筋平板桥1座，解决了两岸"通行难"；修建跨河桥两端的400米硬化道路；恢复被毁农田40亩，新增农田40亩；新修排水沟10条共500米；疏浚河道、新建河堤2900多米。4年，被洪魔一朝损毁的横溪河面貌一新——河道平展了，道路畅通了，河堤建成了，良田恢复了。乡亲们在恢复和新建的良田上种植茶叶、玉米、红薯和油菜，更有原来因躲避洪水居住在半山腰的陈天玉等人，搬下山来，在新建河堤的背后盖起了新房。

然而，张宗淮为了治水修河堤失去了不少赚钱的机会。2008年4月，武汉有个400多万元的水电安装工程，业主点名要他做。可是，当时河堤正处在做基脚的关键时期，他只得放弃。后来，有个更大的工程招标，正忙于做延伸河堤方案的他，无法赶到现场，最终流标。他把全部身心放在了唐家坝，计划争取政府、社会共同筹资3000多万元，启动建设以套里为中心的唐家坝生态观光旅游带，让唐家坝走进社会主义新农村建设的行列。这也正是当地政府及水利部门规划并准备实施的事。

做好事的人都有好报。唐家坝的父老乡亲们在张宗淮实施的每个项目旁都立一块石碑，铭刻上了"夷陵大禹"和张宗淮的名字。在《水记》和《套里记事》中，都详述了张宗淮修河堤的事，以彰其善举；宜昌市水利水电局开展了向张宗淮学习的活动，干部职工亲临现场参观、慰问，相互勉励；湖北省委、省政府，宜昌市委、市政府的领导做出批示，宣传张宗淮事迹，弘扬"夷陵大禹"精神。

张宗淮虽然成了"名人"，却像背了一块重重的石头，怎么也快乐不起来。直到有一天，女儿张琼讲了一个童年的故事：张琼带领一小群伙伴去田里烧红薯，等红薯烧熟了，张琼一一分给他人，到了她自己这里却没有了。小小的张琼不仅没有懊悔，而且开心地笑了起来。屈家梅听了这个故事，指着张宗淮说："就像你！就像你！"张宗淮听了哈哈大笑，连连说："像我！像我！"

采访结束，张宗淮给我提了点小小的要求，请我帮他说说话，他想承揽一些工程。之后的一段时间，他给我打了几次电话，还是承揽工程的事，这让我陷入深深的困惑。我并不埋怨他做公益怀有私念，毕竟他的积蓄已经用于公益上。我在想，对于做公益，能否形成一个长效机制，比如张宗淮的公益投入和国家的建设投资，以股份制的形式用于工程建设，然后按照投资数额分得红利，维系工程的良性运行？

参天大树需要长在肥沃的土地上，而不是龙卷风托在空中的干柴，你说是吧？

选自《中国水利报》

精辟释义

郭沫若说:"小说注重描写,我感觉它和绘画的性质相近。它的成分是叙述和对话。叙述是作家自己的语言,对话便应该尽量地采用客观的口语。"

鲁迅先生曾说:"对话也绝不说到一大篇。"这点,我有不同的认识、实践。

我以前写过一篇小说,从头到尾都是对话,当然这不是我的专利,一些大的名家也这样写过。我这里想说,对话的作用真的很大,它可以刻画人物性格,可以推进故事情节,可以反映人物心理活动,可以描摹人物语态……它好像什么都可以。

我发现,它最大的功能是调动读者的参与,作者与读者共同圆满一个故事。

所以,我很喜欢写"对话"。

因为"言为心声"。人物对话的内容和形式常常能表达人物的性格、思想感情和内心世界,通过写好对话来塑造人物形象,突出文章主题。

我在《别了,故乡》写到"最后一课":

"同学们,我们开始上课!"冉泽晓校长的语气比平时低沉了很多。

"老师好!"全班的同学齐刷刷站起来,一起高喊。

喊声，比以前任何时候都响亮，都庄重，都正规。

"同学们好，请坐！"冉泽晓校长的声音依然低沉。

一早，当移民正忙于整理货物搬运装车时，在村北的大石桥乡中心小学，西岭村的孩子们正端坐在教室里，聚精会神地听他们在这里的最后一课。

"同学们，今天把你们西岭村的68名学生集合在一起，是因为明天你们将随父母一起迁往邓州市腰店镇移民新村。这节课，是你们在家乡学习的最后一课……"

站在讲台上的冉泽晓校长神情多了些凝重。他一边说着，一边用力在黑板上认真地写下了"最后的惜别"五个大字。

然后，冉泽晓校长低头在黑板上抄了一首诗。

我们忘不了滚滚的丹江水，

她冲去了我们所有的烦恼；

忘不了村西头的吊桥，

她带给我们无尽的欢乐；

忘不了老家门口的泥泞小路，

她留下我们成长的脚印；

忘不了校园里的大柳树，

她见证了我和故乡伙伴们那段纯真的友情……

冉泽晓校长转过脸时，眼圈红了……

片刻后，他说："同学们，我们今天学习一首新诗，我来念，大家跟着念。好吗？"

"好！"学生们一起喊。

原本是一句话，冉校长把"我们"和"忘不了滚滚的丹江水"分开来念。

"我们"……

"忘不了滚滚的丹江水"……

学生们也一样把"我们"和"忘不了滚滚的丹江水"分开来念。然后，冉校长念一句，大家跟一句。

第一遍念完，冉校长的嗓子嘶哑了。

"我们再念一遍。"冉校长说。

"我们忘不了滚滚的丹江水，

她冲去了我们所有的烦恼……"

冉校长突然哽咽了。

学生们都站起来。

冉校长哽咽着说："要记住生你养你的这片热土，要记住哺育你们长大的丹江、父母和老师，到了新的家园，要听老师的话，要好好学习，老师盼望着你们学成归来，建设家乡……"

霎时间，教室里出奇的静。

校园柳荫中几只黄莺也不叫了，大槐树下的秋千也不晃荡了，后窗外那片芬芳的野山花一下子失去了往昔的味道。

这些刚刚八九岁的"小毛孩"，突然间像是长大了许多。

"老师，我们一定听你的话！"小女孩冉恒月哽咽着说。

"老师，我们一定听你的话！"所有的孩子一起说。

冉校长再也说不出话来，也哭不出声来。

所有的学生都一个动作，齐刷刷从书包里拿出已经准备好的笔记本，恭敬地双手递给冉校长。他们说："献给我们的故乡，献给我们的老师！"

冉校长的眼模糊了。

映在冉校长眼前的是一朵朵含苞待放的花朵。

冉校长轻轻地咳了一下，说："同学们，不，孩子们，无论你们走到哪里，都是祖国的花朵。你们一定会在阳光下盛开的，一定会的……"

所有的学生齐刷刷地向冉校长敬礼。

门外、窗外，早就聚集了很多人，把头都探进来了。他们是来接孩子的，但是谁也没有说话。

冉校长一字一顿："孩子们，我们再念一遍吧。"

冉校长第三次开始念：

"我们忘不了滚滚的丹江水……"

这样，把南水北调移民依依惜别故土的情景写了出来。在《永远的香椿树》中，全文就一句话，而且就两个字，把主人公认真负责的性格写了出来：

十几年前的那个春天，我刚到北京，住的这个小院，有几棵三四人高、碗口粗的香椿树。虽然市场上也卖香椿，但那些香椿芽掰下许久，已经蔫了，没有刚掰下的水灵。遥想在老家吃香椿芽的情景和美味，我不由得来到香椿树下，想伸手掰几片叶芽儿。

"不可！"老陈似乎看出了我的心思，操着浓重的安徽口音阻止。

原来，这几棵香椿树都是"名花有主"的。其实，这树是谁栽的早就说不清了，但"主人"不让人掰，就只能不掰了。这与太行山区那种纯朴的风俗不同，在那里，香椿树的主人会主动邀请大家分享，有人甚至把掰好的芽子热情地送到别人家去……

老陈拒绝了我，我便把不悦的目光送给他……

《张宗淮的一点私念》的这样写道：

一家媒体的记者专门前来采访他，听了他的事迹，提问："你这样投入，产出什么？"

张宗淮觉得这个问题提得可笑，为什么投入一定要有产出？这又不是做企业，而是做公益。他顺便答了一句："没有产出！"

那记者紧追不放："那，有舍必有得，投资总有回报吧？"

张宗淮一笑说："父老乡亲的困难解决了，他们的生活富裕了，日子安稳了，就是最大的回报……"他这种不图回报的劲头，实实在在用在了工程上。

这些例子都说明，对话能够表现人物的特点、神态和身份。

写好对话并不容易，但并不是没有规律。掌握了这些规律，就能用准确、生动、个性化的语言，写出栩栩如生的人物来。

郭沫若说："对话部分要看你写的是什么人，要适合于他的身份、阶级、年龄、籍贯、性别，而尽量使用自己的语言。这事相当的难，非有充分研究和经验是不能够运用的。"

简言之，写人物对话，要注意人物语言的个性化，要注意对话者之间的关系，要注意对话的语气，要写得简短、明快、有张力。

人物对话写作的几种形式：提示语在前，用冒号；人＋话，用冒号；提示语在中间，用逗号；话＋人，用逗号；提示语在后，用句号；话＋人，用句号；没有提示语，单独成行；话＋人＋话，用逗号。

有时候，对话中的"无语"，起到"此地无声胜有声"的效果。比如，在《守望龙州河》中，女主人公的几个"不言语"，表现了人物的性格，推进了故事情节。

这样的观测，每次都是生与死的考验。

"这很危险哪！"李瑞兰说。

"我们不危险，下游的人就危险了！"庞书智说。

狂风暴雨过后，观测和生活回到平常。每天按时起床后，庞书智检查设备、修东弄西；李瑞兰打扫卫生，准备早点。吃过早点，就是观测、复核数字、发电报、绘图。

"书智，我想把孩子接来，你看行不？"李瑞兰问。

"孩子来了去哪儿上学？不行！"庞书智答。

"再说，孩子来了，就会影响工作。现在爹妈身体还好，就让他们帮咱带吧。"他补充说。

李瑞兰不再言语……

2006年清明节前，庞书智对李瑞兰说："省局通知，我要去海口参加几天培训。"

李瑞兰立即睁大眼睛，清明节是她最害怕的时候。生者集中来这儿上坟时，杂草都被砍倒，凸起一个个坟头，上面挂满的纸条瑟瑟抖动，伴有哭天哀地的声音。

每当清明节过后，李瑞兰几天都睡不着觉，好在庞书智在身边陪他。他俩晚上一般都不出门，即使是出门，也是他走到哪里，她就跟到那里。

有时一些死尸的腐臭味飘来，熏得李瑞兰呕吐不止。

省水文局考虑他俩事多活儿重，允许临时雇用一名杂工，但是杂工晚上就回家了。庞书智将留下李瑞兰一个女人，相伴漫漫黑夜到天明。

"这次培训重要吗？"李瑞兰问。

"是预备党员培训！"庞书智答。

李瑞兰没再言语……

2008年10月3日，他俩测完数字，刚回到办公室，就接到省局的紧急通知，一场特大暴雨即将来临，可能引起山洪暴发，要求他们立即通知下游村民转移。

庞书智刚放下省局的电话，狂风霹雷闪电就跟过来。狂风将大树连根拔起，霹雷震得楼房颤动，闪电刺得人睁不开眼睛。

庞书智又拿起电话，要打给下游村，电话却没了声音，线路断了。

"怎么办？"李瑞兰急切地问。

"你坚守岗位，我骑摩托车去报信。"庞书智安排。

"太危险了！"她说。

"你说，是我一个人重要，还是几千人重要？！"他很严肃地说。

李瑞兰又不再言语了……

第八讲

构建一个"新世界"

Gou jian yi ge xin shi jie

精彩阅读

三峡印象（二题）

三峡的水会歌舞

今年七月二十六日，我终于来到了三峡！

然而，还是错过了最佳时机——二十日至二十三日，三峡工程经受了建成以来首次大洪水的考验，安然迎来、送走了七千个流量的巨大洪峰。

曾经在电视里看到，大洪峰带着震天撼地闷雷声，像万匹野马在大峡谷间狂奔，进了三峡水库却突然温顺起来。

按照工程设计标准，通过把洪峰拦住再慢慢放水——行业内叫泄洪，确保了下游城市和乡村的安澜。三峡大坝八孔泄洪闸门全部开启，洪水争先恐后奔涌而出。

曾经期盼一睹三峡泄洪的风采，现在终于如愿以偿。

车子在库区停下，我立即赶到三峡坝后。

这里依然在泄洪：三峡大坝巍然矗立，直上云霄。坝上一排绛红色的启闭机，犹如挂在天幕。几缕白云悠然从天边飘来，与启闭机擦肩而过。水柱从泄洪孔抛出，似彩练上下舞动。江面上的破浪伴舞，浪花摇曳。江涛拍岸，正是男高音放开喉咙，抑扬顿挫，放声歌唱……

七月的阳光，晒得水泥地面滚烫。几个游人站在观景台的栏杆前，或凝神专注，或言语感慨，或神采飞扬，或指指画画，尽情欣赏这场精彩歌舞。

蓝天蓝得让人心仪，青山青得让人心醉，水的歌舞让人流连忘返，心旷神怡。

我在观景台上不停地走动，手持照相机，从不同角度，使这动人的时刻，动人的场面定格下来。我又把相机的照相功能移到摄像位置，把水舞装进相机的肚子里。多少年后这些画面会一直舞动，多少年后那歌声会汨汨流淌。

登上坝顶，已是太阳西斜。阳光直泻下去，洒在整齐的泄水孔槽，洒在舞动的水柱上，洒在平展展的江面，散在远处的山和房子上。此时，阳光照射的地方光芒灿烂，阳光不及的地点也格外清澈。

太阳西下，夜幕降临，三峡的歌声站立起来，在耳边，在天际，在人间，久久回荡。

晚上，我住在三峡工程大酒店，服务员专门安排了望江的房子。

江岸霓虹灯闪烁，江水静如处女。

没了舞蹈，没了歌声，大江睡着了。

我却难以入睡。

站立窗前，浮想联翩。

长江，你曾经像此时此刻这样平静、安详过吗？

曾记否，无边落木萧萧下，不尽长江滚滚来；曾记否，长江万古奔流急，万千人种葬鱼腹；曾记否，百代儿女治大江，百年徒劳空茫茫……

不由想起诺亚方舟的故事。人类冰川时代，洪水泛滥成灾，诺亚受上帝委托，打造巨大方舟，以解救人类。然而，那条方舟只能承载少数人，甚至最后消失了……

不由想起大禹治水。大禹虽然很聪明，在治水方法上变"堵"为"疏"，引流入海，但是洪水年年治，灾难年年有。川流不息，灾难不止……

　　不由想起一九五四年、一九九八年长江大水，数十万人严防死守，损失惨重……

　　滚滚长江东逝水，浪花淘尽英雄。三峡工程建成后，长江水大的时候把它拦一下，把这只恶魔变成小绵羊，让它乖乖地往前走；水小的时候把它蓄起来，以备后用。这次大洪峰到来，三峡就是起到了这个作用。这样看来，以后天旱了，咱有法；天涝了，咱有招。真是旱涝从人，天随人愿！

　　江面渐渐露出了鱼肚白。

　　二十七日清晨，我再次登上三峡大坝，再次看到那动人的舞蹈。突然，远处辽阔的江面上，升起了一道弯弯的彩虹，五颜六色，色彩艳丽。有人说，那是一道吉祥的瑞气，会保佑人们世代平安。是呀，今天的三峡水翩翩起舞，不正是歌舞升平的象征吗？

温柔三峡

　　从三峡大坝走下，夜幕也悄悄跟来。蓦然回首，三峡大坝像个顶天立地的男人，默默注视着下游的山水、游船和挂在山腰的村庄，注视着身披绿沙的窈窕淑女。

　　真的累了，下榻三峡工程酒店，晚饭后倒头便睡。不知什么时候，那位窈窕淑女，身披薄薄的绿纱，无语却微笑着，端坐在床沿。我肯定是没有睁开眼睛，因为一旦睁眼这梦境就会遁去。那很温柔，很温暖，很温馨。

　　匆匆起床，我等不及吃早饭，只身来到长江边。犹如拉开窗帘，一幅水墨画似的景致出现了。一切都是了绿色的。那水，闪着清晨的波光；那山，扭起弯弯的曲线。水边、山脚，矗立一排排楼房；山顶、天际，飘起一缕缕白云。

云雾缥缈，山水朦胧，不是仙境，胜似仙境。

不要说我来得早，其实更有早来人。

江边，停泊着一只小木船，桅杆上挂着一盏已经熄灭的油灯，一位头发斑白、皮肤黑黄的老者，专心致志手握鱼竿，眼睛盯紧水面上的漂子。好像鱼儿上钩了，他猛一甩鱼竿，然而鱼钩上却空空如也。

"早呀，老乡！"我说。

"你早！"他说。

一番简单的客气。

"老乡，你是对面三斗坪的人？"我问。

"你知道三斗坪？"他问。

"因为建设三峡工程，三斗坪的名声大了！"我答。

"喔。"他说。

老者姓江，名长。这条江叫长江，他却叫江长，一听名字就知道，他是江边生长的。老者刚刚过了七十六岁生日。他得意地说："过生日那天，钓到一条大鱼，真是好下酒菜！"

我发现，老人的鱼篓内，依然没有一条鱼。

他跟我说，自从三峡工程建成，他就"下岗"了，没事做，不管阴天下雨，每天钓鱼。前半天钓鱼，后半天睡觉，已经成了他的生活方式。他告诉我，自他以前，他的祖祖代代都是船工。

"你会船工号子？"我问。

"哪个不会！"他答。

的确，从前的江边人，真的是"听惯了船上号子，看惯了船上的白帆……"老人当过船工，怎不会船工号子。我真是明知故问。

"你还能想起那号子吗？"我问。

"谁想不起，还会唱哩！"他说。

老人指了指上下游，告诉我这段是三峡之一的西陵峡，他要给我唱一段关于西陵峡的号子。

也呵么也呵！

也呵么也呵！

么呵也呵！

哦，哦！咳左！

领：船过西陵，

合：人心寒啰！

领：最怕崆岭，

合：鬼门关啰！

领：一声号子，

合：我一身汗啰！

领：一声号子，

合：我一身胆啰！

领：咳左！

合：咳左！！

领：咳左！

合：咳左！！

老人的嗓音像个古钟，沧桑、浑厚、悠远。

船工号子很好听，有的被列入文化遗产来传承，有的作为旅游项目去展示。其实，每一段号子，都是船工的汗水和血水写成的音符。

我曾"搜"过一些诗句，该是船工艰辛生活的记录。

一根纤绳九丈三，父子代代肩上拴。

踏穿岩石无人问，谁知纤夫心里寒……

手爬石岩脚蹬沙，为儿为女把船拉。

脸朝黄土背朝天，赤脚光膀心发酸……

翻过一山又一山，过了一滩又一滩。

纤夫尸骨沉江底，老板年年打新船……

"你怎么对这事那么熟悉？"他问。

"我百度的。"我答。

"我祖上，有十多个人喂了鱼！"他突然说。

我们的谈话戛然而止。我不愿意提及他的伤心事，再给他的伤口撒盐。把盐撒在伤口上，那伤口是火烧火燎地疼。

太阳已经挂到中天，光线笔直落下。一缕缕白云被初夏的风揉成了团，悠然漂移。光和云搅在一起，白得刺眼，亮得透彻。云团拼命遮住阳光，将影子投在山上、水面上。水面上，机船穿梭，笛声悠扬。江水是绿纱织成的，微微有点腥味。

"多亏建了三峡大坝呀！"他感慨。

我点了点头。

"看你没钓到鱼，为啥还天天来呀？"我忽发其问。

"其实，我就是图个好心情！"他微笑着回答。

中午过后，老人收杆，划小船离去。

我坐在岸边，感受夏风轻拂，欣赏日头西下。晚霞如火，照得对面的山崖金碧辉煌，照得三斗坪的楼房格外白净，照得微荡涟漪的江水清晰如镜。

长江，像个身披绿纱的淑女，温情脉脉。

岸边，聚了很多钓鱼的人，有老者，有少年；有男人，有女子；还有孕妇。上游，西陵长江大桥横跨，蔚为壮观。再往上，就是三峡大坝，那是个魁伟、坚强的男人。

世界是由男人和女人组成的，因为有了男人的坚强，才有了女人的温柔。

男人，好好呵护你温柔的女人吧！

选自《中国三峡报》《中国水利报》

爱在远方

天渐渐冷了，我的血糖忽低忽高，总是控制不好，便到医院调理一下。因为是老毛病，不是大问题，也就没有告诉在外地的妻儿，免得他们担惊受怕、分心费神。我自己一个人在医院打吊瓶，嘀嗒嘀嗒打发时光，却也有点孤独和酸楚。

在医院，似乎是个休闲的日子。

我建了"一家亲"的微信圈子，写了这两句话："有了这个圈子就好了，咱一家人天天在一起。""可能是年纪大了，我现在越来越想你们。"发出去，我的眼睛里噙满了泪水。

医院，也是让人回忆的地方。

想想我的婚姻、家庭，都是在离多聚少中过来的。

三十年前，妻子辞掉北京的临时工作，回到村里与我结婚，相夫教子、伺候老人。我在离村十余里的镇上当电工，定期定时上夜班，于是家里剩下妻子。开始还好，妻子和妈妈、弟弟们在一起，后来两个弟弟渐渐长大，我们也有了"小太阳"，妻子便和儿子搬到山沟沟里的新家住。

新家在两山的夹缝里，与邻居也有千余米的距离。入夜，母子俩早早入睡，有时候儿子半夜"鸡"叫，从外边能看到橘黄色的灯光亮了又熄灭；清早，妻子便早早起床，洒扫庭除，喂猪喂鸭喂儿子。我每次上班离家时，都是那种依依惜别又不得不别的感受。

一个冬天的早上，寒风呼啸，妻子照常早早起床。突然，她一阵头晕，晕倒在地，呕吐不止。我刚刚三周岁的儿子，我的正在熟睡中的儿子，我的每天早晨都被他妈哄着嚷着才起床的儿子，这时却一下子从床上跳下来，去扶他的妈妈。然而，他的妈妈昏迷过去了。

儿子披了一件大棉袄，开门向村医生家跑去。村医生叫刘丰田，他家离我家两里的路程，儿子小的时候"啰唆"，他妈常常抱着或拉着他去看病，那是一条儿子害怕扎针、拒绝再去的路。当时，他却喘着粗气，跑在冰霜凝冻的大地上，到了医生家门口，儿子也晕倒了。

医生推开屋门发现了他，把他抱进屋里，打上吊瓶。

"你妈呢？"医生一次次问。

儿子睁开眼睛，有气无力地说："我妈……在家……你快去……"

医生明白了一切，赶紧背上药箱，赶到我家。妻子摊在地上，已经不省人事。她的身子紧挨着一个小蜂窝煤炉子，炉火已经熄灭，炉子还有余温。医生神算，他们母子煤气中毒了。医生立即打开门窗，让寒风在小屋里流动，之后给妻子输液。

妻子和儿子清醒过来，妻子抱着儿子，大哭。

那夜，我在外抢修电力线路，抓紧恢复供电，领导说要确保人们用电。我听了这件事后，很后怕。如果不是我的小儿子去找医生，如果那个小炉子的火还在燃烧，如果……很长一段时间，我在无人的场合，泪水倏然而下。

就是在写这篇稿子时，我的眼睛也潮湿了。

小儿子渐渐长大，我妈，就是我妻子的婆婆，身体每况愈下。

我妈得了脑血栓，已经想说话却怎么也说不来了。一次我去医院看她，她正在打着吊瓶。妻子说，妈已经几天大便不下了。这时，我妈正要去洗手间，我要陪她去。她却摇摇头，努努嘴，要儿媳陪她去。看来，孝顺的儿子，总不如孝顺的媳妇！

妻子一手搀扶我妈，一手举起吊瓶，进入洗手间。很久、很久、很久也不出来，我几次催问，妻子才说话，让我把我妈搀回床上，她自己冲水洗手。我突然发现，妻子是用手指为我妈抠屎。妻子从洗手间出来，说妈的大便还是不通，用"开塞露"已经不顶了。

我很明白妈脸上那种表情，多亏了你家媳妇。

之后，我调到县城工作。县城离家百余里，比镇子远了很多。以往，不上夜班时，我每天都要回家，到了县城一般是一周或者两周回次家，有时工作紧张起来就三、四周回次家。工作之余，常常想起家中的妈妈、妻子和儿子。

我妈走后，我们举家迁到县城。

过了两三年，我又被调到北京，当了一名记者。

记得我离开原单位那天，很多人为我送行。人群中，妻子突然哭了起来。有人便劝她，说她不是总盼着我有出息吗？说她不是看到我将来有出息才嫁给我的吗？说她默默地孝敬老人，养育孩子，操持家务，不都是为了我吗？说得很多很多，但是妻子的眼泪还是噼里啪啦往下落。

在北京，我热爱的新闻工作更忙了，一般一个月或两个月回次家，有时连续出去采访甚至要三个月或者半年回次家。元宵节、中秋节、无数的周末，都是在采访中度过的。我和家里的联系，都是靠频繁的电话。

一次，我出差在外，几乎一周没有往家里打电话，家里也没有给我打电话。回京后，我立即拨通了妻子的电话。妻子迟迟才接电话。

"你怎么样？"我问。

"我挺好的！"妻子说，话音有点微弱。

"我刚采访回来，还要赶稿，之后回家看你！"我说。

"哇——"妻子突然大哭起来。

"怎么了？怎么了？怎么了？"我赶紧问。

妻子一直没说话。

"你媳妇输液呢！"旁边的护士说。

"什么病？她什么病？"我问。

"已经一周了，都是她自己照顾自己。"护士说。

后来我才知道，妻子一只手打吊瓶，一只手接我的电话时，一直咬着嘴唇，一直装得若无其事，一直不想把得病的情况告诉我。当我一再追问时，她委屈的泪水终于像洪水一样，决堤而出。我立即放下电话，乘末班车赶回老家。

其实，这只是其一。

"嘀嗒、嘀嗒——"我的吊瓶依然不停。

妻子在微信中问：天冷了，加衣服没有？我说加了，北京其实不冷；妻子问，今天立冬，吃饺子了没有？我说吃了，羊肉大葱馅儿的；妻子问，你的血糖控制得好吗？我说挺好，挺好的，真的挺好的！

这次离家时，我曾对妻子说，如果有时间，我去医院调理一下血糖。妻子睁大眼睛，久久地看着我。我微笑着说，只是调理一下，没有别的问题。妻子点了点头。

妻子说，那你安心在医院，好好调理吧！

选自《当代文学艺术》《华语文艺》

精辟释义

这里说的是场景描写。通过场景描写,构建一个"新世界"。

场景描写,旨在把生活中的场景,描绘成艺术场景,让读者亲临其境。

写好场景,还能够渲染气氛,衬托或表现人物形象,推动事件发展,表达中心思想。我想,还有重要的一点,就是再现事件和人物的真实。

我理解,场景描写就是对众多人物在一定时间和环境中的活动所构成的画面的描写。

《别了,故乡》之《小花猫》中写道:

搬迁前,张书强特意准备了一个大纸箱,四周凿上许多透气孔。搬迁那天,他把小花猫放进纸箱里,固定在车上拉到了新家。谁知,到了新家,小花猫却不见了。于是,全家老少四处寻找,直到夜里12点,还不见踪影,第二天、第三天,还是没有找到。

"猫狗记路,是不是回老屋了?"村里人的话,提醒张书强回老家找找。

第四天,张书强回到老家,老屋已经被扒掉了。

残垣断壁,瓦砾遍地,一派荒凉。

小花猫果然卧在老屋坍塌的墙头上。

张书强一看,惊呆了。

这50多里的路程，就是人走第一趟也要问几次路呀！

张书强看见它，它也看见张书强。它不跑，却"喵喵"地叫，声音有些嘶哑，眼里泪汪汪，眼神可怜巴巴。

张书强上前抱起小花猫，低头用胡子抹拉它的脑袋。

"跟我回家吧！"张书强说。

小花猫默默望着他。

张书强带上小花猫，要回邓州新家。

临行，小花猫回头盯着坍塌的老屋，一副恋恋不舍的样子。

张书强把小花猫抱得紧紧的。

小花猫猛然蹿出张书强怀抱，重重地摔到地上。

张书强把小花猫抱回家，发现它已经死了……

杜甫的《春望》有两句：感时花溅泪，恨别鸟惊心。作者触景生情、移情于物，写出了离别的悲凉情景。这里以小花猫逃回老家又被摔死的情景，写出了移民离别故乡时的心情。

《大使夫人的革命爱情》中：

1941年7月5日，赵兰香与耿飚的婚礼在庆阳女子学校的一间教室里举行。385旅的首长、同事及亲朋好友参加了他们简朴而热烈的婚礼。大家纷纷向他们表示祝贺，愿他们天长地久，白头到老。赵兰香和耿飚虽然没有海誓山盟，也没有甜言蜜语，但是他们的心为共同的理想在一起跳动。他们庄严地举起酒杯，互相勉励：一定要革命到底。

此段叙述了耿飚和夫人赵兰香的婚礼场景，突出了他们的革命爱情。

《放下屠刀——日本少左茅田幸助狼牙山救赎记》中：

在路边小吃店，刘县长先把几个老人叫到一边，千叮万嘱。

他说："茅田幸助是来赎罪的。咱有句古语'七十不打八十不骂'，茅田幸助今年整整八十岁了，我们就把他当一位老者看待吧。再说，好汉不打上门客，咱一定要控制住自己的情绪呀！"

几个老人木然。

小吃店放了一张圆桌，几个老人就座。谁也不说话，忽而看看刘县长，忽而看看茅田幸助。每个人的脸色，忽而惨白，忽而阴沉。

茅田幸助向每个人鞠躬，连说对不起。

他打开窗子，将三杯酒一一洒向窗外。

刘县长明白，这是祭酒。他想知道这三杯酒的具体意思，但是茅田幸助却是说的日语，他没有听懂。

那顿饭，没人动筷子。

几个老人面容凝固，像一块块冰坨子。

刘县长后来打电话得知，他们走了之后，几个老人边哭边喝，边喝边哭，有的酩酊大醉，横七竖八躺倒在地上；有的像翻江倒海一样呕吐，把胃膜都吐了出来，还带着血丝。

刘县长一行三人离开狼牙山。

"你祭酒时说了什么？"刘县长问……

几个革命老区的老人与追杀狼牙山五壮士的刽子手一起就餐的场景，写出了老人的愤怒、大义和刽子手的悔意。

《守望龙州河》中：

龙州河，是海南省一条不大的河，很多人都不知道她的名字，也不知道她从哪里来到哪里去，更不知道她不舍昼夜、默默流淌了多少个春夏秋冬。

小小场景，暗示了作品的主题。

《温柔三峡》中：

车子在库区停下，我立即赶到三峡坝后。

这里依然在泄洪：三峡大坝巍然矗立，直上云霄。坝上一排绛红色的启闭机，犹如挂在天幕。几缕白云悠然从天边飘来，与启闭机擦肩而过。水柱从泄洪孔抛出，似彩练上下舞动。江面上的破浪伴舞，浪花摇曳。江涛拍岸，正是男高音放开喉咙，抑扬顿挫，放声歌唱……

七月的阳光，晒得水泥地面滚烫。几个游人站在观景台的栏杆前，或凝神专注，或言语感慨，或神采飞扬，或指指画画，尽情欣赏这场精彩歌舞。

蓝天蓝得让人心仪，青山青得让人心醉，水的歌舞让人流连忘返，心旷神怡。

我在观景台上不停地走动，手持照相机，从不同角度，使这动人的时刻，动人的场面定格下来。我又把相机的照相功能移到摄像位置，把水舞装进相机的肚子里。多少年后这些画面会一直舞动；多少年后那歌声会汩汩流淌。

登上坝顶，已是太阳西斜。阳光直泻下去，洒在整齐的泄水孔槽，洒在舞动的水柱上，洒在平展展的江面，散在远处的山和房子上。此时，阳光照射的地方光芒灿烂，阳光不及的地点也格外清澈。

太阳西下，夜幕降临，三峡的歌声站立起来，在耳边，在天际，在人间，久久回荡。

晚上，我住在三峡工程大酒店，服务员专门安排了望江的房子。

江岸霓虹灯闪烁，江水静如处女。

没了舞蹈，没了歌声，大江睡着了……

这个场景描写，情景交融，与读者共享长江三峡之美。

……

场景描写一般是截取事件进行中的横断面。这里应该有场地，有参与者，有语言，有动作，甚至有动物。一个个场景就像人体的部件，构成了整个文章的"身体"。如果没有"身体"，恐怕就没有"灵魂"。或者说，没有场景描写的文章，不应该叫非虚构作品，可以叫论文或其他。

其实，场景就是场面，写一个场景，就是写一个场面。写场景，无非要抓住"场面"的特点，写好特定环境中的人物活动。但是，也并非无章可循。

有时候，场面有大有小，人物有多有少，事件有繁有杂，容易出现这样的矛盾：

如果只写一点不及其余，就形成不了场面；如果面面俱到，却又容易凌乱杂沓。这就要求作者突出重点，理出头绪，有条有理地描述。

具体办法，就是按照人物活动的不同类型组织场景描写，按照人物的活动来安排文章顺序。

尤其人物很多的时候，我们不可能一个个都写出来，比如我写《向人民报告》时，移民就有34万多人，还有移民干部，怎么可以都写出来呢。这就需要有点有面，以点带面，以少胜多，以小见大。选择几个不同类型的人物，表现宏达的主题。

写场景时，写好气氛很重要，也就是给文章制造一种氛围。人物众多，又在一个特定的场合，他们说话和行动的目的、内容、方式，都是各自不同的，这里要寻找一种共性的东西，比如悲伤、欢喜、愤怒、秩序井然、杂乱喧嚣等，这些都是读者所瞩目，所关心的，把这些写好就能表现出事件的整体气氛。

当然，在实际生活中，有些场面的气氛是随着事件、人物的活动发生变化的，这就要求抓住事件的发展过程，在事件发展中去写场面气氛的变化。

"哈佛非虚构写作课"举了作家亚当·霍克希尔德关于场景的理论，我比较认同。

强有力的场景，无论是作者观察到的还是重新构建的，都必须包括以下几个要素：

精确。所有细节都必须精确。要么你亲眼看到灵魂从走廊走下来，要么你至少有一个目击者——如果不是好几个。

气氛。要让读者感受场景，你做的不仅仅是描述事物的样子。声音、气味、温度，甚至事物的质地，都非常重要（注：还应该包括作者的感受）。

对话。场景中的人物必须有对话，不然描绘都没有意义（注：这里举例《大使夫人的革命爱情》一段，虽然也写了场景，但是并不精彩）。

情绪。你必须知道人们对你所描写的场景中的事件是怎么想的。

他还说，在叙述性描写中搭建场景，无论非虚构还是虚构，要培养读者的即时感。这是一种运动感觉：你写"他出了一场小事故"，读者什么也感觉不到；但是你写"他踏空了，一头栽到楼下"，读者就全明白了；你写"他闻到了玫瑰香"，读者也跟着闻到；你写"他在明亮的光线里眨了眨眼"，我们也跟着眯起眼来。

他还提出，场景设置要学会使用摄像头和麦克风控制，就是空间的控制。比如移动、慢镜头、快镜头等。

这些，都值得借鉴。

第九讲
语言的魅力

Yu yan de mei li

精彩阅读

一个陌生女孩的深夜来电

那天晚上,我坐在电视机前,手里拿着遥控器,反反复复拨弄电视频道。哪个频道都想看,哪个频道也感觉乏味,于是匆匆扫过。这样熬到深夜,开始上床,合眼。

刚刚来了睡意,突然手机铃声响了,是个女孩的声音。声音细润,甜甜的,但是有些颤栗。她问:"是子需老师吗?"

我回答是。

她说:"子需老师,你认识张老师吧?他是在帮您运作《大禹治水》拍成电视剧的事吧?请问您了解他吗?您知道他在骗您吗?"

确有此事,但我不知道那个张老师在骗我。

我问她是谁。

她说,她就是那天张老师给打电话的那个人。

她说的张老师,是我在一次文学笔会上认识的作家朋友。张作家得知我创作了长篇小说《大禹治水》,就说这个故事太好了,可以拍成电视剧。他说他认识电视台的人,可以帮忙。于是,我请他吃饭,详细研究运作方法。

要把拙作《大禹治水》搬上银幕,是我求之不得的事呀!

张作家当着我的面,拨通了一个女孩的电话。张作家说这个女孩是电视台某副台长的"私人秘书",在台长面前说一不二。张作家向女孩介绍了《大禹治水》的情况,其中不乏赞美之词。他还告诉女孩,此事运作成功了,将把投资百分之十的份额打到她的账号。按照投资两千万元计算,百分之十就是二百万元。

张作家的手机没电了,又接着用我的手机打。他还把手机递到我的耳旁,让我听对方的声音。女孩好像在吃东西,声音支支吾吾的。

其实,我对这种运作方式感到奇怪,存有疑问。但又一想,也许按照正常渠道办不到的事情,歪门邪道能够办到。我还是抱了很大的希望,有点有病乱投医。

第二次请张作家吃饭,他告诉我,他写了剧本概要,已经递到了电视台。他说电视台的领导很感兴趣,但是需要意思一下。我问多少?张作家伸出两个手指,那个数。张作家还说,他和副台长是多年的朋友,事情如果办不成,会把钱退回来。张作家还打电话给那女孩,要她盯紧点。

女孩说是,声调有些发颤。

我犹豫,万一这事办不成,对方能否把钱退回来?又想,不办怎么知道办不成呢?现在办事情,哪有不出血的!我们是朋友,张作家不会欺骗我的。

我从银行取了钱,却没有立即给张作家,而是放在柜子里。到底还是有些犹豫,恐怕那数目不小的钱如肉包子打狗——一去不回。但是决定再观察观察,然后给他送过去。

这时,接到了女孩的电话。"可是,我怎么相信你呢?你为什么要告诉我这些呢?"我对女孩说。

"为这事,我已经几宿睡不着了,总感觉在做一件缺德的事。张老师还跟我说,等您给那笔钱,他先给我一部分。他是在骗您,真的!"

"你怎么知道他在骗我呢?"我又问。

"他曾经骗过我……"女孩说。

尽管我不知道张作家和女孩的关系，但是初步认定那是骗局。你想，那笔钱的事女孩都知道了，张作家本是告诉我要给电视台"意思一下"的呀！

后来，这个女孩见了我一次。她乘坐公交车风尘仆仆赶来。她的穿着、言语、举止，都很朴实，很真诚，完全不像"私人秘书"的样子。她既然不是"私人秘书"，证明张作家的话就完全是假的了。

我对女孩充满感激。

"谢谢你！"我说。

"别谢我。如果这事我不告诉你，我也就成了骗子了。"女孩说。

我送给她一本《大禹治水》，写上了"挚友"两个字。

很奇怪，多年后我还记得她手机的11位数字。

选自中国文联出版社《若水》

我拨通了死者的电话

我拨通了死者的电话，真的！

说起来这事有点突然，但是，也是必然，正所谓出人意料，又在人意料之中。

五年前，我只身从河北老家来到北京，有些孤单，有些渺茫，多么想"他乡遇故知"呀！

几天后，我突然想起一个人。我在老家工作时，一位河北日报的朋友曾告诉我，人民日报有我们县的一个老乡。因为操守文字，希望多认识一些大报大刊的编辑，便于向他们学习，多发一些稿子。于是，向朋友讨取了老乡的手机号码。哈哈，那个手机号码也自然随我到了北京。

这时，我拨通了老乡的电话。电话中，是个女人的声音。那声音，近在我的耳边缭绕。

我说明情况。

她说："祝贺你来到北京。咱们约定个时间，我为你接风洗尘，好吗？"

"那就明天下班以后吧。"我随口答应了一下。

第二天，我刚刚下班，就接到她的电话。她说已经到了我们办公楼下。

我急忙赶到。

在楼门口，发现她背朝内，面朝外。

那是一亭亭玉立的背影，一头波浪式的金发，一身朴素却时兴的衣着，尤其腋下一款红色挎包，格外引人瞩目。她转过身来，才看清，那是一张充满微笑，格外亲切的脸。从这张脸上，甚至从她的衣着打扮上，谁都会判断她五十来岁的年纪，实际她已经快七十岁了。

她请我吃日本料理——吉野家。

老乡姓任，在人民日报当过记者，曾报道过很多老革命家的新闻，现在已经退休。作为女性，她和一些老革命家的家属非常要好，至今来往甚密。她问我有什么需要帮忙？我告诉她，想见见杨成武夫妇。因为杨成武的爱人赵志珍是我们本家，杨将军也在我们家乡战斗过，其战斗故事家喻户晓。我小的时候，爷爷讲，他曾用毛驴驼粮食，送到杨成武的部队，支持抗战。

任大姐几次和杨将军的秘书接洽，因杨老正在病中，未能拜见。杨老去世后，我作为赵志珍的娘家人，参加了杨成武将军的追悼会。从杨家送遗体到八宝山革命公墓。之后，任大姐把我介绍给杨将军的子女。

之后，任大姐知道我担任《人物周刊》的特约撰稿，就介绍我采访耿飚夫人赵兰香。赵兰香是从宝塔山下、黄河之滨走向中国和世界的中华民族优秀儿女中的一个。赵兰香与耿飚的爱情故事已成为今天多少人心中的传奇。

"青线线那个蓝线线，蓝格盈盈的彩""一十三省的女子就数那兰花花好"，20世纪30年代，甘肃省凤城庆阳出了三只"凤凰"，领头飞走的便是赵兰香。她和耿飚这一代人的革命爱情一直影响至今。采访后，一篇《大使夫人的革命爱情》在《人物周刊》发表。耿飚之女耿焱向任大姐和我表示感谢。

没想到，三年前一家杂志社向我约稿，我再次请任大姐帮忙。我几次打她的电话，电话开机，却没人接听。三年间多次拨打她的手机，都是无人接听。因为和她都是"单线联系"，所以无法搞清楚她发生了什么事，是手机丢了，还是换了手机号码？无论怎样，这么长时间，她应该给我打电话呀！

最近一次电话，让我喜出望外。我最后拨打她的电话，通了！真的通了！

音如其人。尽管到北京五年有余，朋友日渐增多，但是任大姐的声音依然亲切。况且，几乎三年听不到她的声音，现在终于听到了，更是喜上加喜，亲上加亲。然而，对面传来熟悉，又陌生的问话。

"你是？"她说。

她竟然听不出我的声音。我吃了一惊，还是告诉了我的名字，名字是加重音。

她的声音异常沉重。

"我是她的女儿。我妈死了！"

"怎么？"我不信自己的耳朵，问。

"她死了！"对方语调凝滞。

"怎么死的？"我问。

对方说，她患了癌症，几天的时间，就走了。

"那，为什么不告诉我？"我说。

"我妈的朋友很多，来不及一一告诉。"

我无语。

"她说，她的手机不关机，就要让所有的朋友都认为，她还活着。"

我哽咽。

"她说，她死了，不要给活着的人增加痛苦。"

我大哭。

直到今天，我依然认为任大姐还活在人世。她已经很长时间没有请我吃饭了，但是时而要通电话，听她的声音……

选自《人物周刊》

一只怀孕的猫死了

时间：2008年春天

地点：北京六里桥北里男单身宿舍

故事：一只怀孕的猫死了

上 篇

我们住在六里桥北里，一个男单身宿舍。那是一排一层的夹层房。什么叫夹层房呢？就是房顶是一层遮风避雨、防寒保温的石棉盖板，盖板下边，也就是屋顶上，罩了一层天花板。这样，房顶和天花板之间，就形成了夹层。

春天，一只发情的猫，是一只母猫，钻进了夹层，一连几个夜晚叫春。那叫声，或低吟，或高鸣，或短叫，或长啸，或哼唱，或哭泣，或哀求，或咆哮，或如春雨绵绵悄悄入夜，又如电闪雷鸣狂风呜咽……直叫得我身下的床板忽悠起来。

一会，好像又来了一只猫，那肯定是一只公猫。天花板上静了很长时间，突然声音大作。先是八条腿在天花板上有序追逐，声如洪鼓，之后便蓦然而止，静无点声。静得我心要跳出来。一宿没睡，总感觉头顶瑟瑟动弹，身上忽冷忽热。冷的时候全身卷缩，热时浑身火烤。

中　篇

天花板上好不容易静了两个多月，谁料那声音又再回首。几个晚上骚扰我，闹得我白天上班无精打采。妻子来了，说："这不是叫春。现在是夏天，早过了叫春的季节。"

是呀！这时，才感觉这次猫的叫声，与上次明显不同。这是痛苦的叫声，是垂死挣扎的叫声，是奄奄一息的叫声。

"是生育的声音。"妻子说。我急忙抄过手电筒，爬上房檐，从一个透气孔看进去。手电筒射出的光束下，就见一只大猫正在生产一只小猫。小猫的多个身子已经生出体外，显然大猫已经精疲力尽，声嘶力竭，但是还用尽最后的力气，玩命地产出。小猫的身子一点点延伸。终于，全部生出体外。

大猫身子一歪，瘫倒。小猫蠕动。

下　篇

"快来帮忙！"我喊妻子。我和妻子搬来梯子。我再次爬上房檐，用力掀开一块石棉瓦。"不能进去，天花板撑不住。"

我只好取来棍子，拴上勾勾，用勾勾往外钩大猫和小猫。大猫已经一动不动，身子软软的，任凭摆弄。

勾过来，身体还热乎乎的，然而完全没了呼吸。小猫一直动弹。把小猫抱回屋，妻子温了一杯牛奶，一口口喂它。

小家伙蹒跚站立起来了。老猫却一直躺着。

我突然想起一次到医院，见了一孕妇难产。医生问："是保大人，还是保小孩？"丈夫把耳朵凑到妻子的嘴边，最后摇了摇头。那孩子死了，妻子活了。

我们把大猫送到郊外，埋了。

选自《下雪了》《若水》

那只鹰带着留恋飞走了

秋天到了，地里的玉米、谷子和高粱都已经被收割，剩下齐整整的庄稼茬子。山上的草和河边的树叶黄了，风变得凉习习的。庄稼人忙活了大半年，松了口气，歇歇吧。

年年如此，我二叔从这时候开始玩鹰。

那年秋天，他花了 50 元钱从集市买来了一只大鹰，让它落在院子里临时搭起的一根大拇指粗的横杆上。这只鹰确实个子挺大，浅灰色的脊背夹杂着点点白星，淡黄色的胸脯上竖排着一道道黑纹，两只即将喷出的、乌黑的、带着凶光的大眼珠被黄金色的眼圈紧紧箍住，眼神还有些惶恐和不安。它那张嘴巴像把带勾的尖刀，那两只利爪牢固地抓在横杆上。它抖动羽毛，扇动翅膀，展开扇尾，打了个舒张，然后浑身松弛下来，似乎开始休息了。

二叔杀死一只正在下蛋的母鸡，烫去羽毛，剖开胸脯，扔去五脏，用力将肉和骨头剁成泥，像人们吃的饺子馅一样，然后用碗端到它眼前。那只鹰毫不客气，吃一嘴吞下去，看一看四周；吃一嘴吞下去，再看一看四周……吃饱了，把嘴在横杆上左右擦擦，突然，扇尾向上一翘喷出一滩屎。

鹰的屎是白色的。

二叔对我说："鹰的天性就是吃，为了吃它抓野兔、抓山鸡，有时还到人家院子里作孽，而一旦训练好了，就能被人利用。"

当天晚上二叔就开始训练它。

他把它移到屋里，屋里整夜亮着灯，每隔十几分钟，二叔就喊一声"唉咳"。那只鹰困了，听到喊声，便提起精神。渐渐地，二叔喊它一声，它便看起二叔来。这样训练了七、八个晚上，它终于听懂了二叔的呼唤。然后我们又到野地去训。二叔和我拉长一段距离。他在左臂上架着它，我右手端着盛肉泥的碗，我"唉咳"一声，鹰便展开扇尾和翅膀飞过来；二叔又叫一声，它又向他飞去。这样往返数次，这只鹰就练熟了。而后，二叔又将乱麻揉成团塞进它的嘴里，说是这样会将它肚里的东西"掏"出来，鹰有了饥饿感，就会去捕捉。临"出阵"的时候，二叔又在它的尾下拴上了一个小铜铃。二叔架着鹰，我在后面跟着。鹰尾下的小铜铃叮铃铃地响着。

这只鹰似乎也懂得主人的意图，它那两只大眼珠上下左右滚动，时刻侦察着。它那尾巴时而展开，时刻准备擒拿。

我们刚到一块谷子地边，一群山鸡听到了动静，扑啦啦飞走了。二叔把胳臂一扬，它把尾巴一展，扇动着翅膀追去。前面是一座山，山鸡仓皇飞过去，鹰紧追不放，翅膀一斜扎下去。我和二叔拼着命地奔过去。啊，它按着一只山鸡，山鸡已经一命呜呼了。二叔过去，拾起山鸡有趣地说："你吃了人们种的谷子，人们吃你身上的肉，嘿嘿。"

这时，一只灰色野兔子从一块黄豆地里跑出来，它冲过去，冲到兔子的头前，一扑，落空了。那兔子向另一个方向跑去，突然不见了。它展双翅飞向蓝蓝的天空，在白云间盘旋，渐渐地、渐渐地停住了，像固定在了那个地方。忽地，它一翻身，头朝下，尾朝上，像一支离弦的箭，像一点飞落的雨，像一颗流星，像一道电闪，扎下来了，扎下来了，然而，那只兔子又逃跑了。

它再次飞上天空，盘旋着、盘旋着，停着、停着，它要用那双明亮的眼睛看到兔子逃到了什么地方，它要用那带勾的"尖刀"、那双锋利的铁爪抓住它。这时，一阵龙卷风不幸袭来，把它卷在中心。它"嗷、嗷"地叫着，随风翻着跟斗，它抱紧自己的身子，终于冲了出来，然后刻不容缓又扎了下来，终于把灰兔子擒在铁爪。

兔子的咽喉被铁爪抓进去，眼睛被"尖刀"连钩带刺，鲜血直流，但是它的后腿却啪啪地拍着地面，拼命地挣扎着，挣扎着……二叔急忙过去，拾起兔子，又说："你吃了人们种的黄豆，人们用你剁肉丸子。"

……

就这样，这一带的山鸡野兔被这只鹰抓绝了。第二年开春，农活忙了，二叔对它说："你也该寻找你的朋友去了，明年秋天再见吧。"于是，它飞向蓝蓝的天空，盘旋着，盘旋着，有些不舍，带着少许的留恋，然后向遥远的天边飞走了……

选自《下雪了》《若水》

精辟释义

文学是语言艺术,文学的魅力首先来源于语言的魅力,而语言的魅力又源于作者一丝不苟、勇于创新的追求。唐代诗人杜甫在《江上值水如海势聊短述》一文中,有一句话叫"语不惊人死不休",成为历代文人墨客追求语言最高境界的动力。

其实,我们可能达不到"死不休"的境界,一些初学写作者形成自己的语言风格也有难度,但是按照"准、美、活、实"的基本要求去努力,也能写出不凡的语言。

"准"就是准确。

你的表达一定要准确。准确使用词语是写作重要的基本功,作者需要认真锤炼和推敲,才能清楚、准确、生动地表达自己想说的意思。如果你的词不达意,肯定会影响到整个文章的质量。

有时候,把你所见所闻所想,直接写出来,也不失一种"准确"。有时候,却要"僧敲月下门",像贾岛那样,好好推敲推敲。

我在《我拨通了死者的电话》中写道:

我拨通了死者的电话,真的!

说起来这事有点突然,但是,也是必然,正所谓出人意料,又在人意料之中。

五年前，我只身从河北老家来到北京，有些孤单，有些渺茫，多么想"他乡遇故知"呀！

几天后，我突然想起一个人。我在老家工作时，一位河北日报的朋友曾告诉我，人民日报有我们县的一个老乡。因为操守文字，希望多认识一些大报大刊的编辑，便于向他们学习，多发一些稿子。于是，向朋友讨取了老乡的手机号码。哈哈，那个手机号码也自然随我到了北京。

这时，我拨通了老乡的电话。电话中，是个女人的声音。那声音，近在我的耳边缭绕……

这一段，准确表达了我来到北京，想联系老乡的想法和做法，同时引出下文。

在《一个陌生女孩的深夜来电》中写道：

那天晚上，我坐在电视机前，手里拿着遥控器，反反复复拨弄电视频道。哪个频道都想看，哪个频道也感觉乏味，于是匆匆扫过。这样熬到深夜，开始上床，合眼。

刚刚来了睡意，突然手机铃声响了，是个女孩的声音。声音细润，甜甜的，但是有些颤栗。她问："是子需老师吗？"

我回答是。

她说："子需老师，你认识张老师吧？他是在帮您运作《大禹治水》拍成电视剧的事吧？请问您了解他吗？您知道他在骗您吗？"

确有此事，但我不知道那个张老师在骗我。

我问她是谁。

她说，她就是那天张老师给打电话的那个人……

这一段，把女孩给我打电话的原因说清楚，就可以了。

在《一只怀孕的猫死了》一文，我只是准确交代了事件、地点和事件：

时间：2008年春天

地点：北京六里桥北里男单身宿舍

故事：一只怀孕的猫死了

在《那只鹰带着留恋飞走了》中，准确描写了鹰抓兔子的情景：

这时，一只灰色野兔子从一块黄豆地里跑出来，它冲过去，冲到兔子的头前，一扑，落空了。那兔子向另一个方向跑去，突然不见了。它展双翅飞向蓝蓝的天空，在白云间盘旋，渐渐地、渐渐地停住了，像固定在了那个地方。忽地，它一翻身，头朝下，尾朝上，像一支离弦的箭，像一点飞落的雨，像一颗流星，像一道电闪，扎下来了，扎下来了，然而，那只兔子又逃跑了。

语言准确，需要体现人物的职业特点，需要体现人物的身份，需要体现人物的地位，需要体现人物的性格，需要适合环境和时间等。

"美"，就是你的语言要给人美感。这就要修饰好你的语言，不仅要让读者清楚明白，也要让读者信服、感动，享受美感。修饰的方法很多，可以多用比喻、拟人、排比、叠词等修辞手法；可以按照词与词之间的规律，有序组合；可以不用堆砌、重复的词语；可以让人物语言大众化等。

我更喜欢让语言有音乐感，或像流水一样。溪水潺潺流动，娓娓道来；山洪暴发，急浪滔天，声涛拍岸。

我在《从此共饮一江水》，用了这样排比句：

我拥抱南水北上，穿越伏牛，穿越黄河，穿越太行，奔流入冀，奔流入津，奔流入京，奔流到生命最渴望的地方……

我拥抱南水北上一路上留下生命的种子：这是温馨的种子，它将在北方人民的心灵，洒下甘霖，孕发幸福的笑声；这是绿色的种子，它将在北方干旱的土地，生根开花，结出丰硕的果实；这是力量的种子，它将在北方城市的血管，源源脉动，催生发展的旋律……

我拥抱南水北上，兴高采烈到达终点北京团城湖。湖水格外清澈，映出蓝天、白云，映出高楼、大树，映出蜂拥而来、列立岸边的男男女女、老老少少。那久旱逢甘雨的脸庞，汇聚在一泓清水里，水面顿时绽放出灿烂的微笑，那么和谐，那么温馨，那么惬意……

《一只怀孕的猫死了》，同时有这样的句子：

春天，一只发情的猫，是一只母猫，钻进了夹层，一连几个夜晚叫春。那叫声，或低吟，或高鸣，或短叫，或长啸，或哼唱，或哭泣，或哀求，或咆哮，或如春雨绵绵悄悄入夜，又如电闪雷鸣狂风呜咽……直叫得我身下的床板忽悠起来。

"活"，就是鲜活，不呆板，不做作。把语言写活，必须是语言简洁，话不多而精，才能很好地刻画人物的性格，表现人物的思想；必须是句式多变化，避免句式呆板、单一；必须是精选动词，把人物的动作写得准确、生动，更好地体现出人物的性格特征。

我理解最深的是，让人物自己说话，作者恰如其分、恰到好处运用好对话。

《我拨通了死者的电话》有这段对话：

最近一次电话，让我喜出望外。我最后拨打她的电话，通了！真的通了！

音如其人。尽管到北京五年有余，朋友日渐增多，但是任大姐的声音依然亲切。况且，几乎三年听不到她的声音，现在终于听到了，更是喜上加喜，亲上加亲。然而，对面传来熟悉，又陌生的问话。

"你是？"她说。

她竟然听不出我的声音。我吃了一惊，还是告诉了我的名字，名字是加重音。

她的声音异常沉重。

"我是她的女儿。我妈走了！"

"怎么？"我不信自己的耳朵，问。

"她死了！"对方语调凝滞。

"怎么死的？"我问。

对方说，她患了癌症，几天的时间，就走了。

"那，为什么不告诉我？"我说。

"我妈的朋友很多，来不及一一告诉。"

我无语。

"她说，她的手机不关机，就要让所有的朋友都认为，她还活着。"

我哽咽。

"她说，她死了，不要给活着的人增加痛苦。"

我大哭……

写"活"，切不可忽略了写"实"。

我理解的"实"，首先是诚实。"诚实"首先是作者的创作态度是真诚的。无论非虚构，还是虚构，都是艺术形式。对待艺术，我们应该是虔诚的。文品就是人品，就说明了其中的道理。我们可以把文章写得引人入胜，情节跌宕起伏，但是做人应该是实实在在的。

其次，就是真实。尤其非虚构作品，真实是作品的生命。任何离开真实的热闹和喧嚣，任何离开真实的胡编和乱造，任何离开真实的哗众取宠，对非虚构作品来说，都是短命的。如果把真实比作"大地"，非虚构作品就是生长在地上的大树，真正是根深才能叶茂，才能果实累累。

再就是平实和朴实。无论你写惊天悲伤，还是写动地的喜悦，你的感情当深深蕴藏在文字中，你都要心平气和地讲故事，娓娓道来，如流水汩汩流淌。语言的朴实表现在不矫揉造作，不罗列成语，不卖弄文采。我喜欢多用生活中的语言，有的大作家的语言很"土"，土的掉土渣儿，但是别有一番味道和张力。

你的写作一天没有停止，语言的锤炼就不可能停下来。

第十讲
倾注真情
Qing zhu zhen qing

精彩阅读

望着儿子

这是一次短暂而又漫长的别离。

二十多年前的一天,妻子走了,带着儿子。他们搬到姥姥家去了,一个山高谷深的小村。

人去楼空,屋里留下的是寂寞和惆怅,锅碗瓢盆桌椅板凳落满尘土颓然肃立;炊烟散尽,院中杂草渐渐生起。伴随着同事和同乡的惊叹与窃窃私语,枯燥和无奈在空气中弥漫。

睹物思人,脑海中留下的是儿子的音容笑貌:单薄的身子,枯瘦的脸庞,好大好大一个萝卜头。儿子来到世间第一声啼哭如喇叭定调,经过八个寒暑锤炼成一支沁人心肺的曲子。这支曲子迎来日出送走晚霞,飘过漫漫长夜,唱尽人间天伦。如今这曲子已袅袅远去,难以追回,令我撕心裂肺,柔肠寸断。

一个星期天的下午,我去看他。他简直变成了另外一个人。他的头发枯萎散乱,像初春干旱黄土地上的杂草,东倒西歪;他的脸上布满污垢,不知是被汗水还是泪水冲刷过,如沟如壑;他的声音嘶哑,似秋后广袤的原野上被狂风吹着的干叶子瑟瑟作响。

他远远地叫了我一声"爸爸"。

离异之后,儿子已判归女方,然而儿子见到我依然亲切地叫我爸爸,那叫喊似一把锋利的尖刀一下捅开了一个蕴积已久的脓包，痛快交加着疼痛。儿子不再是天真烂漫的孩童，简直一夜之间长成了大人，脸上写着迷茫，忧虑，在这之前孩子一直是无忧无虑充满朝气的啊。他在我对面，低头不看我，一双小手极不自然地搓揉着变色的衣角，我感觉到，儿子和我生分了。父子之间，被这种无形的距离感推开，致使我不禁潸然泪下。多年之后，儿子还会不会再认他的这个爸爸？！

我把带着的水果、面包、巧克力拿出来，拿到孩子跟前。儿子瞥了一眼，露出对这些美食淡漠的样子。儿子原本是一个非常贪吃的孩子。记得一次我拿回家一个苹果，儿子吃瓤我吃皮，最后儿子把皮也抢了过去。如今，儿子变了。我想问一问儿子现在的生活怎样，学习好吗，想不想爸爸……然而话没出口，已是哽咽起来……

我要走了。

"爸爸，我送你。"儿子小声说。

我在前面走，儿子紧随其后。

已是傍晚，夕阳垂下。我默默地走，想嘱咐儿子一些话，诸如：要听大人的话，不要淘气，好好学习，不要跟小朋友们打架，要吃饱肚子，天冷要穿棉袄棉裤，阴天下雨不要到河里洗澡，防止山洪暴发把人冲走……然而，我的眼泪已是山洪暴发，把想说的话都冲走了。从前，我根本没有关心过儿子，今天却想成为一个慈父。

已经走出一里多远，我停住脚步，然而没有回头。我轻声说："你回去吧！"

"再送一截。"儿子说。

我的泪水如注，再次涌出。

我，还有和我一样的一些大人，往往因为任性，把痛苦强加在孩子的头上。此时此刻，孩子的痛苦不就是我们的痛苦吗！此情此景，难道你的心没有滴血吗？！

已到村边，我说："儿子，回去吧，别送了。"

"爸爸，让我再送一截吧。"儿子说话的语气有些哀求。

夕阳已落下，山村夜幕降临。我和我八岁的儿子走到拒马河边。要过桥了。我再次让儿子停下。儿子停下了。我过了桥，往后看，儿子萎缩在一棵大树下，瘦小的身躯靠着大树，两手托腮，万般期盼地望着我。我再也迈不动似灌了铅的双腿，停住，返身蹿回桥对面去。儿子嗖地站起来，扑向我的怀里，两只手紧紧地抱着我说："爸爸，我想回家，我要回家啊！"

儿子哭了。

我抱起儿子，再也说不出一句话，只有泪水流到儿子的脸上……

我心里知道该对儿子说些什么。

选自《易水报》

想念老人

人有悲欢离合，月有阴晴圆缺，此事古难全。对我来说，今生最大的不幸是早年失去了父母双亲，从此在我漫长的生命中留下了一种永远无法愈合的疼痛，永远无法弥补的缺憾。

每逢佳节，每有悲欢的时候，就自然就想起父亲和母亲。

我十六岁那年，我年仅四十岁的父亲在我懵懵懂懂中去世了。

关于父亲，我的印象是高高的个子，长得很帅。他的遗像穿了蓝裤子、白衬衣。白衬衣装在蓝裤子里，被帆布腰带扎得紧紧的，于是个子更显得高挑。他脸上的微笑，是那种大雪融化后，露出的灰色地皮的模样。

父亲在外地当老师，一个月几十块钱。爷爷奶奶老了，在一条土炕上，一人卧着，一人躺着。我们姐妹四个，像鸟巢里的小鸟，张着粉嫩的小嘴，等大人来喂。父亲把工资交给母亲，母亲以财务部长的身份，去买油盐酱醋柴布药，去给我们交学费，去还上生产队的"缺粮款"。

一年假期，父亲带我去山里砍柴。父亲那舞动粉笔的细手，却摆弄不好镰刀，他的右手砍破了左手，鲜血滴滴答答落下。我被吓得哭了。荒山野外，父亲用嘴眠住伤口，血从他的喉咙渗进肚内。之后，父亲把几捆柴放到背架上，两肩伸进背带里，弯腰背起架子。我在后边看到，父亲背的是一座山。

以前，爷爷奶奶、母亲和我们弟兄四个，加上放假回家的父亲，几口人住在一间半房子里，实在挤不下了，爷爷奶奶就借房搬到外边住。那时，我只看到父亲整天阴沉着脸，很少说话，有时还骂母亲打母亲。后来，父亲放假回家，自己去山上采石头。后来，我家盖起了新房，父亲把爷爷奶奶接回家住。父亲开始有了笑脸，真亲切！

我从小好奇，心里琢磨，父亲为什么总是骂母亲打母亲。一次，母亲说："你有病，就不能歇歇！"父亲就凑到母亲跟前，用大脚踢母亲的屁股，还骂骂咧咧："我不干，你去干，你去砍柴，你去采石！混账东西！"母亲就不再言语，眼泪默默出来了。父亲打完骂完，头也不回就上学校了。一天晚上，父亲突然犯病，送到医院已经断气。

在太平间，我发现父亲的裤子里边，露出硬邦邦的另一条裤脚。已经是深秋，大多人都穿上了保暖的秋裤，我的父亲只能用裤子当秋裤避寒取暖。

我三十岁的时候，母亲也告别了人世。

母亲是一位朴实、勤劳、坚韧、刚强而又不幸的农村妇女。

父亲死后，家中七旬的爷爷奶奶要靠母亲一人赡养，第二年爷爷奶奶也相继病故，母亲替父亲披麻戴孝送爷爷奶奶入土为安；我的两个弟弟和一个妹妹，三弟最小，刚刚8岁，才上小学一年级。我们全靠着母亲帮人家做衣服挣些钱，供我们吃饭上学看病。

我是老大，曾说："妈，我不上学了，我要帮你干活儿。"母亲摩挲着我的头说："别，上完了学就有工作了，有了工作就能挣工资了，有了工资就能养家糊口了。"

我高中毕业后，没有考上大学。母亲让我去当兵，到部队"出息出息"，也许能找份工作。我体检合格，带兵的哥哥很喜欢我，却被支书的公子、我的发小、我的同班同学顶替了。支书给出的理由是，我家没有劳动力。从此，我们和母亲踏上了乡村至县城找工作的艰辛之路。

孤儿寡母，我们茫然站在县城的街头。背包里，有刚屠宰年猪的鲜嫩的排骨，有刚刚杀过的童子公鸡，有母亲一天天积攒的鸡蛋，为的是敬给一位当领导的亲戚，帮我找一份工作。领导吃过我们几年连续送来的"山珍"，却没有给我们办成事。

我想起，在处理父亲的丧事时，小姨悄悄对我说："哭，大声哭，领导就会可怜你们！"

我哇地大哭起来。母亲说："别哭坏了嗓子，不会有人可怜咱们的。"果然，我没有在城里找到工作。

那年大年年夜饭，母亲炖了一小锅排骨，端上桌来。我和三个弟妹像一个个小老虎猛扑上去，三弟竟然不用筷子，直接用手抓。母亲却微微地笑，笑得很甜蜜。在收拾狼藉的饭桌时，我看到母亲把我们吃过的排骨，用嘴嘬了一遍。母亲说："等你们长大了，都给我买排骨吃，我最爱吃排骨！"

一年后，我到村打石场当了一名小石匠。石匠这活儿也是一门手艺，把很大的石头修理得方方正正，雕刻上花纹卖出去。那时一块成品石料卖一块八角钱，一天我们能做十来块。

现在，你走在北京天安门广场，怎么也不会想到脚下的石板，就是河北易县的"天下第一石"，就有我汗滴石穿的作品。

后来，我又到架设北京至山西输电线路的工地打工。那时，从山下往山顶背水泥，一回背一袋，一袋一百斤重，背一袋挣一块钱，一天背三十袋。当我把厚厚的一沓钱交到母亲手上时，母亲的脸上没有出现云开日出、无比灿烂的微笑，却是泪如雨下。她说："儿子，委屈你了。"

是啊，我刚刚走出校门，放下笔杆拿上锤头背起了架子，有多少苦痛多少劳累多少无奈多少忍让多少拼死拼活，母亲全都明白。我当时却感到万分幸福，因为有母亲理解我。

后来，乡里建小水电站，在社会上通过考试公开招聘电工。我应试了，我考中了。这是一个能养家糊口，也能为父亲母亲争口气、一个鱼跃龙门的好差事。

母亲听到这特好消息，终于用孩子一样的兴高采烈复活了心中的希望。母亲领着弟弟妹妹们送我到村头，字字千钧再三叮嘱：干完工作多看些书，别把功课丢了。吃公家的饭靠的是知识，要像你爸爸那样有文化，有才能。

我至今都不明白，爸爸有文化、有才能，为什么还动手动脚打妈妈。爸爸打妈妈，妈妈不仅默不作声，还始终念他的好。

我点点头，记住了，牢牢记住了。参加工作后，我先跟师父学习，系统学习了小水电中等专业知识，后来通过四年不懈努力修完了大学中文全部课程，还读了托尔斯泰、巴尔扎克、马尔克斯等一系列大作家的著作。

然而，没有父亲的月亮暗淡忧伤，没有父亲的太阳缺少光芒，没有父亲的日子空空荡荡……

后来，母亲得了脑血栓，拴住了，说不出话。我们看到她那着急的样子，都偷偷地哭。她的一切语言都在眼睛里，都在举手间。我的妻子在家伺候母亲，安排两个弟弟上学。我的妹妹原本在外地有了工作，也坚决辞职，回家照顾母亲。

母亲在吃我们买回的排骨时，嘴明显有些僵硬，但是脸上微笑满满的。母亲也爱吃牛肉，但是以前我家是吃不上牛肉的。我们买回牛肉时，她沿着肉的纹丝，一条一条撕下，慢慢塞进嘴里。我们让她大口吃，她摇摇头。她还举着肉块，让我们吃。我们一定要吃，因为里边有母亲的快乐，有我们的幸福。

没多久，母亲等我们儿女都来到身边的时候，闭上了那昏黄的眼睛……

父母亲去世之后，我从小水电站调到县水利局工作，做秘书，当主任。其实，母亲在时，县领导几次要调我，我都推辞了。这时，我举家迁到城里。妻子和我在一起上班，儿子开始上中学。我们在城里买了楼房，豁亮宽敞……

这时，可谓事业有成，家事兴旺。幸福生活从山村走来，美满日子从这里开始。我快乐，更思念着。

真的，如果父母现在还活着，我把他们都接进城来，享受一下城里人的生活，三代人一起说说笑笑，那将是一种怎样的天伦；即使他们生活在乡下，我们常回家看看，生活的事跟母亲说说，工作的事跟父亲谈谈，帮父亲捶捶背，帮母亲洗洗碗，又是一种怎样的乐趣。

然而，父母在，人生尚有来处；父母去，人生只有归途。每年的清明节和父母的祭日，我们都会到他们的坟前倾诉衷肠。我的儿子也渐渐长大了，但是他每次到坟前，都像孩子那样，趴下磕头。妻子、妹妹、弟弟、弟媳，一起为父母烧纸送钱，也滔滔不绝嘱咐父母不要舍不得花钱。我则是站在坟前，一言不发。

生活越富足，思念越凝重。

我除了对自己老人的缅怀和思念，就是对家里老人健在的同事非常羡慕。我常跟他们说：你们真幸福。同事的老人来了，我要去探望，就融化了心中的堵塞，就好像尽到了一份孩子的责任；同事的老人"走"了，我也要去奔丧，痛哭一场，这时最容易想起我的父亲母亲，伤心自然要落泪……

2003年春天，我被中国水利报报社借为编辑记者。在熙熙攘攘送行的人群中，我多么想看到父亲和母亲啊！

人生的酸甜苦辣和悲欢离合告诉我：有老人就有力量，就有智慧，就有平安，就有幸福！

选自《易水报》

感恩二叔

我十二岁那年，准备上初中的时候，和叔叔一起到他家地里去除草，被叔叔搧了几个耳光。

正是春天，玉米苗子娇嫩翠绿，都长到了膝盖上，齐刷刷的。叔叔弯腰爬在地垄里，把苗子周围的草一点点清除。我在他的屁股后面玩，拿玉米苗子练扫堂腿。左腿点地，右腿在腰身的带动下，抡个满圆，带着风声，将苗子扫倒一片。接着，一次次重复，如武林霸主打败一个个对手，充满胜利的自豪感。

叔叔听到声音，回头看见我的动作，猛然站立起来，箭步到了我的跟前，伸掌左右开弓，搧在我的脸上。我的脸颊顿时火辣辣地疼，嘴角隐隐有流血的感觉。

叔叔的脸由黄变青，又变紫，成了紫茄子。

他的两个眼珠子就要冒出来似的。

"你小子吃商品粮，还他妈的早点儿！"叔叔气急败坏地大叫。

母亲带着我和弟弟妹妹在农村生活，吃农业粮。我的父亲在城里当干部，吃商品粮。在乡亲们推断中，我和弟弟妹妹早晚要顺理成章地离开农村，到城里工作，由吃农业粮转为吃商品粮。但是现在年岁还小，还早。叔叔说的就是这个意思，话中也充满了极大地气愤。

我委屈、疼痛地哭了。

我跑回家，向妈妈告了叔叔的状。

妈妈看到我的脸肿起来，嘴角挂着血迹，也心疼地哭起来，还拉着我找到叔叔，冲叔叔一通大骂。妈妈痛斥叔叔："不就是毁了你家几株苗子吗，还那么重重地打孩子，真是狠心！"

叔叔一阵口吃，不知说了些什么。

他的脸不停地变颜色，忽明忽暗。

到了秋天，突然有车来接妈妈和我们。

到了县城，汽车把我们直接拉到了县医院，到了太平间门前。

我爸爸去世了。

持续半个多月，处理完爸爸的丧事，妈妈带我们回家。妈妈曾哭得死去活来，再哭没了声音，再哭没了泪水，坐车一路上躺着，走路一直被人搀着。一直生活在优越的环境中，爸爸去世一下子破灭了我们的梦想。妈妈、我和弟弟妹妹万念俱灰，孤苦伶仃回到家中。

车到家门口，叔叔早就在那里等候。

妈妈下车，身子瘫软，两腿无支。

叔叔把妈妈背到背上，还手拉小弟，回了屋。

我们急急忙忙往医院赶的时候，连家中的门子都没有顾上锁。家中的鸡呀、猪呀、猫呀、狗呀，都没来得及打理。尤其地里的玉米已经熟了，原本要等爸爸回来收秋的，不料爸爸却再也不能回来了。这些，都是叔叔从他家闻讯赶来，一样样料理的。

妈妈稍事清醒，就急忙问起我家地里的庄稼是否被牲口糟蹋了。

叔叔不再口吃，低声说："已经收完了。"

院子里的粮囤确实满了。

妈妈又哭了。

妈妈让我和弟弟妹妹给叔叔跪下。

我还记恨春天叔叔打我那件事，就没有跪。

妈妈说："这粮食要是收不回来，你们没的吃，还不饿死呀。快谢你叔！"

我怕妈妈生气，跪下了。

我的嘴里还喊出了"谢谢叔叔"四个字。

三十多年过去了，我总是忘不了那件事。这也像春种秋收一样，我那时种下了感恩的种子，一直收获着感恩的快乐。

选自《天津文学》《中学语文教学研究》

父老乡亲

三十多年前，我高考落选，回乡务农，心灰意冷，百无聊赖。

"你在咱这山沟里若生活一辈子，着实埋没了自己。你是文化人，等有了机会，村里往上推荐一下。"村主任叫屈贵，他对我说。

按照乡亲辈分，我叫屈主任叔。

过了几个月，果然来了机会，乡水利站通过考试招工。叔向乡里报了我的名字。我参加了考试，考了第一名。

后来听说乡长的外甥要顶替我，我的心忐忑不安。

叔带我到了乡长的办公室。

"这不公道吧！"叔炸红着脸说。

乡长很不自在的样子，却说他不知道这事。

之后，叔一路小跑到了我家，告诉我去水利站上班。

"你是咱们村的骄傲,要给村里争气!"叔送我到村口,这样嘱咐。

我点点头。

于是,逢年过节,我就要给叔买回"老保定"牌酒。叔每次要留我在家里喝酒,把自己的脸喝得红扑扑的。他告诉我,凡事要一碗水端平,求个公道。

几年后,我被调到县水利局工作。说真的,滴水之恩当涌泉相报,我心里一直挂念着叔,挂念着村里。一年,我要给村里"活动"一些款,让村里打几眼井,修几条管道,把水引到家家户户。我把这事打电话告诉了叔。

"你是咱村的人,给咱村款会不会犯错误?"叔问。

"不会的。"我答。

"会不会让人说三道四?"

"不会的。"

叔说:"这款咱村不要,不能给你找不是。"

我说:"不会的。"

"不要!"

"不要!"

村里一直没人来提款。

我到水利部工作的时候,有乡亲来说,村里人吃水还靠肩挑。挑水的情景我是亲眼目睹的,每天每家要有一个人起早,从井上挑水到家里,占用一个早上的时间。我曾经也挑过水,那时个头矮小,前后水桶擦着地皮走。我还见过隆冬时节,有人不小心掉进井下冰窟窿,被人捞上来棉衣湿透浑身战抖的事。

说真的,我也觉得很丢面子,自己是搞水利的,老乡们却吃水困难。那些依然挑水的人中,有我的叔叔伯伯、弟弟妹妹、侄子侄女呀。我似乎为愧疚的心寻找理由,说起几年前,有意帮村里打井修管道,而屈主任又坚决不同意的事情来。

我问:"他还是村主任吗?"

"是的。"来人回答。

来人说:"他这人才怪呢。我们让他牵头来找你一下,他才不来呢。他还说,着什么急呀,国家想着咱呢。你们看,这几千年的农业税不是免交了吗,这农村医疗保险不是给上了吗。这水的问题,国家早晚会给解决的!"

我笑了笑,证实自己的真诚,也证实叔的怪异。

可是,今年春天,我还没到家,他带着村委会一班人早早迎在村口。

他很高兴:"今年县水利局给了两万元钱,把咱村小学生挑水的问题解决了。教学楼顶建了一个水塔,河边打了一眼水井,只要电闸一开水就从井里流到水塔里,抽一次水能吃十来天。感谢政府!感谢水利局!"

他接着说:"现在,我们想解决全村人挑水的问题。希望国家给些水泥、水泵、水管等材料,村里人自己出工,把这个问题解决了。"

我开玩笑说:"你不是不办这事吗?"

叔郑重地说明缘由。原来,他一直想一下子解决全村人的挑水问题,却总是考虑国家投资有限,村里自己搞不起。如果分批进行,解决了东庄的问题,又怕西庄、北庄、南庄的人有意见;如果解决了西庄的问题,又怕东庄、北庄、南庄的人有意见;如果解决了北庄的问题,又怕……总之担心造成不公道,叔就下不了决心。现在听说国家加大了水利建设投入,村里人都有信心,有决心,搞呗。

我说:"现在国家把解决群众饮水问题作为水利的第一件大事,你们的想法很快会成为现实。你们编制好项目,赶紧报上去吧!"

"你一定帮帮忙,争取把咱村的项目早日列进去!"叔异常恳切地说。

我点点头。

我知道他那年七十岁了。

我还知道他七十岁依然高票当选村主任的原因。

但是,他毕竟老了。

选自《天津文学》

绿色紫荆关

那天,我到超市购物,发现紫荆关牌小杂粮摆在货架上,既意外,又欣喜。看到紫荆关三个字,看到各种小杂粮,觉得十分熟悉和亲切,也为他们从太行山来到北京城,成为城里人一道健康食品,而感到骄傲。那黄色、红色、绿色的小米、黄豆、芝麻、花生、核桃、板栗和玉米糁等,透过透明的小塑料袋包装,就好像一个个小老乡,从明净的玻璃窗口冲我微笑,使我犹如回到了我们共同的故乡——紫荆关。

紫荆关是我国历史上九大名关之一,位于河北省易县西北部山区的紫荆岭上,为河北平原进入太行山的要道之一,有一夫当关,万夫莫展之险。东汉时名为五阮关,宋时名金陂关,后因山上多紫荆树,每逢盛夏满山遍野紫荆花开,而改名为紫荆关。紫荆关的传说很多,看着眼前特色各异的五谷杂粮,我还是想起小时候,大人们讲的粮食的故事。

康熙私访是在清朝,乃至现在家喻户晓的故事。一天傍晚,康熙带着懿妃、法印和三德子等人来到关口,只见城门关闭,城头兵卒告诉他们要等明日进城。康熙等人无奈,只好蜷缩城下。深夜,北风呼啸,寒气逼人,康熙饥肠辘辘。因为食囊已空,只等熬到天亮,再进城觅食。然而等城门打开,康熙等人已经饿得力气全无,瘫在地上,爬不起来。

幸好一位放驴的老乡发现了他们,用几头驴子把他们驮到一户农家。这时,正是农家吃早饭的时候,妇人刚刚掀开锅帽,露出热气腾腾的铁锅和锅面贴的玉米饼子。康熙等人也顾不得烫手了，抄起饼子，边颠打，边吹气，边狼吞虎咽，一口气吃下了一锅。老乡只好又重新做了一锅玉米饼子。

康熙等人饭饱肚圆的时候，早晨的阳光正好照在新出锅的饼子上，发出灿灿金光。康熙问："这叫什么名字？"老乡答："是贴饼子。"康熙连连摇头，接着又频频点头，说："这东西真好吃，就叫黄金塔吧。"后来，老乡得知，原来吃玉米饼子的是康熙皇帝，这是御赐呀！从此，玉米饼子就形象地叫作"黄金塔"，远近皆知。

我讲这个故事，是想告诉更多人，玉米饼子真的好吃。如果你到了农家，正赶上贴饼子，在饼子将熟的时候，就能闻到香甜的滋味，而且味道越来越浓。等到掀开锅帽，热气伴着香甜味道一股脑沁入肺腑。贴在锅上的一层，被烤得焦黄，现在叫锅巴，吃起来干脆，酥而不散；锅巴上边的，咀嚼如泥，软而不塌。吃的时候，不知不觉，饱了。我不是老王卖瓜，自卖自夸，因为皇帝吃了都说好。

当然，吃这些小杂粮，不仅仅是吃香甜，还要吃营养。打日本鬼子的时候，太行山的老百姓日子艰难，最困难的是没有粮食吃。粮食要么被鬼子抢光了，要么支援八路军了。一年春天，一个老乡家生了娃子，女人却没有奶水。女人的奶子原来又大又圆，鼓鼓囊囊的，可是娃子一生下来，就跟气球似的，一下子瘪了，很快又裂了乳头。娃子哭，大人躁，没有办法。正在这个时候，八路军的一对夫妇也生下一个娃子，在鬼子的追击下，就把娃子扔给了老乡喂养。自己的娃子还没奶水喂养，怎么还能喂养一个小八路？这时，老乡把深藏的谷种拿出来，碾成米，熬成粥，喂了女人，女人就有了奶水。一般年头，紫荆关一带女人生娃子，大多都是用小米汤"放"奶水的。

据说，小杂粮最大特点是个"杂"字。人体需要多种维生素和矿物质，小杂粮蕴藏十分丰富，恰恰能够满足供应；小杂粮生长在山区，甚至深山区，远离污染，没有污染，是真正的绿色食品。小杂粮自身具有防病治病的作用，比如黄豆，它的诸多成分能改善、降低血脂和胆固醇，降低患心血管疾病的概率，能保持血管弹性、健脑和防止脂肪肝形成，能抑制前列腺癌、皮肤癌、肠癌、食道癌等癌症；芝麻在我国《神农本草集》中有记载，"芝麻补五脏，益力气，长肌肉，填脑髓"，《明医录》中记载"芝麻有强筋骨，明耳目，耐饥饿，利延年之功效"；核桃可以缓解疲劳和压力，补肾固精，润肠通便，等等。

望着这些小杂粮，想着这些故事，其实我最感兴趣的，是小杂粮进北京的来龙去脉。是哪个高人出的点子，要搞绿色食品？是谁组织这样做的？这样做经济效益怎么样？我用手机直接拨通了一位在镇政府工作的老乡。

老乡说，改革开放以后，农村实行了联产承包责任制，土地分包到一家一户。开始的时候，大家在承包的地上种植，劲足、精心，很快解决了温饱问题。可是，你是知道的，咱老家一人也就是一亩来地，就是种金子，能收获多少？没有经济收入，大家很着急。后来，还是沾了紫荆关的光，来旅游的人越来越多，这些人爱吃农家饭，爱吃小杂粮。于是，政府就提倡人们种小杂粮，把种植小杂粮作为一个产业发展，供应北京、天津和石家庄等城市。

老乡说，请城里人放心，咱的小杂粮，绝对没有污染！是呀，以前大家施化肥，用农药，那是一味地为了提高产量，现在更重要的是提升品质，打造品牌，提高价格。你知道吗？一斤小杂粮要比其他粮食多卖几倍的价钱呢！

老乡提高了嗓音说，现在种植小杂粮的势头很好，大家积极性都很高，你可要为家乡好好宣传宣传呀……

老乡的话还没说完，我竟然脱口答应了。是呀，但愿小杂粮这种绿色食品，不仅为紫荆关带来了实惠，还要为更多的地方、更多的人带去益处。

选自《华语文艺》《当代文学艺术》

精辟释义

"作家就是用私情换酒喝。"一位作家朋友跟我说,我觉得他说得非常有道理。你不把情感投入写作中,读者不会被感动,他就不给你酒喝。你投入情感的多少,就是读者给你酒钱的多少。很遗憾,很多作家没有酒喝,因为他们往往不敢吐露真情,或者掩盖了真情实感。

上升到理论,国学大师王国维在《人间词话》中写过这样一段话:"有我之境,以我观物,故物皆著我之色彩;无我之境,以物观物,故不知何者为我,何者为物。"这就基本说清楚了情感与写作的关系。

抛开这些理论不说,我们纵观跨越千年的文学长廊,经历了时间的洗涤,能沉淀下来,而且家喻户晓、流传千古的,就是映射浓浓情思的优秀篇章。

我真的认为,作家要写人类活动,就应该从情感写起。

因为,情感往往是写作最原始、最直接的动力,"有感而发""文因情生、情因物感",都是说的这个道理。我们写一篇文章的时候,一般是受到人或事的触动,刺激我们的心理活动,从而诱发写作活动。

因为,情感是人类永恒的主题。

我们常说,感动了自己的事情,才能感动读者,也就是把自己的感情通过文字传递给读者,这样的文字才真正感人。我们不妨打一个比方,一篇文章就是一个人的身体，结构是骨骼，内容是血肉，情感是灵魂。文章如果没有情感的支撑，就是行尸走肉，我们给读者的是一堆"腐肉"。

然而，感情的抒发也是有技巧的。从前，老师讲"合情取旨，缘情取物，顺情成章，依情定语"，可是要真正达到那种境界，却需要在实践中百炼才能成钢。

我在写作时，有时情感突发，但这时是一种杂乱无序的心理走向，也就是情感结构一片破碎。这时，我尽量围绕表现中心意旨去思去想。根据写作目的，先将自己的情感梳理一下，反复调整，把心理流向调整到正常轨道。这样，情感表达是自然的流露，读者喜欢阅读。

我们说，一篇好的文章通常是知、情、理、意、真、善、美的融合体。如果说知识是基础，理是目的，意是要旨，真、善、美是目标或境界，而情感则是主帅、是灵魂、是生命。作品要很好地引导读者来感悟生活中的情感力量。

把情感写好，在于作者深入生活的深度。我们强调作者深入生活、了解生活、感受生活和认识生活，基本的目的就在于更好地完成生活情感的积累。地窖生长的豆芽，永远都是苍白的；"创作室"编织的故事，往往是"花红热闹"。你只有走到生活现场，你的感受感情，才是独特的。

把情感写好，还要处理好"小我"与"大我"的关系。"小我"，指的是个人的恩恩怨怨、爱恨情仇；"大我"指的是把个人情感融入人民大众、国家和民族情感之中的"我"，去把握具有共同性质、为人类所共有的生活情感。当然，最好是作者既有"小我"的情感，又有对人类具有普遍性意义的情感认识。

这种"大我"，已经远不只是作者对自我情感的流露，而是从个人的情感世界中走出来，去表现更宽广更深刻的情感。这时，作者的胸襟是博大的，情怀是温厚的，性格是和同的。作者带着使命去亲近大自然，去讴歌真善美，去批判黑暗与丑恶，去忧患生存的苦闷、人生的矛盾和人类的坎坷命运。

当此结束的时候,我想以苏珊·朗格的一段话,与这本书的读者共勉:"一个艺术家表现的是情感,但并不是像一个大发牢骚的政治家或是像一个正在大哭或大笑的儿童所表现出来的情感。……艺术家表现的绝不只是他自己的真实情感,而且是他认识到的人类的情感。"

后 记

光阴如梭，本书总算有资格写句后记的话了！

我问过鲍希有关写后记的建议，他说要注意三点替人：我们来时的路、我们在路上的风景，还有我们到哪儿去。千呈我就埋头做起来了。忙碌工作，就是有这段经历，才使有重要的意义。我打开了尘封许久的相册和章回小说，他们就硬实实有力地接我走进了"老西藏精神"的浩瀚烟云。

如今，我只能非浩瀚地写作，但选中一部分护航起来写，就算是如今在为老西藏精神，就我在自己顿首章，喜出望外终于答大家吧。说实话，我常常为："我，没有机会给自己做章，想想能和军人一样的人物们比起来，"她们所有为了奋勇而献身的人，让我在自己人生的道路上，跟不敢松懈。

最后上几句。

感谢给予本书诸多指导的中国人民解放军国防科技大学国轩重兵先生、鲍希教授说，文渊阁程工卡诺河南大学出版社马庆转，感谢为书稿给出的友师、给予本书的各位老师，也感谢我自己。

这也是非常独特的含义！

作者

2016年8月